郑会欣／著

何时回首谢红尘

荣浩云传

新星出版社 NEW STAR PRESS

董浩云摄于1934年,时年22岁

董浩云在"如云"号上

1908年董浩云的父母与兄兆丰、姊梅凤

1936年董浩云优俪摄于天津照相馆,照片背面有董浩云的题词:"一齐朝向光辉的未来"

董浩云全家合照。前排左起：顾丽珍、董浩云、董亦萍；后排左起：董建成、赵洪娉、董建华、董小萍、彭荫刚（女婿）、董建平、金乐琦（女婿）

20世纪40年代董浩云(三排左三)与上海企业家

1948年在"复明"号上,左起:程余斋、谭伯英、董浩云。当时他们代表中国政府赴美接收船只,赔偿给二战时受损的中国船东

1959年日本佐世保船厂宴请于东京。前排左起：奚成美、许邦有伉俪、Fergus Pearson、董浩云；后排右起：徐仁、朱世庆、高世雄；后排左一加藤，左三森米次郎

1962年"如云"号首航美国,纽约市长 Robert Wagner 赠与董浩云纽约荣誉市民金钥匙

1970年"东方嘉华"处女航抵达旧金山,张大千(中)上船参观

1974年10月29日董浩云（右二）与夫人（右五）在克劳伦斯宫晋谒英国皇太后。左二为著名演员卢燕

1975年董浩云与香港大学首任华人校长黄丽松在"宇宙学府"号前合照

1979年在华盛顿乔治城大学"战略与国际研究中心"国际咨询委员会会议上,与美国国务卿基辛格会面

1982年1月董浩云出席在白宫举行的胡佛研究所理事招待会,与时任美国总统里根会面

"大西洋信仰"号是董氏在日本建造的第一艘万吨轮

采用新技术的"东方皇后"号

超快速集装箱运输船"香港货柜"号

"东亚巨人"号

目 录

一 **献身航运** ··· 1
  "天下宁波帮" ····································· 1
  家世与少年时代 ··································· 3
  与航运结缘 ······································· 5
  天津航业公司的新人 ······························· 8

二 **从天津启航** ····································· 12
  初露锋芒 ·· 12
  脱颖而出 ·· 17
  危机处理 ·· 21

三 **创建中国航运公司** ······························· 26
  战前中国的航运状况 ······························ 26
  统制经济与航业合作 ······························ 29
  《整理全国航业方案》的提出 ······················ 32
  独力筹款 ·· 36
  公司的创立与停业 ································ 41

四 战时岁月	45
参加救亡活动	45
为大后方输送物资	49
奉命西行	53
接收大员	56
五 复业与创业	63
中国航运公司申请复业	63
公司的经营与扩张	67
"天龙"、"通平"横渡大洋	71
理想破灭	77
六 复兴航业公司的成立	83
争取美国援助	83
国家赔偿与业内合作	88
赴美接收船只	94
复兴公司售船	98
七 艰难的抉择	111
离开故国	111
"中航"迁台	114
南船北归	117
亲友动员	119
举棋不定	126
最后的抉择	131
八 从"东方之星"到"东亚巨人"	136
立足香港,进军日本	136
世界航运出现转机	140
"东方之星"下水	144

在日本造船……146
　　"东亚巨人"乘风破浪……150
九　大展宏图……154
　　掌握机遇……154
　　汰旧换新……157
　　与时俱进……161
　　扩充船队……166
　　发展契机……169
十　重返台湾……176
　　仓皇离台……176
　　若即若离……179
　　奉若上宾……183
　　声誉鹊起……186
　　国轮国造……191
十一　通向世界船王之路……193
　　开辟国际航线……193
　　建造大油轮……199
　　应付能源危机……202
　　"迎接大时代"……207
　　"东方海外"成功上市……210
　　晋身世界船王……212
十二　"海上学府"……233
　　教育为本……233
　　"伊丽莎白"邮轮的昔日风采……235
　　理想与实践……239
　　巨轮莅港……242

冲天大火·································244
　　不气馁，不放弃·····························249
　　"宇宙学府"启航·····························252

十三　难忘的中国情结·····························257
　　"为国人航运史开一纪元"·······················257
　　国际局势的变化······························260
　　笼络与防范································263
　　秘密接触··································268
　　为两岸和平统一铺路··························274

十四　航运发展与企业文化·························280
　　融资与扩张································280
　　企业家精神································285
　　推动航业文化······························288
　　培养人才··································293
　　当代郑和··································299

十五　"四海一家"·······························309
　　人脉网络··································309
　　朋友遍天下································313
　　知恩念旧··································316
　　"三北"事件································319
　　与艺术大师的交往···························322

十六　家庭与事业································326
　　恪守孝悌··································326
　　伉俪情深··································330
　　子女培养··································334
　　传统与现代································338

事业传承…………………………………………………342
　　创业与守业………………………………………………348

十七　**魂归大海**…………………………………………………360
　　积劳成疾…………………………………………………360
　　临终征兆…………………………………………………364
　　去世经过…………………………………………………368
　　备极哀荣…………………………………………………370
　　发扬光大…………………………………………………374

后　记………………………………………………………………379

一　献身航运

"天下宁波帮"

浙江的舟山群岛位于长江口与杭州湾的交汇处，山明水秀，它的四周散落着一百多个大小岛屿，总面积为1444平方公里，拥有400多公里海岸线。早在6000多年前的新石器时代，就有人类在此耕田捕鱼，繁衍生息，形成了与海洋密切联系的独特文化。潮起潮落，漂流不息的东海之水将大陆的河姆渡文化、良渚文化带到了这里。自唐开元二十六年（738）中央政府于此始设翁山县，清康熙二十七年（1688）改名定海县，这是一座具有悠久历史的文化名城。

定海和鄞县、镇海、慈溪、奉化、象山六个县旧属宁波府，虽然今天的定海已改为舟山市的一个城区，不再隶属于宁波市，但其"宁波人"的印记却早已深入人心。早在唐宋时期，宁波就是中国对外交通的重要港口，也是沿海最繁忙的口岸之一，尤与对日本、高丽的通商最为频繁，因而这里的民众具有悠久的通商传统。宁波人以精明、抱团、恪守信义闻名于世，同时又具有强烈的冒险和进取精神。明清以后，由于江南地区人口发展迅速，生齿日繁，但耕地面积却相对狭小。地狭人稠的自然环境，又培养出宁波人四方游食的经商习惯，因此宁波人"见异思迁"的创新精神与中国传统"安土重迁"的保守观念是不尽相同的。

鸦片战争之后，宁波成为第一批开放通商的五个口岸之一，随着外国资本的入侵，上海的地位日益重要，于是宁波府的商人便利用便利的交通条件，发挥其历史悠久的经商传统，纷纷走向沿海发达城市经商，成为中国著名的商帮——"宁波帮"。若从地理位置上来说，上海取代了宁波，成了中国乃至远东最大的金融和商业中心；但从另一个角度而言，宁波人却成为上海滩中势力最为强大的一支力量。在推动中国近代化的进程中，这里走出了一个个著名人物，如叶澄衷（镇海人）、朱葆三（定海人）、虞洽卿（镇海人）、严信厚（慈溪人）、傅筱庵（镇海人）、刘鸿生（定海人）、袁履登（鄞县人）等，他们或是充当买办，或是经营金融、机械、贸易、轮船运输，活跃于新兴的各个行业之中。宁波商人目光敏锐，善于捕捉一切赚钱的机会，富于开拓和冒险精神，特别是在经营贸易和航运方面，称得上是开一代风气之先，这里既有历史渊源，也与现实的需要密切相连。

随着蒸汽机的发明，科学家设计在船舶的两舷装置明轮，用蒸汽机带动明轮旋转，明轮上的叶片在水中划动，进而推动船只前进。由于蒸汽机需要燃料发动，因此后来中国人就形象地将这种装有明轮的机动船只称之为"轮船"或"火轮"，这也是航运事业进入近代化的重要标志。鸦片战争后，随着列强经济的入侵，使用动力的机器轮船业亦传入中国，但长期以来行驶在中国沿海和内河的轮船都是外国的公司。同治元年（1862）美国旗昌轮船公司在宁波修建码头，率先开辟了宁波至上海的客轮运输，而直到清朝末年，政府才解除了航运业内民族资本"不准另树一帜"的禁令。"宁波帮"立即抓住这一商机,大力发展轮船业,与列强相抗衡。清宣统元年(1909),宁波籍的虞洽卿与严义彬等招股创办宁绍商轮公司,资本总额100万元,购买宁绍轮,航行上海—宁波之间,载运客货,隔日往返,方便沪甬乘客。后来公司发行股票时,干脆在股票两边印上"爱国爱乡,挽回航权"八个字,因而民谣称之为"宁绍斗太古,乘船不再苦"。其后虞洽卿又与朱葆三、方椒伯、袁履登等人集资,相继成立长和、永利、永安、舟山等轮船公司,经营宁波至上海及上海至汉口等沿海或沿江航运,1914年,虞洽卿更是独资创办三北轮埠公司,不断扩充资本,并敢于同外资竞争。虞洽卿之子又创办宁兴轮船公司,虞洽卿本人也收购了英商的鸿安轮船公司。这样到了30年代中期,虞氏家族的轮船公司连同小轮和拖轮,共有各类船只65只,总吨位九万余吨。旗下船队不但航行沿江沿海,还逐渐扩展至北洋南洋,并兼航上海至海参崴,上海至仰光、南洋群岛乃至于上海至日本诸航线,位居中国三大民营轮船公司之首,并长期执民营航运业之牛耳。①

岁月如梭,潮起潮落,但宁波人经营远洋航运业的这一传统却不断发扬光大,到了20世纪下半叶,举世公认的七大世界船王中竟有两人是中国人,而他们都来自宁波——这就是生于镇海的包玉刚和原籍定海的董浩云。

家世与少年时代

关于董浩云的家世及其出生时间、出生地点均有各种传说,浙江当地政府的相关网站资料都说董浩云祖籍定海,生于定海县城的将军桥下6号,在家乡念完小学后再随全家移居上海。但依董浩云的大嫂姚芳英回

---

① 王洸编著:《中华水运史》(台北:台湾商务印书馆,1982年),页201;许涤新、吴承明主编:《中国资本主义发展史》第三卷《新民主主义革命时期的中国资本主义》(北京:人民出版社,2003年),页172。

忆，董氏的祖先世居福建，其曾祖乃盛公因病早逝，曾祖母林太夫人含辛茹苦，抚养三个未成年的孩子，由福建漂迫到浙江定海，长、次二子于贫病中相继夭亡，只剩下三子呈叔（即董浩云的祖父），母子二人便相依为命，遂在定海定居，并以裁缝制衣为业。呈叔年长后成婚，育有二子，长子瑞霖（1880—1939），次子瑞昌（1881—1932），即浩云之父。

清朝末年，民不聊生，当时上海业已开埠，并渐渐成为中国对外贸易的中心，董呈叔也像他家乡的许多人那样，从定海举家迁居上海碰碰运气。他们先是定居闸北，后来又在南市大东门霸基桥边租了间民房落下脚来，试图寻找发财的机会。呈叔公仍操旧业，两个儿子则改学石版印刷，师满后各自成家立业。长子瑞霖娶妻龚氏，生子兆熊，毕生从事印刷行业；次子瑞昌娶妻陶翠夫人（1883—1981），生有三子二女：长女梅兰、长子兆丰、次子兆荣（后改名浩云）、次女梅凤、幼子兆裕。按照董氏族谱所载，其排行顺序则为"乃呈瑞兆，建立中华"。①

1912年9月28日，农历壬子年八月十八日，董浩云生于上海，按照家谱排行为"兆"字辈，故原名为兆荣。步入社会后他则将其名改为浩云，取"浩瀚如云"之意，但他的英文名则仍按其原名拼写，即Chao-Yung Tung，所以C. Y. Tung就成了日后世人所熟知的简称。②

董浩云的父亲董瑞昌缩衣节食，省吃俭用，妻子陶氏又极为贤惠，除相夫教子外，她还在繁重的家务之余承接制作军装和学生装。夫妻胼手胝足，艰苦创业，终于在上海南市的东大门一带开设了一间五金店，取名为"源森号"，门面虽然不大，小本经营，日子倒也能过得下去。那一年，董浩云只有六岁。

---

① 董浩云大嫂姚芳英的回忆资料，2002年2月至2003年3月，后收入金董建平、郑会欣编注：《董浩云的世界》（香港：中文大学出版社，2004年），页253—254。
② 关于董浩云出生的日期也有多种说法，他本人所填写的多份签证申请，同时他自己在日记中也多次提及出生日期是10月10日（即武昌首义纪念日），本书则采用其亲属的记忆。

董瑞昌夫妇从自己的人生经验中深深体会到教育的重要,宁愿自己吃苦,也要让儿子接受教育,因此浩云和哥哥都先后进了位于南市大东门内的育才书塾(即后来上海著名的育才学校)就学。少年时期的董浩云身体羸弱,据说他连小学都没有读完。[①] 但是休学后的董浩云不但没有放弃学习,反而选择了更加辛苦的自学之路,而且好学不倦这个良好的习惯陪伴着他走过了一生。事隔多年,当董浩云事业有成、德高望重之时,他那一口流利的英文、渊博的专业知识、典雅的艺术修养,又有谁会想到他并没有接受过高等教育呢?

与航运结缘

1928年11月,年仅十六岁的董浩云便投身社会,经大哥兆丰及朋友周汉楚介绍,他考进国际运输株式会社任练习生,这是一家日本在上海开设的船务公司,主要经营航运和贸易方面的业务。虽然董浩云在这家公司工作的时间很短,但他却从此选择了终身为之奋斗的目标,与航运事业结下不解之缘。

为什么董浩云刚刚踏上社会就会选择航运事业并从一而终?这可能是与他生长的环境有关,浩瀚的海洋、巨大的轮船曾给他留下无尽的遐想;也可能是他耳濡目染,自幼便受到宁波先贤们对航运事业的追求及奋斗的激励和影响;当然更重要的原因可能还是当时中国的局势对他所产生的刺激。

此时国民政府刚刚在南京定都,虽然国家在形式上完成了统一,但多年来中国航权旁落、列强操纵沿海、内河航运事业的状况并未得到根本改善。就在董浩云刚踏入社会之际,上海航业公会就曾针对当时局势公开发

[①] 陈存仁:《一代船王董浩云》,载《大成杂志》第103期(香港:1982年6月1日)。

表宣言，要求废除不平等条约，收回丧失已久的航权。声明指出："我国航业尚在幼稚，其所以如此幼稚者，实以外轮侵占航权为主要原因"；并呼吁"党国诸公、全国同胞纠正而挽救之，誓死以力争之"。[①] 多年以后董浩云曾在一篇回忆文章中写道："我本人自幼即对海洋发生兴趣，以船为第二生命"；然而严酷的政治与经济局势却让他深刻地认识到，中国虽然是个亚洲大国，但近百年来却受尽了来自海洋方面的侵袭。"这绵长八千余公里的海岸线，加上台湾、海南岛、香港以及其他星罗棋布的岛屿屏围着它的外围，试看每一港口，哪一处没有它被袭击底创痕！从那些港口输入了西方文明，亦带给我们多少耻辱；自鸦片战争，香港割让，英法进攻天津，继以五口通商，甲午战败，台湾、澎湖被占，驯至日俄在我辽东半岛进行战争，旅顺、大连悉入他人掌中，于是法租广州湾，德据胶州湾，英占威海卫，山东半岛遂亦体无完肤。不仅沿海如斯，当时外来海洋势力且曾登堂入室，侵进内河，在浩瀚扬子江，蜿蜒如珠江，春暖松花江，以及静静地白河，都有过外国轮船踪迹；心腹地带，亦有过各国租界，大好锦绣河山，几无一片净土！"[②] 这段话充满了激情、充满了志气，同时也应是他选择职业、献身航运的一个答案。

董浩云在国际运输株式会社工作了大约半年左右，一天他无意中在报上看到金城银行在上海招聘航运训练班的消息，善于捕捉一切机会的董浩云立即被它所吸引，并决定报名参加。于是，这个或许是非常偶然的机会，却从此改变了董浩云一生的命运。

金城银行创立于1917年，总行设于天津，是当时中国、特别是北方最重要的银行之一，因而与盐业、中南、大陆银行并列，号称"北四行"。

---

① 《上海航业公会宣言》(1929年10月15日)，参见国史馆编：《航政史料》(台北：国史馆，1989年6月)，页1055—1058。
② 董浩云：《历尽沧桑话航运——廿五年来中国航运事业的回顾》，载《中国远洋航业与中国航运公司》(香港：中国航运公司自印，1954年)，页60、47。

它的成立既适应了当时正蓬勃发展的民族工商业的需要，同时也与北洋政府当权人物的投资活动密切相关。总经理周作民有意模仿日本三井、三菱、大仓等财团的做法，通过投资参股等方式，将银行资本逐渐渗入到工矿企业之中。金城银行第一个投资兴办的企业是通成货栈公司（简称通成公司），公司开办之初的主要业务是堆存、包装和运输货物及代办押款押汇，并代客买卖货物，重点则经营棉花、化工（制碱）、面粉和煤炭（俗称"三白一黑"）的采购和运销，并先后在天津、上海、郑州、汉口、陕州等通商要衢建立货栈，设有分公司或办事处。但由于运输货物手续繁杂，一时难以兼顾，主要业务还是委托其他运输公司代为经理。①

1928年，国民政府完成北伐定都南京后，政治中心南移，上海更成为全国乃至远东的金融中心。对于这一形势的发展和变化国内金融家都看得很清楚，金城银行自然也不例外。同时，通成公司在几年的经营实践中也深深体会到运输业的重要，委托别的运输公司经营货运终究不是长久之计，因而有计划在国内发展航运事业。周作民等人意识到，发展航运业除了需要资本，更重要的则是培养和网罗人才，于是金城银行决定在上海举办航运业训练班，计划为本公司培养和造就一批专业人员。董浩云年轻好学，资质聪慧，同时又在日本的船务公司工作过大半年，对于航运业务已具备一定的知识，因此很顺利便考入金城银行开办的航业训练班。

董浩云自航业训练班结业后便被派到上海通成公司任职，由于他学习成绩优异，聪明过人，深受上司的器重。此时，刚成立的天津航业公司（金城银行的子公司）正在上海的大中华船厂订制几艘船只，公司经理叶绪耕经常往返于津沪两地，而他恰巧也是浙江慈溪人，正想找些年轻得力的职员北上。经通成公司史蔼士先生的介绍和引荐，董浩云和他的好友

---

① 金城银行档案：《通成公司沿革》（1943年4月），转引自《金城银行史料》（上海：上海人民出版社，1983年），页68。

顾联青一起前往三马路的惠中饭店拜访了叶绪耕，相互交谈了大约一个小时。董浩云既年轻又好学，而且还是宁波老乡，叶绪耕对他十分满意，当即拍板决定，并希望董浩云和顾联青尽快北上履新。就这样，一项新的挑战、也是董浩云人生中一次重大机遇来到了他的身边。

天津航业公司的新人

天津位于华北平原的东北部，北依燕山，东临渤海，地跨海河两岸，为海河水系五大支流的汇合处。天津既是津浦、北宁两大铁路枢纽之交点，同时又与平汉、平绥铁路交接，正所谓"当黄河之要冲，为畿辅之门户"，无论河海水运，或是陆路交通都十分便利，是北方最重要的工商业贸易城市。

当时天津的航运界除了外资公司占绝对统治地位外，中国资本的公司也积极拓展各自的营业，欲与外资相抗争，经营沿海各口岸间的贸易。这些公司主要有国营招商局天津分局，盛昆山、孙学仕等人创办的直东轮船公司，郑效三、李镜轩、陈世如等招股集资创办的天津北方航业公司，虞洽卿的上海三北轮埠公司天津分公司，张本政创立的政记轮船公司以及王仲三等人开办的通顺轮船公司。在远洋航运方面，当时中国的民族企业缺乏与外资抗衡的实力，但海河驳运业的地位既如此重要，经营内河航运便成为中国民族航运业争取的一致目标。在与外资竞争的轮船公司中除了上述这些公司外，成立较晚但后来居上的天津航业公司就是其中的一个重要角色。

津沽海河自人工开直以来，由于河流缩短，斜度增加，导致河水不能贮蓄，而因泥沙太多，淤塞河身，海轮亦无法驶入天津港，只能依靠驳船转运。然而驳船不敷，卸货困难，停泊在塘沽10余日不能启碇的情形时有发生，损失之大可想而知。津沽间的驳运业务长期以来一直被英商太古集团垄断，由于货主急于卸货，而驳船不足应付，所以运费向无定价，随意增加。业内早就有意改变这一局面，天津航业公司就是在这种背景下，由国内的银行家和企业家集资共同创办的。①

1929年9月1日，天津航业公司召开创立会，公司的主要股东为金城银行总经理周作民、叶绪耕、杨济成，金城银行属下通成公司代表朱宝仁，天津久大盐业公司经理范旭东、杨子楠等18人，共同出资25万元，②其中金城银行股份占80%，久大盐业公司占6%，其余14%的股份为零星股东所持有。创设公司的目的主要为承揽津沽之间进出口货物卸货与装运，并负责为久大和永利两家公司代运原料制品。在公司创立会上通过的公司章程规定以"振兴航业为宗旨"，其营业范围包括：自备或租用轮驳，航行内河外海口岸装载客货；代理船只及一切客货运输业务；码头、仓库及其他航业上附带业务。经发起人共同选举，周作民、叶绪耕、朱宝仁、宋承熙、杨济成等五人为公司董事，范旭东、杨子楠为监察人，并推选周作民为董事长，叶绪耕任总经理。③

为了加快公司的进展，发起人早于公司创立前数月就向上海大中华造船厂定购了两艘蒸汽小火轮、一艘400吨的自动驳船和五艘驳船，但船厂却未能如期交船，致使公司业务无法正常开展，直到1931年7月方正式运营。天津航业公司最初位于天津第十区的太原道，聘请原在浦口轮渡任职的王更三管理船务，主要经营塘沽与紫竹林之间的航运，后来久大盐业公司的运输部亦归并于航业公司，盈利颇丰。④但其时日益膨胀的日本势

---

①《发起天津航业公司缘起》(1929年8月)，天津市档案馆藏天津航业公司档案：J168—33。
②《天津航业公司股东名册》(1929年9月1日)，天津市档案馆藏天津航业公司档案：J168—18。
③《天津航业公司创立会》(1929年9月1日)，天津市档案馆藏天津航业公司档案：J168—447。
④《(天津航业公司)调查提纲》(1949年)，天津市档案馆藏天津航业公司档案：J168—72。

力已经严重地威胁到天津航业公司的生存，为了谋求公司的发展，必须扩大资本，增强实力，公司股东决定将公司股份折实作价，交由金城银行接办，再由金城银行扩大资本，并由通成公司具体负责其经营业务。① 嗣后由于资本增加，公司的规模不断扩大，公司亦搬迁到天津最繁荣的中心地带英租界中街33号（抗战胜利后改为中正路125号，亦即今日之解放北路125号）。当时天津大约有10家中外公司经营拖驳业务，其中华资公司内就数天津航业公司的规模最大，据统计1936年该公司拥有拖轮4艘、驳船7艘，职员20余人，若再加上水手、仓库和装卸工人，总人数约150人。② 天津航业公司的业务除了兼营船舶、货物代理、码头仓库栈端口、以及报关业务外，还经营进口贸易，集港口、航运、贸易为一体，成为天津航运业中的后起之秀。

1931年11月，董浩云和他的好友顾联青联袂乘火车北上。这是董浩云第一次离开父母远离故乡，对他这个不到20岁的年轻人来说，眼前的一切都异常新鲜。他们从上海乘火车先到南京，游览了六朝古都的风光后，再经轮渡过江到浦口乘车北上，一路上走走停停，沿途先是到曲阜瞻仰孔府、孔庙，后又畅游济南的大明湖，终于在初冬时分来到天津。③

最初董浩云的职务是担任公司副经理王更三的秘书，负责公司内部的事务，并与外界同行业间进行广泛的联系，当经理外出不在公司时，其事务便由董浩云代拆代行，后来则负责公司的船务并兼文书的工作。经过不太长的时期，董浩云很快就熟悉了自己所经管的业务，并与公司内的同事以及天津同业之间建立了良好的关系。

---

① 《金城银行史料》，页280。
② 姚士馨、吴洪：《天津航运事业概述》，《天津文史资料选辑》第35辑，页204
③ 关于董浩云到天津的时间目前有多种说法，相互抵牾，不可尽信。这里所说的时间是以顾联青的回忆为依据的，而天津市档案馆典藏天津航业公司的档案也明确记载董浩云到职时间是1931年12月（参见天津市档案馆藏天津航业公司档案：J168—108），这就更加证实了顾联青的回忆是可信的。

根据现存天津航业公司的档案资料中可以得知，董浩云是1931年12月到任的，除了少数几个职员外，他可以算是公司最早的成员之一。最初他的薪金为每月40元，由于他出色的工作表现，其后不久就一次加薪20元，而其他的职员一般每次加薪只有4元，最多也不过10元；1934年6月，他被提升为公司的船务部主任，其后工资又增加到80元（其中津贴10元），1937年再增加到130元（其中津贴30元），而与他同时入职的顾联青工资仅为75元。1935年度尽管董浩云因身体不适以及家事曾请假休养时间长达113天，这要是放在别人身上，公司恐怕早就将他除名了。但是因为董浩云的工作表现实在优异，公司对他亦特别优待，这从对他平时成绩"优越"两个字的评价就可以体现出来。在"特别劳绩"一栏的评语是"保险、赔款、北宁监视费"；"其他事情"一栏则写道"努力研究九号码头存货"。而公司对其他成员的评语至多是"忠实"、"负责"、"安详"、"尽力"等词汇，更多的则为"事务欠尽力"、"能力差"、"头脑欠清"、"欠有条理"、"惰"、"欠干练"等批评的词语。因此公司对他的奖励也是最高的，1935年度的奖金包括休养费400元，特别酬金440元，以及两个月奖金160元；1936年度的酬金更高达960元，奖金160元，同时期其他职员的奖励只不过是数十元之多。[①] 由此可见董浩云在公司中的表现是如何优异，不但得到上司的器重，他的工作能力也受到同业间的认同。

董浩云在天津工作的时间虽然不是很长，但却是他人生经历中的一个重要时期，在这里他不断地历练成长，从一个刚刚踏入航运界的新人逐渐成长为干练的行家。可以这么说，董浩云的航运事业就是从天津启程的。

---

① 《天津航业公司廿四年度酬奖金分配单》（1936年1月16日）；《天津航业公司职员年功加薪清单》（1937年1月）；《天津航业公司二十五年度酬奖金分配单》（1937年2月7日）。天津市档案馆藏天津航业公司档案：J168—122。

二　从天津启航

初露锋芒

天津是北方第一大港，天津更是董浩云从事航运事业的发祥地。自1931年"九一八"事变后到抗战全面爆发的这段时间，董浩云一直在天津工作，经过数年的历练，他从一个刚刚步入职场的青年，逐渐成长为掌握各种航运知识、熟悉商业运作的管理人员。同时，他在工作中也不断积累经验、建立人脉，这就为他日后创业奠定了扎实的基础。我们从天津航业公司保存下来八十多年前的部分档案，可以看到董浩云在这一时期的部分活动情形。

由于天津海河淤塞日趋严重，从大沽口转驳费用浩大，所以天津各航运公司都设法在辽东半岛开办分公司，因此董浩云入职后不久，就受公司委派，前往大连和营口进行业务考察。

当时东北已经沦陷，日军又在上海发动"一二八"事变，企图混淆国际视听，进而在东北扶植傀儡政权。董浩云第一次到东北，就亲身感受到这种铁蹄下肃杀的气氛。20多年之后，董浩云在回顾这段往事时认为，日军发动"九一八"事变的真正目的还是基于经济上的理由。因为当时中国开始兴修葫芦岛，在营口加筑北宁铁路、牛庄码头，同时还兴建其他铁路，或是加铺双轨，这样北满的大豆就不需要经南满铁路由大连输往海外，而是改道由营口或葫芦岛出口，致使日本锐意经营的南满铁路和大连港失去其重要性。于是日本军阀就在所谓反对"包围满蒙铁道网"的抗议声中寻找借口，进而悍然发动侵略战争。①

这是董浩云第一次独立承担的工作，出发前他就认真查阅了有关航运方面的各项资料，到端口后又专程拜访大连金城银行经理和活跃于当地的商户及客户。回到天津后，他立即将收集到的资料及所见所闻加以整理，向公司提交了一份报告，其结论是"如后再行改进，则定可获益"。为此他建议，"为接洽便利，免损船期，自行揽载，发展业务计，连埠及营口实有设立分理处或派员驻在之必要，而于大连则尤为急不容缓"。

大连以港兴市、以港立市，是东北地区最大的出海港口，也曾是北洋水师的重要基地。甲午战争后，沙俄趁火打劫，强行租借大连商港和旅顺军港；日俄战争后这里又为日本所占领，成为日后侵略东北和整个中国的跳板。由于金城银行在大连早就设有分行，与当地客帮亦多有往来，董浩云认为应先在这里设立分理处，自行报关揽载，在未设分理处之前可先行委托本地金城银行负责办理。而营口也是东北物产出口的咽喉要道，但此时大豆市场已开始向大连转移。因此董浩云建议营口可暂由大连方面派员兼任，不设常设机构，一俟业务进展，容当再行计划。②

---

① 董浩云：《历尽沧桑话航运——廿五年来中国航运事业的回顾》。
② 董浩云：《大连、营口察视回来的一个建议》（1932年6月17日），天津市档案馆藏天津航业公司档案：J168—256。

董浩云撰写的这份报告条理清晰，言简意赅，充分表现出他观察事物、分析问题的敏锐眼光。这是我们目前发现董浩云最早撰写的一份文字数据，此时他还是个不满二十岁的青年。

1933年，山西省政府在"建设山西"的口号下，组织士兵并召集工人修建同蒲铁路（大同至蒲州的风陵渡）。阎锡山为了抵制中央政府的势力进入山西，一方面攻击铁道部举借外债修建铁路是"丧失国权，违反国法，损害国益"，同时还倡导将购置国外修筑同蒲铁路的材料交国人承运。英国商行则认为此举有损其既得利益，因而竭力加以阻挠；而以天津航业公司为首的中国民营航运公司遂利用这一极为难得的时机，力图争取这批货载，从而打破以往外商垄断华北航运业的格局。为此董浩云代表公司给阎锡山写信，信中首先历数列强垄断中国航运的野心，"虽历经洋商驳运公司联合远洋轮船、贸易、金融、保险等关系各方，本蹂躏航权、垄断运输、实施其经济侵略一贯政策，相互勾结，一致步调，或多方借口，或破坏恫吓，几无所不用其极，期达其永远独占之心"；但是天津航业公司却"为国航挽回权利计，亦本不折不挠精神，一方尽力抗衡，不惜牺牲一切，相与周旋；一方充实设备，不惜巨大血本，黾勉应付"，因为这"不仅为久处外人垄断侵略下之大沽口驳运史上开一新纪录，亦即为收回航权树立基础"。[①]多年以后，当董浩云回忆起这段往事时还是那样激动。他在一篇回忆文章中说，由于《辛丑和约》的规定，海河运输国际共管，因此"1931年前，这段内河航运系由英商太古洋行（天津驳船公司）以及大沽轮驳公司把持，所有自欧美各国运来货物完全为其包运，在他们运销与金融保险构成一个体系垄断下，我国航商是无从插足的。直至1933年，山西省政府当局倡导将同蒲路材料交国人承运，北宁路当局随而附和，英国

[①]《天津航业公司致阎锡山函》（董浩云草拟，1934年），天津市档案馆藏天津航业公司档案：J168—263。

航商曾千方百计予以破坏，经过一番艰苦奋斗，国人所经营的天津航业公司终于打进去，击破了外商垄断我们华北咽喉交道，并向铁道部备案，倡导国家采购材料，应以自船、自货、自运为原则。由此，并奠定了日后我国发展远洋航业之基础"。①

1934年，英国的"维多利亚"号轮自温哥华装载整船枕木、铁轨等铁路材料运抵大沽口，英商沿用过去数十年之惯例，要求所有转驳运输均由外商承担。天津航业公司据理力争，除了向铁道部申明立场外，还抗议英国当局此种不合理的排挤行径，最终取得成功，有关部门同意天津航业公司可以承载货运，从而打破了数十年来驳运向为外国轮船公司垄断的局面，②其中就包含了董浩云的功绩。

争取海河驳运只是第一步，而开办远洋航运计划、直接从欧洲将钢轨运回国内才是根本解决航权的目标。为此，天津航业公司委派董浩云撰写报告呈送铁道部，要求今后购买铁路材料应改为国外交货（F. O. B.），这样便可收回航运权益。呈文称："以前中国航业能量薄弱，远洋货运不得已假手于人，其投标售料者辄以 C. I. F.（中国某地交货）为惯例，甚至进口材料自我国港口至河内铁路、码头之驳运部分（如华北各铁路同蒲、正太、北宁、平绥、道清支线等所购外洋材料，均须由天津港人沽口外洋轮船上驳运至河内铁路、码头），亦因我内河航行权之丧失，为洋商轮船公司所垄断包办。幸自1933年起有华商天津航业公司本为国服务主旨，建造新式轮驳，出面承办驳运，经同蒲路发其端，平宁、平绥继其后，毅然将 C. I. F. 大沽口交货外洋材料归中国航商承运"。接着呈文又指出航运事业对于国计民生的重要："运费占生产成本重要部分，海运业在国际贸易上称'无形贸易'（Invisible Trade），关系于国民经济甚巨"，然而"我国

---

① 董浩云：《历尽沧桑话航运——廿五年来中国航运事业的回顾》，载《董浩云的世界》，页60。
② 《中国远洋航业与中国航运公司》，页42。

航权旁落，航业式微，每年损失运费不知凡几，故自货自运，不仅关系国权，就自给自足经济立场言，亦属迫切要图"。呈文最后向政府呼吁："我国欲振兴航业，开辟国际航线，必须先自外洋来货'自货自运'始，其中尤以大型铁路材料如钢轨、枕木，航运权益必须自主，否则有此唯一机会而仍予放弃，虽欲开辟国际航线，奈有船无货，则即使政府出资作巨大牺牲，亦戛乎其难矣"。①

原计划修筑同蒲铁路的钢轨等材料是由德商孔士洋行（Kunst & Albers）供货，由利克茂轮船公司（Ricketts, Truner & Co., Ld）担任运输，山西当局考虑到由于是独家投标，价格上恐怕会有垄断之嫌。而天津航业公司所谓"采购材料在可能范围内应以F. O. B. 为交货条件，俾可收回航运权益"的提案正与其想法不谋而合，因此省政府特派专人前往天津接洽，并邀请董浩云亲往太原一行，该代表还声称"阎副委员长素主国产国航，必有成功可能"云云。董浩云到太原后经与有关方面多次商洽，"收回驳运权益与承办驳运固得成功，惟对其他如自办远洋航运等虽迭有商量，但怕手续上麻烦关系，主办人似有难色"。经董浩云细心打听，方知道所有材料运输均由阎家老店斌记公司经手，除非"此次阎锡山坚作主张，为国航谋开展，不顾艰辛，自可放手办去"。②

董浩云撰写的这份要求今后国家采购材料应以自船自货自运为原则的报告最终得以实施，从而奠定了日后中国发展远洋航运之基础。③据统计，1935年由塘、沽驳运到市内码头的进口货物为562923吨，而由天津驳运到塘、沽码头的出口货物为415919吨，两者合计将近一百万吨，约占当

---

① 天津市档案馆藏天津航业公司档案：J168—72。
② 《董浩云致李志一函稿》（无时间，估计为1934年），天津市档案馆藏天津航业公司档案：J168—72。
③ 参见《中国远洋航业与中国航运公司》，页49、42。

年天津口岸实际吞吐量的40%，[1]由此也可以看出天津航运公司争得海河驳运权之如此重要。

脱颖而出

董浩云踏实认真的工作态度为他在公司赢得了信任，他的职务也不断升迁，其间他又先后出色地完成了多项工作，在天津的航运界脱颖而出。

自海运通航后，天津的海河便成为重要航道，但由于海河多年以来泥沙淤塞，航道狭浅，四五千吨以上的货轮无法进入天津市区的紫竹林码头，只能停泊在大沽口外，所载货物全靠驳船装卸，经由大沽口、塘沽、新河溯河北上而达天津。根据《辛丑条约》的规定，外商即可凭借不平等条约所享有的特权及其雄厚的实力，垄断海上和内河的航运业。长期以来，海河驳运一直由外商特别是英商太古洋行（天津驳船公司）和怡和洋行的大沽轮驳公司所把持。在他们运销与金融、保险一体化的垄断之下，虽然中国的民族资本无法插足，但却一直没有放弃争回利权的信念。

争取利权中一个重要标志就是引水员的国籍问题。引水员是近代航运业新兴的一种职业，为了对所引领的船舶安全负责，引水员必须清楚了解航道的各种水文和地理情形，因此又与国家的国防与安全密切相关，所以日本和欧洲的一些国家都曾明确规定，引水员必须由本国公民担任。然而，近代中国的引水权却完全受到外国人的控制。当时的天津港共有9名引水员，其中却有8名是外国人，这不仅严重损害国家的主权，同时也影响华资航商的正常航运。1934年，交通部召开促进航业讨

---

[1] 转引自姚洪卓主编：《近代天津对外贸易：1861—1948》（天津：天津社会科学院出版社，1993年9月），页44—46。

论会，天津轮船业公会即向政府提出，要求在天津组织成立引水管理委员会，并相应增加华籍引水员，虽然提案获得通过，但实行起来却举步维艰。1935年，董浩云代表天津航业公司致函天津轮船业公会，指出"天津为华北重要商港，引水员多系外籍，不仅关系国防，且因津港进出华轮时遭其非法留难，影响所及，尤属至巨"。董浩云认为，天津因为泥土淤积，远洋外轮只能停靠在大沽口，根本无须引水；而真正需要引水只的多为来往本国沿海各口岸的小型轮船，然而"国轮在国内各口岸而竟不能归国人自领，且强制须借助外籍引水员领近港口，似此喧宾夺主，诚为邦家之耻"，因此"根本办法当为彻底收回引水权"，要求公会"恳请财政部迅即明令津海关查照规章，遴选资格相当华籍船长充任引水员，以利国轮航运，以保主权"。① 另据中国航运公司常务董事俞丹榴回忆，当时华北航业完全为英商"太古"和日商"日清"集团所控制，他们凭借不平等条约，以治外法权为护身符，垄断了大沽口与天津之间的驳船运输，董浩云虽然年轻，但他初生牛犊不怕虎，以流利的英语与外商慷慨陈词，据理力争，语惊四座，终于打破外商的垄断，为天津航运业赢得了应有的权益。②

在天津，董浩云不仅致力于航业公司的业务，也经常奉命为通成公司和金城银行效力。在此之前金城银行曾因一度资金周转不灵，将其在英租界12号路15号的一个物业抵押给英国领事馆，但约满到期金城银行欲将其收回时却遭到英方的百般阻挠，借故迟迟不予归还，金城银行便将这件棘手的事委托天津航业公司代为处理。总经理叶绪耕为了考察董

---

① 《董浩云致天津市轮船业同业公会函》(1935年9月13日)，天津市档案馆藏天津航业公司档案：J168—241。
② 任家诚：《敬悼董浩云先生》，《中央日报》1982年6月2日。

浩云的办事能力,即让他全权办理此事。①董浩云经过认真准备,了解情况,上下疏通,然后据理力争,坚持不懈,在与英方谈判时提交各种事实依据,英国领事馆在事实面前无话可说,经过半年多的交涉,终于将该物业收回,同时它也成为天津航业公司的新址。这件事的处理充分显示出董浩云聪明的才干和过人的办事能力,因而得到公司上下一致好评。在这之后,又一件重要的任务落在董浩云的头上,这就是争夺九号码头的停泊权。

海河沿岸的天津港可以停泊处共有九个码头,其中四至八号早已为太古、怡和、招商三大公司永久租用,二号则为海河工程局租用,因此所谓能为公众使用的公共码头(Municipal Wharf)仅有一、三和九号三个码头,但是一号码头因起重机关系,大都只能停泊大型轮船,三号则因沿港私有栈房设备完全被日商大阪商船会社所占用,因此真正能为国人航业公司货运的基地就只剩下一个九号码头了。然而天津港务局与工部局码头管理处借口九号码头停泊大船妨碍中部船只转头处,突然拒发九号码头靠船停单,先是双方相互推诿,接着更张贴告示,禁止长度超过180呎的船只停靠九号码头。这一禁令公布后,立即激起航业界的巨大反响,特别是天津航业公司所购买的栈基就是以九号码头为门广的,禁令一旦实行,不仅将置公司于死地,同时也将严重影响整个天津民族资本的航运事业,因而天津航业公司立即奋起抗争,董浩云则承担了撰写报告的工作。

经过详细思考,董浩云觉得要达到目的必须审时度势,于是他亲笔撰写了一份报告呈给工部局的华方董事。报告列举了大量事实,说明九号码头历来停泊大船从未出现妨碍中部船只转头,更未发生过碰撞之事,因此

---

① 《叶绪耕致王更三函》(1933年10月11日),天津市档案馆藏天津航业公司档案:J168—352。

禁止停泊大船在情理上毫无根据；接着他又阐明，虽然天津的码头公有、栈房私有，物权各有所属，但码头与栈房因船舶运货关系，两者关系密不可分，因此"如九号码头禁靠大船，是不啻将栈地效用根本作废"；而且，既是公共码头就应该为中外航商公共利用，于情于理才说得过去，而眼下原四至八号码头被永久租用后业已丧失公共之意，若再将九号码头停止使用，不但失却公正，而且亦将丧失该地区的地产效益，同时更影响了工务局的财政税收。①

与此同时，董浩云又致函天津轮船业同业公会，出面联络其他航运界同仁一起向有关方面提出抗议。他认为"英租界九号码头为会员所置航业大院，即天津唯一大米市场之水道门户，凡各轮由芜湖、上海等处装来大米，均须靠泊九号码头"；但如果"该码头被指定为专靠驳船之所，则不仅影响会员权益，抑且轮船不能靠泊码头，所装大米均须过驳，使本会各会员公司亦势将遭受巨大损失，似此蹂躏会员权益与阻碍本港中国航业进展阴谋，断不为吾人所能堪容忍"。②

董浩云在致工部局的信函中则逐条驳斥英方企图封锁九号码头的种种理由，他指出这种做法不仅"影响中国航业与本港水道交通，即就英租界本身繁荣与捐税收入亦非得计"。董浩云最后强调："一港盛衰，关系与水上交通至巨；一租界之繁荣与否，尤赖中外人士多方合作。天津英租界在未收回前，亦为中国领土之一部分，天津港港务行政与水道，亦为中国主权之一部分"。因此他希望工部局"为维持其原有议决案计，为增进水上交通效率与英租界整个利益计，为保障纳税人权益计"，对于英商不合理之提议应"遽然予以否决也"。③

---

① 呈文原件藏天津市档案馆天津航业公司档案：J168—72。
②《董浩云致天津市轮船业同业公会函》（1936年），天津市档案馆藏天津航业公司档案：J168—248。
③《董浩云拟驳斥英商不当建议致英工部局函》（1936年），天津市档案馆藏天津航业公司档案：J168—244。

为此事董浩云还专门前往上海进行交涉,他在后来致王更三经理的报告中说:"九号地产案交涉尚称顺利,申工部大臣决致函津英领事提出,我方致申工部函经云与律师研究而后发,法律与事实均面面顾到。好在原经手人尚未走,得力不少;新接手人亦经谈话数度,亦颇融洽。"① 由于董浩云他们所采取的方式有理、有利、有节,天津港务长和工部局都不得不接受意见,并采取相应措施,最终予以解决。

危机处理

在从事航运业务中,有许多情形是突然发生、突然出现的,需要领导者具有处急应变的能力,更要在关键时刻拿出解决问题的方法。董浩云在天津工作的几年中也常常遇到这类突发事件,由于他处理及时,果断应对,使公司避免受到巨大的经济损失。

1935年6月1日,上海泰昌祥公司旗下的"永亨"轮在海河陈塘庄附近与另一艘船只发生碰撞。海河流域河道狭窄,船只碰撞时有发生,但"永亨"轮碰撞的船是日本船只"古城丸",而且发生的时间又正是日本不断制造事件、加强对华北侵略之际,因此原本是一件普通的撞船事件就被日方加以利用,企图将这个民事案件扩大成外交事件,并要挟中国让步。天津航业公司作为"泰昌祥"的代理人,而董浩云又是"泰昌祥"老板顾宗瑞的女婿,因而当仁不让地承担了与日方谈判的重任。②

碰撞事件后,董浩云立即赶到现场,第一时间了解意外发生的详细经过。据津海关港务长介绍,根据航海日志、船长报告以及目击者的证词,此次撞船的责任应由"古城丸"承担。6月3日,津海关将此案发生

---

① 《董浩云致王更三函》(1936年),天津市档案馆藏天津航业公司档案:J168—352。
② 天津市档案馆保藏的天津航业公司档案中对此事件有较为详细的说明,详见宋美云、周利成主编:《船王董浩云在天津》(天津:天津人民出版社,2008年)。

经过函告日本驻天津总领事馆，并让其转告日本关东海务局。没想到代理"古城丸"的日本大连公司竟颠倒事实，而且提出"泰昌祥"是在上海注册的公司，要求在上海处理此案。日本驻上海领事馆随即责成上海市政府进行调查，而上海市政府竟借口"因外交关系，在举国委曲求全下，容有不便拒绝之处"，在完全不调查事件经过的情形之下，擅自与日方拟出了一份调查表，要"泰昌祥"一一回答。泰昌祥公司在未与天津航业公司沟通，亦不了解航海日志、船长报告和目击人证词的情况下，即与中国船舶保险联合会（船险会）草率地予以回答。而正是因为这个草率的举动，让日方抓住了把柄，更为日后董浩云与日方谈判平添了重重障碍。

董浩云在知悉这一情况后即与海事法专家进行认真研究，首先确认此案只涉及民事和商事范围，而且碰撞并不发生在上海，上海市政府均无代办之义务。董浩云指出，如果双方交涉中出现争执，完全可以按照国际海事通例交付公断，或依据《诉讼法》诉诸法律。

由于泰昌祥公司的草率回答，使这一事件由主动变为被动。事既如此，董浩云亦随机应变，提出几点补救的意见。日方见"泰昌祥"并没有向日方提出索赔，认为其软弱可欺，于是便倒打一耙，抓住"泰昌祥"回答问题时的漏洞，将碰船的责任全部推诿于"永亨"轮，甚至公开宣称要扣押"永亨"轮，并进一步制裁"泰昌祥"。董浩云闻讯后极为愤慨，他立即要求"泰昌祥"向日方提出索赔的要求，但"泰昌祥"却害怕发生日方"无端扣船和其他无理蛮干等意外"，不愿提出索赔的要求。董浩云竭力打消泰昌祥公司的顾虑，他认为，只要我方表现出"不卑不亢，不急进，不惧疑，不畏却，理由正大"的姿态，日方必会知难而退。

按照董浩云的分析，本案的交涉无非有以下三种后果：第一，按照海事《公断法》公断，而所谓公断，就不是一家专断，更不是日方私断，遵照国际惯例，公断必须以船长报告、航海日志等国际公认的数据为依据，在这一点上日方理亏，因此决不会交付公断；第二，诉诸法律，"泰昌祥"和船险会最担心的就是日方在华势力以及领事裁判权，但日方若向我方提出索赔，必须要向中国法庭起诉，因此不必顾虑；第三，双方互不相让，但又无法提出充分的理由证明对方的责任，因此会无限期地拖延下去，成为悬案。董浩云认为，这三种结果对于"泰昌祥"来说都会有利，若交涉成功，"泰昌祥"可以得到船期损失的补偿；如果交涉失败或成为悬案，那么船险会也会赔偿"永亨"轮的修理费用，"泰昌祥"只是失去船期损失的赔偿，也还是可以接受。既然如此，我们为什么还畏缩不进、不敢提出索赔呢？正是由于之前我方举棋不定、放弃主动，才使得日方的气焰日益嚣张。

董浩云的分析有理、有据，泰昌祥公司最终听取了他的建议，鼓起勇气，委托天津航业公司向日方提出索赔。果然不出董浩云所料，日方自知理亏，态度亦发生变化，不再向中方索赔，此案便成为悬案。正如董浩云分析的那样，最后泰昌祥公司取得船险会的"永亨"轮修理费，而独自承担船期损失。

面对日本对华侵略的步步紧逼、政府态度又日益软弱的形势，董浩云仍能据理力争，展现出他机敏过人的睿智、不卑不亢的态度，终于在形势不利的条件下得到转化，不仅挽回了不必要的经济损失，而且还维护了国家的主权，从而得到同业的尊敬。

1935年12月至1936年3月，华北地区连续多日大雪，渤海湾出现多年未遇的严寒，气温骤然下降，海面结冰，灾情空前严重。当时正在大沽口外的数十艘各国远洋货轮遭到大风雪的袭击，有七艘轮船竟在大风吹袭之下漂泊出大沽口40多海里，被冰块围困几达一月之久。天津航业公司的破冰轮"天行号"奉命前往破冰救援，董浩云亦亲自参与了这一救援工作。"天行"轮首先对天津港口的航道进行疏通和清理，将海河至大沽口航道上的结冰击破，经抢救，"营口"、"芦山"、"顺利"、"永亨"、"中和"和"昌安"等六艘轮船得以安全进港,此外还分别向政记公司的"纯利"、"丰利"、"增利"、"昌利"以及其他中外公司的"日营"、"长城"、"益进"、"甘州"、"三兴"等轮船予以粮食、煤、水和其他生活必需品的接济,并将受困的商船乘客陆续抢救,安全抵达天津港口。①在救援工作最危急的时刻,董浩云曾先后两次乘坐交通部向欧亚航空公司租借的飞机,亲临渤海上空视察灾情,并与海河工程局、港务局及航业公会等机构多方联系,积极协调,亲自指挥空投粮食药品等救援物资。

此次冰难时间长达100多天,受灾的船只更超过140多艘,由于轮船误期、货物受损、船只遭创,据不完全统计,损失高达500万元以上。面对航业的重大灾害,董浩云一方面联络同业,采取各种方法进行善后自救,同时他又亲自执笔,向交通部和天津市政府有关部门陈述灾情所造成的损失,要求对所有遭受损失的船只免征两个月的船钞。在董浩云等人的积极争取下,政府有关部门同意了他们的要求。渤海救援的出色表现充分显示出董浩云身上具有卓越的组织和领导能力,各国受灾船员更对他交口称赞;而灾后重建的种种举措更使他脱颖而出,从而在天津航运界赢得一致好评。

董浩云在工作中敬业乐业,成绩显著,公司很快就提升他为船务主任,并委派他参加天津轮船同业公会的筹备工作,其后更被推选为九名执行委员之一。董浩云在同业公会执委中虽然年龄最小,但他的观察和决断能力却相当强。当时天津的运费普遍较高,对此现象董浩云曾多次提出:"际此运费提高时期,同业亟应切实团结,以免互相倾轧"。他认为,为了保持运费的平稳上升,应仿照外国同业的办法,成立不定期船只出口水脚最低价率委员会,对于大宗出口之水泥、煤炭,订定最低价率,只有这样才能维持价格平稳,将来航运市道一旦恶化,这更是未雨绸缪的最好办

---

① 《天津航业公司函》(1936年),天津市档案馆藏天津航业公司档案:J168—72。

法。①董浩云的意见说得合情合理,获得公会成员的一致赞同。1936年4月,天津轮船业同业公会改选,董浩云众望所归,高票当选为常务理事,不久更升任副会长,这一年他仅二十四岁。

---

①《天津市轮船业同业公会执委会会议录》(1937年6月2日),《天津档案》1997年第3期,页11。

三 创建中国航运公司

战前中国的航运状况

中国是一个幅员广阔的大陆国家，海岸线连绵万里，内河航线更是四通八达，然而长期以来，中国不但对外航线全部依赖外轮，就连沿海和内河航运的船只亦大都悬挂着外国旗帜。

航运是一种投资多、风险大的事业，深受国内外经济影响，再加上列强享有中国内河航运权，因此中国的民族航运事业长期得不到发展，商船不仅数量和吨位不如外商，而且大多是船龄三四十年以上的旧船，若要说到航运技术和航业管理，那更是远远落后于西方。南京国民政府成立后，国人的航运企业除了官商合办的轮船招商局外，纯粹由民营而规模较大的仅有三北、大通、肇兴、大达、政记、直东、宁绍等十多家航运公司。截至1932年6月底的统计，国人注册的船只总数虽有4717艘之多，但大多是载重量轻的小船，4000吨以上的轮船只有8艘，大多为轮船招商局所有。①

抗战爆发前这种状况略有改善，全国拥有1000总吨轮船的航业公司计有86家，轮船总载重量大约为600000总吨，②但中国航运业受制于外人的状况并无根本改变。此时另一个重要的变化则是，原先在华势力位居第二的日本此时积极扩大对华经济投资，其中航运业的扩张就是重要的一个方面，而华北更成为日本经济侵略的重要目标。

董浩云在天津工作和生活的这几年，正是日本帝国主义发动"九一八"事变后大肆向华北进行军事侵略和经济扩张的阶段。在这段时期间里他目睹了塘沽协议的签订、华北事变的爆发，日本打着"中日经济提携"的幌子，在华北进行的种种经济侵略行动，更使他亲身感受到日本侵华的阴谋与野心。

在列强对中国侵略的过程中，航运业是一个重要目标。当董浩云刚刚踏入社会的时候，满布于中国沿海和内河的船只飘扬的大都是欧美和日本各国的国旗，就像他多年后所形容的那样："大好锦绣山河，几无一片净土"。种种残酷的现实对于有志献身于航海事业的董浩云来说无疑是刻骨铭心的，他在日记中曾描述当时中国航运业落后的种种状况，对于列强从不平等条约中所获得的种种特权深为不满，并决心要为改变这种状况而奋斗。③也可能就是从这一时刻起，董浩云就下意识地将自己奋斗的事业与整个国家和民族的强大兴盛联系在一起。

在侵略中国的帝国主义国家中日本原本是一个后来者，但其侵略野心却是最大的，特别是在日俄战争后和第一次世界大战期间，日本更是加紧

---

① 《中国经济年鉴（1934年）》（上海：商务印书馆，1934年），页L778—779。
② 《国家建设丛刊》第七册"交通"（台北：正中书局，1971年），页199。
③ 转引自麦克·唐纳斯、董建平：《董浩云：理想与成就》（上海：交通大学出版社，2002年），页7。

对中国的领土扩张和经济侵略,而航运事业就是其中一个重要目标,到了30年代,日本在华对外洋往来轮船的吨位总数已超过英国而居于第一。

"九一八"事变后日本很快占领了整个东北三省,随后又频频挑衅,不断向华北蚕食。在经济与军事入侵中,海港与运输尤为重要,因此日本不惜耗资千万,计划在塘沽修筑新港,同时图谋修建津石(天津至石家庄)铁路,目的就是要将掠夺的资源运回国内,若战争爆发,更可及时运送军队。1935年12月,南满铁路株式会社全资拥有的兴中公司于大连成立,并于天津、上海等地设立事务所。"满铁"成立兴中公司的目的是将其"作为对华经济工作的统一机构",同时"负有统制和推行对华经济工作的使命",实际上就是要以满铁为中心,建立一个对中国、首先是对华北实施经济入侵的核心机构。兴中公司成立后很快就将触手伸向天津港,因为天津是向日本输出长芦盐、铁矿石和煤炭的重要港口,因此兴中公司一方面通过东京公司调度货轮,同时又与日本的大连汽船会社及国际运输会社合资成立塘沽运输公司,资本200万日元(实际投资60万日元)。公司成立后立即接管了兴中公司事先预购的八艘载重量500吨的货船和四只拖轮,承担了所有长芦盐和矿石的输送。[①] 日本的这一措施虽然针对的主要是垄断华北运输的英国公司,但对于刚刚获得海河驳运业务的天津航业公司来说也不啻是一个沉重的打击。从事北洋航线运输的北方航业公司就因无法继续经营而将公司出售给日商,其他公司即使勉强维持,亦大半需仰仗外人鼻息。日本则利用这一时机,廉价租用华商公司大批无货可装的货轮运输煤炭,为其发动侵略战争进行准备。当时正在天津工作的董浩云目睹了日本的种种扩张活动,多年后他在一篇文章中回忆当年的情景时写道:"那时我已在天津,且担任天津市轮船业同业公会常务理事,我曾眼看着北方航业公司因经济拮据将所有轮船抵押

---

① 参见中村隆英:《战时日本的华北支配》(东京:山川出版社,1983年),页16、66。

给大连一家日本航商而无力加以援手,我为此曾不安良久";更为严重的是,天津航业公司苦心经营的那部分白河驳运事业,也被日本人掠夺殆尽![①] 事隔多年,这一幕幕场景还牢牢地印刻在他的记忆之中,同时也成为董浩云奋发向上的一股动力。

统制经济与航业合作

以往中国的航政事务向由海关兼管,南京国民政府成立后交通部设立航政司,开始管理全国的航运行政。与此同时,国民政府推行所谓"革命外交"的路线,面对着航权丧失,立法院亦曾联合外交、交通、财政、工商四部通过有关收回航权的议案,但事实上这个决议却根本无法实施。当时的华资航运公司组织既分散,资本又单薄,设备更简陋,根本无法与外轮竞争。而且这些公司大都各自为政,重复开设航线,恶性竞争,导致两败俱伤,徒为外人得益,一些航业公司更因亏损严重而被迫停业甚而宣告清理。

在这种情况之下,为了摆脱危机,政府的职能部门积极加以配合,交通部的努力方向便是增加国家资本,促进航业合作,以增强国轮的竞争能力,其间交通部所进行的工作就是将招商局收归国有以及推动国人航业间的合作。

官督商办的轮船招商局成立于1872年,它是中国第一家股份有限公司,也是第一家与外轮竞争的中国民族资本企业。然而经过50年的经营,由于受到战事影响,加上经营不善,公司亏损严重。国民党对其早有兼并之意,国民政府成立后不久即公布《监督招商局章程》,继而宣布解散董事会,另行成立招商局总管理处。1931年国民党中央政治会议再次决议

[①] 董浩云:《历尽沧桑话航运》,载《中国远洋航业与中国航运公司》,页49。

整顿招商局，由政府继承该局原有一切权利和合法债务，将其正式划归交通部管辖。1932年11月，商办的轮船招商局正式易名为国营招商局，成为战前国民政府扩大国家资本的一个成功典范。

战前国民政府加强对经济的控制的另一个措施就是试图推行统制经济。1934年3月，交通部特地在上海邀请各航业团体，召开促进航业讨论会及航政讨论会，倡议对航运业实施统制，计划以各航线分别组织合作事业，继而再开辟国际航线。具体步骤是，先由上海市航业同业公会会同国营轮船招商局呈请交通部派员指导，聘请专家，限期拟就合作方案，然后再按既定原则，成立中国航业合作设计委员会并制定相应章程，由该委员会拟制方案，成立合作筹备处，最终联合各航运团体，组织成立航业合作社，以解决航业间过度之竞争。① 交通部于1935年1月核准公布《中国航业合作方案》，嗣后又举办了一个有关航业合作的讨论会，计划实施合作。董浩云闻讯也报名参加，并草拟了一份题为"政府应明令规定国营航业与民营航业应如何分工合作，共谋国航进展，并建立海运政策"的提案，虽然这份提案因为邮寄到京已过期限而未能列入大会议程，但却可以看出董浩云此时已开始酝酿整合全国航运事业的具体计划。

董浩云在提案中主张，"在现在我国社会经济组织下，就我国目前航况言，为避免国营与民营业务上冲突及对抗计，为整个国航前途开展计，我政府亟应明令规定国营与民营航业分工合作之方针与步骤，并以国家立场，树立一贯海运政策，国航进展，实以赖之"。接着他又提出国营航业以开辟国际远洋航线为主，民营航业则力谋国内航线之进展，在航权未恢复前，国营与民营应集中力量，抵抗外航侵略，并确立一贯海运政策等四

---

① 蔡增基：《十年来的中国航运》，载中国文化建设协会编集：《抗战前十年之中国》（香港：龙门书店，1965年影印），页305—306。

项具体方案。①

当时中国航运界都普遍认识到，民营航业资本薄弱，管理落后，经营涣散，在此局势岌岌可危、朝不保夕的局势之下，同业之间唯有团结合作，方能消除危机，而政府亦应迅速制定保护民族资本的航运政策，组设专门性的航业金融机构与之配合。1935年夏，上海市轮船业同业公会召开临时会员大会，讨论救济民营航业的办法。此时董浩云正参与筹办天津航业公司上海分公司的事务，因而也得以参加大会，并在会上提出发行航业公债以解决资金短缺并促成航业合作之方案。

1935年8月《大公报》披露，交通部"正草拟全国航运业统制整理计划，一俟核定后即可实施"云云。董浩云看到这则消息后感触良多，夜不能寐，终于用了几天时间写了一篇报告，并投书《航业月刊》（这是目前我们发现董浩云公开发表的第一篇文字）。董浩云认为，所谓改进航业，站在民营立场首先考虑的应该是如何救济，而唯有合作方为救济之道，因此若希望交通部所谓改进全国航业方案不致落空，国内所有航商无论资本多少、规模大小，均应"急起自救，开诚合作，共谋更进一步实施方案"；他大声疾呼："航业合作进程阻难固多，然多方商讨，终能得有办法，须知欲维护自有权益，必须自动自救，否则疑虑趑趄，无一而可，此应请少数尚在跨踏中之民营航商与权益关系人猛自反省者！"接着董浩云指出，"至航业合作进程中，在在需求金融力量予以援助"。他进一步分析，"如果对国营与民营航业所含资源加以检讨，虽有各种不同与错综复杂的资本关系与支配机构，但其大部分无疑是处于某一个利害系统上，离不开金融资本体制与其重要性"。再"查资本主义国家航业政策运用史与各国民营航业公司进展史，亦不外资本合并与金融力量促成'托拉史'组

---

① 提案全文载《航业月刊》第3卷第6期（1935年10月15日），页7—11，后又收入《董浩云的世界》一书。

合之事迹",因此董浩云极力主张要以"金融资本促成航业合作",并且在"航业发展与产销发展情况下,为金融资本充分开运用之路"。① 从这段文字中可以看出,此时董浩云的脑海中已经开始考虑如何统筹国内的金融资本,进而发展国内航运业这个重大问题了。

《整理全国航业方案》的提出

全国航业合作的计划从倡导到实施大约进行了两年多的时间,然而国营与民营、民营与民营之间的竞争不仅依然存在,而且还有越演越烈之势。1936年5月,交通部鉴于合作计划已名存实亡,遂又召开整理全国民营航业会议,希望政府以监督力量,通过制定"商船登记"、"监督业务"、"限制航线"等一系列法令,用一种渐进的方式促成民营航运业间的合作,进而调整全国航运事业,打破本国航业间自相竞争的局面,从而集中力量,抵制外国航业,为全面收回航权进行必要的准备。

董浩云也应邀出席了交通部的会议,在会议中他认真听取了各方代表的发言,同时也提出了个人的意见。一方面,他认为交通部的建议用意至善,表面上看似乎也切中时弊,符合目前国家经济建设的原则和计划经济的程序;但另一方面他又指出,眼下我国航权旁落,门户洞开,若要对航线的扩张和船舶的发展盲目加以限制,那么受到限制的只能是国轮,弄不好反而会给外轮一个扩大发展的机会。而且国轮船龄长短、资本多少、经营能力大小等均参差不齐,其中尤以纯货船与客货混合船、定期船与不定期船差别更大,如果不问实情,不分厚薄,予以一律看待,同受限制,不但因利害不平而无法实行,而且还会影响物产运输兼及整个国家航运大计,因此必须分别各自的特点和性质,予以通盘筹划,方能取得成效。

---

① 董浩云:《写在前面》,《航业月刊》第3卷第6期(1935年10月15日),页6。

会议结束后董浩云的心情还没有平静,他还在思考着统制全国航运的大事。虽然董浩云还很年轻,从事航运业也不过才有短短的几年时间,但他是个有心人,平时所见所闻都铭记在心,更重要的是,他常将个人的前途与国家航业的命运联系在一起。在这个当口上他突然想到,不如将自己多年来的一些想法加以系统的整理,向有关当局予以陈述。说到做到,董浩云到底还是个二十多岁的年轻人,经过几天几夜的奋笔疾书,竟然写出了一份洋洋万言的建议书,题目就叫《整理全国航业方案》。①

《整理全国航业方案》全文共分七章,董浩云首先便开宗明义地指出:"整理全国航业,应先就现有民营航业着手作初步整理",而"在民营航业整理期间,应由政府主持,与国营航业力谋业务上调整,共趋航业大合作"。

在"整理原则"一章中董浩云建议将全国的航业按现有国籍船舶以各航线为单位分别整理,航线可分为定期船航线、不定期/定期船均有航线和不定期纯货船航线三大类,前两类以限制航线、制定船只和限期合作为原则,第三类则以保息制度控制业务自由竞争,以信托方式取得经营与管理权,由金融力量逐步促成合并经营为整理方法。

第三章"整理办法",则是对上述三类航线船舶制定具体整理办法,并分别加以说明,其中特别强调对不定期航线船舶整理之重要。董浩云认为,"在此航权破碎、门户洞开时期,不论国营或民营,当采取计划经济作整理与进展基础,故政府对现有民营不定期船舶之整理,似应积极采取保息制度,为船主经营保障,并以监督业务与限制添购旧船为变相统制管理,一方得促成不定期/定期船均有航线之合作,在剥夺不定期纯货船在均有航线自由行驶权利时,尤须妥筹救济,俾使不定期船主无歧视待遇之

---

① 《整理全国航业方案》(1936年6月),后刊于《中国远洋航业与中国航运公司》,《董氏航业丛书》第一辑(香港:1954年初版,1978年9月再版),页69—80。后又收于《董浩云的世界》。

怨言，而不致发生窒碍难行；一方得完成航业大合作，以不定期船为发展中国海运之基础"。为了达到这个目的，董浩云建议组设一个航运金融机关，从而"以金融力量取得经营与管理权，以保息制度控制业务自由竞争"，他以为"此种以金融力量促成合作，实为整理不定期船舶之必要先决条件与最捷便能行方法，亦为中国航运建设之根本"。

第四章"航业金融机关组设办法纲要"是对前述设想制定的具体计划。董浩云建议成立一家"中国航运信托公司"作为整理全国航运的金融调剂机构，公司的资本额设定为国币500万元，官商各半，他还对公司经营的目的与展望、公司的性质、资金经营方法、人事组织和业务范围一一做了说明。并详细开列了新成立的公司在整理全国航业过程中所应承担的各项任务。

其后《方案》还对确定整理步骤、分配航线、促成航业界之合作以及航业整理后如何与外商航业谋得妥协或对抗制定了相应办法。董浩云在"结论"中表明，上述整理方案的要旨"不外乎调整国营、民营航业同业间业务冲突，以渐进方法促成合作，就现有轮船加以整理，一面集中力量对抗外航，一面合理经营，共图进展"。虽然该方案尚有诸多局限，但"值此航权尚未完整，似为整理中国航业之唯一方法，亦为建设中国航运之必要步骤"。至于具体细则应如何规定、方法如何执行、组织如何完善、步骤如何推进、困难如何克服，"自须官商合作，群策群力，多方研究，详慎进行，方克有济"。

这份整理方案从中国航运的历史状况到现实的环境、从眼下整理的措施到今后实施的规划都一一加以说明，文字简明扼要，逻辑清晰严谨，条理分明透彻，很难想象它竟出自一个不满24岁的年轻人之手。从这份方案的内容中也可以清楚地看出，董浩云上书的目的就是希望凭借政府的力量，设立一个航运信托公司，"以保息制度控制业务自由竞争，以信托方式取得经营与管理权，由金融力量逐步促成合并经营"，解决发展航运事业的资本问题，从而团结国内航业界同仁，收回航权，进而筹划开设定期国际航线，改变那种"有货无船运、有船无货运"的失调现象，最终完成中国的航运建设。

董浩云草拟了整理全国航运方案后感到言犹未尽，接着他又连续撰写了《中国航运信托股份有限公司组织缘起》以及征募轮船信用合作股办法等几份文件。他先将这些文件交由同业和朋友之间传阅，再经修改润色，从而使文字更具说服力。1936年12月1日，董浩云恭恭敬敬书写了一封专函，并将整理好的文稿认真抄写一遍，一并寄呈南京交通部。

董浩云建议以国家的名义出资、以官商共同入股的方式设立中国航运信托公司的设想并不是凭空臆想的，首先他对中国的航运状况了解甚深，同时他又密切关心当时国内的局势。1935年11月中央政府成功实施币制改革后，中国的经济发生重大的转变，国民政府正利用这一契机，积极在各个经济领域中扩大国家资本的势力，并在全国范围内大力推行国民经济建设运动，同时还试图实行统制经济的国策，譬如此时中央政府即联合地方政府及相关行业共同投资，组织成立若干官商合办的专业公司，如中国植物油料厂、中国棉业公司、中国茶叶公司、中国木业公司、中国矿业公司等，其实政府的真正目的就是有计划地对全国经济实施全面的控制，而董浩云的这一设想无疑也与当局的计划大致相符。

当时主管交通部事务的是政务次长俞飞鹏，他在阅读了董浩云的来信之后不久便邀请董浩云亲自到南京详谈。董浩云简明扼要地介绍了他的构思，俞飞鹏在听取了董浩云的建议后并没有立即表明他的态度，经过一段时间的思考才终于回函。首先俞飞鹏在信中称赞董浩云所拟的整理办法及招股简章等方案"详细周密，颇多足供参考之处，即与本部目前所取方针，原则上亦大致相同，具征台端研究有得，良用佩慰"。然而说到这里他又话锋一转，再三强调由于政府缺乏资金，加之中国目前航运业所存在的复杂情形，若欲实施积极的整理困难甚多，"至关于组设航运信托公司一节，固属极有见地，但办理则甚感困难，例如保息之需巨额固定资金，管理之需大量专门人才，且须事事直接参与营业上之危险，办理稍一不慎，易有颠踬之虞"。为此他提议"最初似不如先设航业银行，为航业金融之调剂，一俟基础稍形稳固，再行扩充业务，兼办信托事宜，循序推进，较易观成"，当然商人在这方面尽可独力经营，如果组织成功的话，政府也会在可能范围内酌予扶植，以资倡导云云。①

独力筹款

董浩云拟写的整理全国航业的提案充分显示出他所具有的理想与志向，没想到结果却是政府的搪塞和敷衍。然而难能可贵的是，当董浩云的建议遭到拒绝后，他依然不屈不挠，坚持信念。此刻他已经暗暗地下定了决心，既然政府不予支持，那就自己来。

然而说来容易，做到就难了，政府支持与否实在是关系重大，尤其是对像董浩云这样一个既无资本、又无名气的年轻人来说，由他出面独自筹集资金将会遇到什么样的困难，那真是可想而知。在这个重要的节骨眼上，董浩云的岳父、航运界的前辈顾宗瑞先生站了出来，他不仅四处向朋友介绍他的这位爱婿，还慷慨出资，对他的筹资计划予以鼎力支持。

此时董浩云仍在天津航业公司工作，但妻子顾丽真怀有身孕，业已搬回上海，定居于法租界福履新村5号（今上海市建国西路365弄5号）。公司为了照顾董浩云，亦常派他到上海筹办成立分公司的事务。虽然董浩云平时工作很忙，经常要往返于津沪两地，但他也正可以利用这一机会，广泛接触上海和天津金融界和航运业的领袖，向他们宣传和游说成立航运

---

①《俞飞鹏致董浩云函》（1936年12月30日），载《中国远洋航业与中国航运公司》，页84。

信托公司的利益。

董浩云四处奔波，多方宣传，他频繁地向银行家和企业家介绍成立航运信托公司的必要性。他认为生产与运销的关系十分密切，金融实乃二者之间的交换媒介，而运输则是生产与销售的脉络，彼此之间关系尤不可分。他创设航运信托公司的目的就在于沟通金融与航业之间的关系，以经营一般航运有关系者为职旨，期以金融力量辅以专门技术人才，使那些资本薄弱、组织涣散、只拥有少数船只的船东能够将其经营权授信给一个集中人才、资本充足的金融航运机构予以管理，这样既可以充实经营力量，减省管理费用，提高营运效率，由于实行合作经营，又可以避免同业间的无谓竞争，便利生产运销，同时公司还可以接受代理金融业的委托，对船舶进行技术上的整顿、管理、监督，在信用上亦得到充分的保障。

与此同时，董浩云又劝说那些小船东要认清当前的形势，眼下不论是国际还是国内企业，要想在竞争日趋激烈的市场上立足乃至于发展，"舍合作经营不足以图生存，无金融力量无法促成联合"，而航业既是一种重要的交通工具，同时也是一种大企业，与金融之间的关系之密切自不待言。然而近年来中国的企业受到世界经济萧条的影响，外受帝国主义经济入侵的严重压迫，内受同业之间自由竞争的相互摧残，早已陷于贫困破产的恐慌边缘。尤其是那些只拥有一两艘船舶的船东，"资力上既形薄弱，管理上又不经济，营业力量更见涣散，设不急起图救加以整顿，不仅垂危航业有濒于破产之虞，抑且影响于金融业投资航业之安全"。

当时国民政府正在全国范围内积极推动国民经济建设运动，董浩云以为，交通运输的建设实属当务之急，然而航业属于大型企业，所需资金数额庞大，如果没有相应的金融机构出面融资，不仅业务难以发展，能否存在都是问题；其后果又导致银行由于缺乏安全保障，对于航运业的前景失却信心，从而不敢投资，以致恶性循环，进一步加深航运业和金融界的危机。眼下解决这一危机的办法，就是希望"我国金融业者，在事业有健全组设与合理经营下，能以游资之一部分，作具有国际市场真实价值之船舶投资，俾金融航业互相调剂，生产运输共有进展"。①

董浩云的设想是希望航运界同业既是公司的股东，又是公司的信托人，集中所有船舶，统一经营和办理，以金融力量促成航业合作，再以航业发达调剂金融流动。为此他提出具体的招收轮船信用合作股方法：凡国籍船舶所有人或是已取得国籍船舶抵押权人，均得以所有轮船，以抵押或信托方式折价股款，加入本公司为股东，除享受与普通股东之同样权利外，还得以信托人资格顾问该轮营业状况，咨商营业方策，并参与本公司所主持各航线营业合作之计划。董浩云强调："本公司为信托人全盘利益计，为整个航业发展计，得以任何牺牲方法，促成各航线营业合作之成功，巩固各航线营业合作之基础。"②

很明显，董浩云是希望先将那些只有一两艘轮船的小船东联合起来，集中经营和管理，再以所取得的业绩吸引金融界予以投资，形成一种双赢的局面。应该说，他所精心设计的招股方案虽然新颖，但还是具有一定说服力的。然而正当董浩云四处奔走游说之际，卢沟桥的上空响起了日本军队侵略中国的枪炮声，紧接着，战火又蔓延到上海，这突如其来的战争使得董浩云的招股计划遭到挫折。

"八一三"淞沪抗战爆发后，上海这个远东最大的金融中心便陷于一片战火之中。不久，日军自金山卫登陆，上海终告失守；与此同时，日军又实行所谓"遮断航行"的计划，先是隔绝上海至汕头的航道，又进而宣布封锁中国的全部海岸线，至此，已经没有悬挂中国国旗的船只行驶于公海之中了。

---

① 董浩云：《中国航运信托股份有限公司组织缘起》(1936年6月)，原载《中国远洋航业与中国航运公司》，页81。
② 董浩云：《中国航运信托股份有限公司征募"轮船信用合作股"办法》(1936年6月)，原载《中国远洋航业与中国航运公司》，页82—83。

"八一三"之后,一切工作都围绕着全面抗战,董浩云亦义无反顾地投身到这场中华民族求解放、求独立的神圣战争中去;但到了战争相持阶段以后,上海的特殊状况,却又为董浩云募集资金造成了一个机会。

上海沦陷后,居住在华界的外侨和殷实人家乃至于江浙一带的富商绅士纷纷迁入租界,出现了一度畸形繁荣的所谓"孤岛经济"。上海租界内除本地资金外,还有天津、广州和江浙一带失陷后的大量游资汇入上海的外国银行,加上国民政府为维持法币与外币的比价,亦向上海租界内投放大量资金,租界内的金融机构不减反增。租界游资的大量充斥,金融业的畸形繁荣,倒是给董浩云筹集资金成立航运公司创造了一个难得的机会,1939年春,他又开始向租界内的各界朋友进行宣传。

董浩云在招股书中首先强烈谴责日本对中国的侵略,他说:"卢沟桥炮声响了,中国海岸线被封锁,中国船舶航行被阻断,公海中已没有悬挂青天白日旗的船只在公然行驶。一个等于没有海军的国家,为了抵抗侵略,和世界第三位的海军国家——日本——作战"。这也就是公开表示,复兴国家航运事业正是他创办中国航运公司的动机。

董浩云认为,航运业一直被视为"无形贸易"(Invisible Trade),亦为国家命脉所系,在国防上的意义自不必说,就是在经济上,每年的运费收入对于平衡国际收支即具重大裨益。抗战的爆发使得中国的轮船又遭到严重的损失,虽然沉没的船只多为旧船、破船,但终归是海上运输的重要工具。将来战争一旦结束,百废待举,若不提前积极做好各种准备,日后一定无法解决交通运输这一难题。董浩云一直没有放弃他的主张,尤其是看到租界中畸形发展的经济局面,更加激起他劝说人们投资轮船事业的念头。在他看来,这并不是在鼓动人们去逃避资本,而是眼看到人们将资金闲置或作些无益的事,还不如投资于船舶这种具有国际市场性的运输工具,何况这种投资还可以挽回一部分航运权益。

董浩云再三强调,投资航运事业"较诸任何投资尤为优异,总之,本公司业务，其本质类如地产信托；惟地产价格变动甚剧，效用价值与生产无关，尤自1935年春我国金融市场有变后，地产在金融流动意义上早已失去筹码效用，惟船舶则有国际市场价值性，在生产运销意义上尤属重要。船舶为水上交通重要工具，在我国尚在萌芽，亟待开展，值此国民经济建设运动积极推行之时，一经航权完整，经济复兴，我国航业前途实未可限量"；而他成立公司的目的，"一为沟通航业与金融间之关系，使人民财富有投资具有国际市场性之轮船机会，同时使轮船业亦有利用资金之道路；二为集中人才，对复杂而不易经营之航业，实施科学方式合理经营"。因而可以预料"是项信托事业一经发达，安知'轮船'债券不能如'地产'道契以前在金融市场所处筹码地位之重要而取而代之耶"。

  基于上述理由，董浩云认为在目前这种艰难困苦的条件下，投资经营航业或许是一种具有相当前景的可为事业。在他看来，如果中国航运信托公司能够像上海地产商和美商以及中国营业公司那样组织起来，那么就很可能获得成功。虽然表面上看，这好像是在为过剩或者是已逃避为外币的资金寻找出路，但若进一步思考，这也未必不是在为日后复兴中国的航运事业奠定基础。而他的最终目的就是"早日见有健全的航业金融机构成立，中国航运建设早日完成，使青天白日旗得飘扬于海洋上任何一角"。[①]

  董浩云的这番意见在朋友和同业间产生回响，不少人对这个计划还颇为动心，还有人向他建议将战前拟定的方案及其筹款的章程公布出来，也可让投资者多一个选择。因此董浩云就将筹设航运信托公司的计划加以整理，并结集印刷成一本小册子，在行内广为散发，建议包括"公司开办计划"、"初期营业范围"、"集资方法与用途预算"、"开业计划与人事组织"

[①] 董浩云：《如何整理中国航业与组设航业金融机构之商榷》（1939年春），原载《中国远洋航业与中国航运公司》（台北：中国航运公司自印，1954年），页63—65。

等，① 不但内容十分具体，而且计划亦相当实际。从资金上来说，董浩云原先向交通部呈报的以国家名义投资、以官商合股形式成立的中国航运信托公司资本为500万元，现在既然官方无法参与，仅能在商家之间募集，500万元自然是不可能的了，因此董浩云在《建议书》上写明："依照上述初步营业范围，如能凑集资金五十万元，[公司]已可开始营业。在稳健条件下，逐步经营，一经信用昭著，便可得银行信赖与交通行政当局协助"；而他认为只有得到这两方面的支持，成为公司的后盾，那么即使日后不增加资本，公司在金融方面也可以活动自如。

董浩云的这番努力没有白费，在他的四处游说之下，尤其是得到了虞洽卿、叶绪耕、顾宗瑞等航运业前辈的支持，由新华商业储蓄银行代为筹募资本，中国航运信托公司终于在这艰难困苦的条件下诞生了。

公司的创立与停业

经过董浩云的不懈努力，同时他又听取了英国友人唐纳雷（I. A. Donnelly）和律师怀特（G. H. Wright）的建议，1940年3月19日，中国航运信托公司终于以英国注册的公司在上海宣告成立，并于外滩的汇丰银行大厦300室设立办事处，其后办事处又搬迁到其岳父顾宗瑞名下的瑞华银行（爱都亚路1号，今延安东路）。公司成立后即购买了两艘旧轮，为了经营上的便利，两轮都悬挂巴拿马国旗。其中"五车二"（Capella）是一艘客货轮，因为设有统舱船位，因而特别适合航行于中国的沿海城市，而"雷梦娜"（Remona）是1920年由美国Submarine Boat Corp.建造的一艘货船，总吨位为3513吨，可以承担远洋航运的业务。1940年9月，该

---

① 《建议小规模筹设中国航运信托股份有限公司之设计》，载《中国远洋航业与中国航运公司》，页85—87。

轮曾全部聘请中国人驾驶，往返于远东与美国西岸，由上海启航，途菲律宾横渡太平洋，抵达美国的 Portland 港口，从而揭开了中国远洋航运史上新的篇章。

1941 年 3 月，中国航运公司再向香港政府注册，新成立的公司英文名为 Chinese Maritime Trust（1941）Ltd.，并聘请唐纳雷为总经理。公司的资本为国币 25 万元，每股 50 元，共计 5000 股。

关于中国航运公司初期的董事及股东长期以来一直无人知晓，有人认为主要是由董浩云本人和他的亲友及同事投资入股的，如他的岳父顾宗瑞以及唐纳雷和怀特。[①] 但从董浩云保管的一份资料中终于发现了公司的董事名单，他们是：顾邱、龚耀显、董浩云、董汉槎、董兆丰、董兆裕、吴长赋和陈士金等八人。公司最大的股东为董汉槎（3600 股），其次为顾丽真（1185 股）和董浩云（200 股），而 Peter Alan Lee 和顾邱、龚耀显等三人每人只有 5 股。[②] 另外公司最初代理的轮船东主还应包括董浩云的老上司、天津航业公司总经理叶绪耕。[③] 从目前保存下来的公司唯一一份资产负债表中可以得知，公司成立之初，董浩云曾借给公司美金 1023.26 元，价值国币 19375.72 元，[④] 这在当时也算是一笔不小的数目了。虽然公司初创，资本不多，但此时创立航运公司却具有许多有利的条件，因此公司一旦取得执照，即在上海开始正式营业。

在此之前，董浩云还在美国的特拉华州注册成立了金山轮船公司

[①] H. W. Dick & S. A. Kentwell, *Beancaker to Boxboat: Steamship Companies in Chinese Waters* (Canberra: The Nautical Association of Australia Inc., 1988), p. 223.
[②] 董浩云资料室：B2—10。
[③] 天津航业公司总经理叶绪耕的遗孀聂婉三十多年后曾致函董浩云，声称其夫在世时曾购置悬挂巴拿马旗的 Capella 和 Esse 两轮，后于太平洋战争爆发后被击沉。但该轮是购有保险的，因此请董浩云设法向保险公司索赔。见《聂婉致董浩云函》(1973 年 9 月 2 日)，董浩云资料室：A1—2。
[④]《中国航运信托公司 (1941) 资产负债表》(英文，1941 年 12 月 20 日)，董浩云资料室：A1—1。

（Island Navigation Corporation，INC）。1941年5月5日，董浩云代表中国航运公司又与陈仁涛合伙集资美金165000元（其中中国航运公司占75%，陈占25%），在上海成立了信统公司（Shing Tung Company）。该公司成立后立即以挪威的华伦洋行（Wallem Co.）出面，向中国航运公司购买了一艘悬挂巴拿马国旗、名叫S. S. Essi（载重1924吨）的轮船，然后再由中国航运公司将该轮转租给他人，其收益除去一切开支外，所有收益或亏蚀均按出资比例分配之。①

中国航运公司成立初期的业务，主要是利用租界作为掩护，购置了多艘旧船，挂着英国或巴拿马国旗的货轮进行运输。由于抗战爆发后中国的沿海遭到日军的全面封锁，陆路交通也基本中断，因此不论是大后方坚持抗战急需国际援助，还是沦陷区市民的日常生活，都需要大量的物资输送，而航运业更是有其发展的空间。董浩云充分利用这一时机，以上海和香港的租界为掩护，成立航运公司，并以外商名义购置了5艘船只，而为了安全计，不得不悬挂外国国旗，在中国沿海以及香港、海防、西贡等各港口之间进行运输。因此在这一阶段中国航运公司曾承揽大批货运，舒缓了物资运输的燃眉之急。

然而好景不长，1941年12月8日，日军发动太平洋战争的同时即攻占了上海的租界，不久香港亦告沦陷，中国航运公司因为是以英商的名义在香港注册，本来是想利用香港这个英国的殖民地来发展和扩充航运事业，没想到日本向英国宣战后，英国即成为日本的敌国，因此中国航运公司所经营的"雷梦娜"、"五车二"等多艘船只亦分别在上海和西贡被日军所掳，而公司亦被认定为敌产而被迫宣告停业。

香港沦陷后，董浩云历尽千辛万苦方创建的航运公司亦随之落入日本侵略者的手中，万般无奈之下，董浩云只好重返上海，将爱都亚路1号作

---

① 《合伙契约》（1941年5月5日），董浩云资料室：A1—2。

为公司的临时办事处，由于公司没有船只，只是向天津的直东公司租用了一艘"北铭"号小轮（约667总吨），经营上海至天津间的航运；董浩云本人则仍旧回到通成公司兼职，主要负责津沪之间的贸易。但他总是无法忘记自己亲手创立的公司，一旦遇到机会，他首先想到的就是如何为公司复业创造条件。

四　战时岁月

参加救亡活动

抗战爆发后，日军便宣布封锁中国沿海口岸，企图截断中国与外国的交通。中国的航运界为了国家的独立和民族的尊严，响应政府的号召，抢运战略物资，协助沿海工矿企业内迁，同时又组织大批船只，在长江各要塞沉船阻敌，付出了巨大牺牲。董浩云也在这场反侵略的民族战争中，做出了自己的贡献。

就是在七七卢沟桥事变爆发的这一天，董浩云的妻子顾丽真在上海的克美医院诞下了他们的第一个儿子。顾丽真分娩的时候董浩云并不在她身边，而是在天津处理公务。当他听到这个消息后真是欣喜若狂，按照董氏家谱"乃呈瑞兆，建立中华"的排列，董浩云（原名兆荣）的子女排行应该是"建"字辈，于是他就为长子取名"建华"。董浩云还在当天的日记上写道:"上帝赐予这一新生命,希望他发扬光大。"虽然董浩云对他的长子寄于无限希望,并自小就对他言传身教,但是他再也不会想到,60年之后,也就是1997年的7月,当香港回归祖国的时候,董建华出任香港特别行政区首届行政长官,肩负着实施"一国两制"的重担,这也算是圆了董浩云寄希望于他要为国家"发扬光大"的梦想。

抗战爆发后,董浩云也和全国人民一样,同仇敌忾,投身到抗日救亡的运动当中,其中最重要的就是积极参加进步救亡团体蚁社的活动。

蚁社的前身是1928年2月在上海成立的青年之友社,共有200多人参加,大都是一些有文化知识的青年店员、职员,主要领导成员为沙千里、李伯龙、沈仲君、章乃器、许德良等人。1930年12月,以青年之友社为基础,改组而成立蚁社这样一个以中间面貌出现的左翼社团。之所以取名为"蚁社",是他们以蚂蚁自诩,认为蚂蚁虽然只是一个小动物,力量小,但是为了共同利益,他们却能够团结一致,不惜牺牲自己,与敌人进行拼死的斗争。为了团结社员,沙千里特地创作了《蚁社社歌》,并由黄自谱曲。歌词是:"蚂蚁是爱群互助的小虫,蚂蚁是有集团组织的大众。我们都是蚂蚁,不是吃书无用的蠹虫。在光明与黑暗决斗的战壕中,我们要前冲,我们要前冲!前冲,前冲,前冲,前冲!我们都要前冲!用蚂蚁的精神,来播种新文化的种,使新世界的光明,更加灿烂鲜红。起来,起来,蚂蚁们,大家起来,蚂蚁们,向前去做自由平等,自由平等的先锋!"

蚁社成立后,沙千里、李伯龙等领导人利用它公开的合法地位,积极团结进步青年,宣传左翼文化,呼吁用文化来改造和推动社会政治与经济的发展,社会影响很大。蚁社设总务、社友、文化三个部。文化部设有:蚂蚁图书馆、蚂蚁补习学校、蚂蚁剧团和蚂蚁歌咏团、蚂蚁月刊。蚂蚁剧团由李伯龙负责,剧团的演出活动,是蚁社向人民群众扩大宣传教育的重要手段。蚂蚁歌咏团由何惧、孙慎、高恩铭负责,教唱抗日救亡歌曲。蚂蚁月刊每月出版一次，内部发行。蚁社还成立摄影组，以及开展读书会、时事研究会等活动。1934年，社友沙千里、李伯龙、杨修范、章乃器、葛师良、许德良参加"苏联之友"社的活动。次年10月，由沙千里出面创办《生活知识》杂志，徐步为发行人，艾思奇、柳湜、骆耕漠、夏征农、周纲鸣都是该杂志的特约撰稿人。是年冬，蚁社与上海各社会团体联合组织成立上海职业界救国会。社友沙千里、章乃器被推选为救国会领导成员，1936年11月与沈钧儒、史良一同被捕入狱，史称"救国会七君子"。

董浩云在天津工作期间就目睹日本帝国主义的侵略行径，心中充满着爱国和救亡的热情，他同蚁社的成员志同道合，而且他们年龄相仿，又都热爱文艺，因此回到上海工作后不久就在李伯龙等人的介绍下参加了蚁社和蚂蚁剧团。董浩云虽然不是剧团的主要演员，平时因工作关系又常常不在上海，但只要有机会，他都会出资出力，在台前幕后积极支持剧团的活动。抗日战争爆发后，上海职业界救国会改组为上海职业界救亡协会，沙千里、袁青伟、许德良、李伯龙为协会理事，蚁社成为协会的团体会员之一，工作重点转移到为抗战服务。1938年11月，又创办了《剧场艺术》月刊，由李伯龙（化名松青）主编，坚持出版3年，为孤岛时期的上海抗日话剧运动做出了贡献，在这中间董浩云不仅出钱出力，而且还献计献策，积极支持杂志的出版。李伯龙的女儿后来回忆说："如无董伯的鼓励与支持，也许就不会有此《剧场艺术》。"①

上海沦陷后，大量难民涌向租界，难民收容所内人满为患，其中有许多失学儿童，四处流荡。董浩云发现这一情况后，即向李伯龙等人谈及难童的教育问题。董浩云认为，收容难民固然重要，但对难民子女的教育问

---

① 李莎莉回忆（2001年2月4日），顾也鲁回忆（2001年1月5日），分别载《董浩云的世界》，页295—297，300。

题更不应该忽视，教育是根本，而孩子则是未来国家的栋梁。因此董浩云建议由"工华"（即"上海工部局华员俱乐部的简称"）出面，成立难童收容所，他并带头捐款1000元。"工华"负责人李伯龙对此倡议十分赞同，即与上海慈善联合会负责人赵朴初商洽，由"工华"负责经费的筹措，协助慈联会一同举办难童的教育工作。难童教育的工作得到了上海各界人士的支持，学校招收了首批9—15岁的难童约400人，陈望道、陈鹤琴等德高望重的教育家还亲自为学生编写教材，为国家培养出一批优秀的人才。董浩云不但带头捐资，而且还负责难童的教育，直到30多年后，他还常常回忆这一难忘的往事。

上海沦陷后，在中华民族危亡的关键时刻，上海的话剧界为了筹募抗日经费曾在租界举行多次义演。1939年7月20日至31日，即曾在黄金大剧院连续多天举行义演，这样大规模的联合演出在中国话剧史上实属空前壮举，董浩云也为玉成此事予以积极支持。①

董浩云此时参加救亡运动的另一个内容就是入股梅龙镇。

梅龙镇是上海著名的一家餐馆，最早由蚁社的成员集资入股而成立。因为蚁社的成员多是中下阶层职员、店员和小知识分子，他们富有热情，极具正义感，但收入却不多，而且缺乏一个聚会的场所。于是有社员提议合资经营，每人出一些资金入股，这样既可以享受吃饭优惠的待遇，平时又可以在一起相聚，而且经营得好年终还能分得红利。这一建议极具吸引力，众多蚁社社员纷纷入股，董浩云也是其中一位重要的成员。至于取名"梅龙"，最初是借用京剧《游龙戏凤》中的"梅龙镇酒坊"而命名，后来此名则因与酒店的经理、著名演员吴湄和常务理事李伯龙名字谐音而广为人知。

梅龙镇最早开设在南京西路威海卫路的静安别墅，店面规模并不大，

---

① 李莎莉回忆（2001年2月4日），载《董浩云的世界》，页297—298。

以经营扬州风味的家常小菜为特色，顾客也大都是蚁社的成员。后来因经营得法，价廉物美，名声越来越大，来光顾的客人也越来越多，饭店便搬迁到南京西路1081号重华新村，著名画家刘海粟还亲自为饭店题写店名，梅龙镇一时门庭若市，生意兴隆，成为当时孤岛闻名的大饭店。然而不为世人所知的，梅龙镇又是进步文化人隐蔽的聚会地点，是展开抗日救亡活动的文艺沙龙。[①]

董浩云一直都非常珍惜青年时代的这种追求，特别怀念当年一起奋斗的伙伴和朋友，然而吴湄这个红色资本家竟在"文化大革命"的浩劫中被迫害致死，董浩云闻讯后曾在日记中写下了伤心的回忆；[②]"文革"之后，他终于与李伯龙等老朋友取得了联系，便常常去信互道珍重，还亲自出资，邀请他来香港会面，一诉多年之思念。[③]

为大后方输送物资

抗战期间，董浩云除了致力于创办中国航业公司之外，还积极参与其他航业活动，其中最重要的工作就是作为通成公司的代表，出任中通航运公司的副总经理，在那极为艰苦的岁月中，为大后方和沦陷区输送了大批急需的物品。

抗战爆发后，董浩云大多时都居住在上海，他先是负责天津航业公司上海分公司的业务，后被任命为通成公司运输部经理，并兼任金城银行船务部经理。此时交通部考虑到利用上海孤岛这样一种特殊环境，希望通过

[①] 郎慕中：《梅龙镇酒家和它的女老板》，《档案春秋》2006年第2期，页9。
[②] "文革"后董浩云方知吴湄已于1967年被"四人帮"迫害而死，他在1981年1月23日的日记中记道："怀念故人，至为抚然。"
[③] 董浩云资料室保存着多封李伯龙与董浩云的来往信件，董浩云日记中亦常有这方面的记载。

海路向内地输送各类物资，同时再将沿海地区所需要的日用品运到上海，因此委托通成公司与中兴煤矿属下的轮船公司合组成立航运联合办事处，并在上海、香港和海防三地设立分处。上海办事处即设在江西路212号通成公司的所在地，由中兴轮船公司经理程余斋和通成公司运输部经理董浩云共同负责。①各办事处成立后即租用外国船只，悬挂外国国旗，运送军用和民用物资，支持抗战。

航运联合办事处成立后最重要的任务就是抢运大后方急需的棉纱、棉布，以及药品和机器设备等战略物资，同时也包括上海民间（主要是杜月笙、黄炎培、钱新之等人组织的抗敌后援会）所捐献的各种物资。为了确保运输安全，公司的领导经过周密部署，在租来的船只上挂起外国的国旗，由上海装载货物，经过香港，再装上政府在此购办的商品以及国际救援物资运抵海防，然后转由滇越铁路运往昆明，最终转运到重庆、成都等大后方城市。

1938年10月，随着广州和武汉的失守，由香港通往内地的陆路运输也被截断。国民政府积极寻求国际救援，需将战略物资源源不断运往后方，同时又需输出国内的农矿产品以换取外汇，因此海上运输的地位就变得格外重要。在西南，对外的主要途径就是利用越南的海防和缅甸的仰光这两个国际港口，再经铁路运往大后方或前线各战区，其中经越南运入后方的物资占绝大多数。当局一方面积极修筑湘桂铁路，接通原有的滇越铁路，同时也设法开通上海—香港至海防的海上运输线路。就是在这一情形之下，董浩云作为通成公司和航运联合办事处的主要负责人，自1939年开始，常常奔波于上海、香港和海防这几个重要的港口。

1939年6月，董浩云自上海经陆路辗转来到广西，再由镇南关进入

---

① 《钱新之致何千里函》（1938年10月25日），上海市档案馆藏通成公司档案：Q372—1—397。

越南，经谅山再到海防，这可能是董浩云一生中第一次出国。此次任务主要是开辟一条以海防为出海口的西南国际运输线，并代表公司与中国通运公司洽谈合作的计划。中国通运公司是一家中法合资的运输公司，主要的业务是在越南办理运输，在河内、海防都设有办事处，与当地政府和海关的联系也很密切，因此要打通中越交通线，必须要得到通运公司的支持。

经过董浩云的努力游说，通运公司在进一步了解通成公司合作的诚意之后，提出双方合作的具体办法。董浩云代表通成公司与通运公司洽商联运的谈判结束后，仍然留在设于通成公司代表处内的海防办事处，处理揽货及回航载货的事务。

越南当时是法国的殖民地，抗战初期法国政府对于中国人民的抵抗侵略尚持同情的态度，但是1939年9月第二次世界大战爆发后，法国无力兼顾远东的局势，因此对于日本的态度就日益软弱，9月23日，法国驻越南总督约见中国驻河内总领事，声称"接巴黎训令，不准军火、汽车、汽油经过"，并要求"在途之货从速阻止，在越之货限日出清"。嗣后越南总督又实施禁令，所有63种被禁物品自11月1日起一律禁止进出口，所有已囤积在海防的物资务必于10月底之前转清。当时正在香港的董浩云得知这一消息后立即与即要离港前往海防的民生实业公司副总经理魏文翰商谈，最后得出一致看法："其一，海防事务暂不积极推进；其二，'永贞'轮如得善价，应即转租；其三，'神爱'轮如利用得法，似可获利，应在租期内自营。"[①]

由于航运联合办事处与通运公司合作办理联运的进展颇为成功，因此不久后即由中兴轮船公司和通成公司出面，与中国通运公司进行洽谈，各公司为股东公司，业务上相互合作，资金上共同投资，在此基础上成立一

---

① 《魏文翰致何千里函》(1939年10月26日)，上海市档案馆藏通成公司档案：Q372—1—85。

家新的联合公司。彼此间经过多次商洽，最终达成一致意见，新公司取名为中通航运公司，即包含了原来三公司的名字。

1940年5月9日，中兴公司、中国通运公司和通成公司在上海江西路212号通成公司召开有关航运合作的第三次代表会议，出席会议的三家公司代表包括张仲平、黎重光、姚蕴叔、程余斋（中兴）、朱文熊、浦禹峤、顾鼎玉、林君立（中国通运）、周作民、何千里、吴蕴斋、董浩云、唐伯文（通成），并共同推举周作民任主席。首先主席宣读三公司经过谈判而通过的创办中通航运股份有限公司合同修正条款，并实时由三家公司委派代表签字生效。接着报告各股东公司推选的发起人名单：中国通运公司为沈铭盘、刘攻芸、朱文熊、沈熙瑞，中兴公司为钱新之、张仲平、姚蕴叔、黎重光，通成公司为何千里、吴蕴斋、戴自牧、袁左良。然后各公司又推选董监事会成员，即各公司发起人中的前三位任董事，最后一人则任新公司的监察人，董事长由通成公司的何千里出任。① 而后再由董事会聘请程余斋（中兴公司）任经理，董浩云（通成公司）和浦玉峤（中国通运公司）任副理。

中通航运公司成立后最初半年亏损33万元，但是仅仅一年之后，公司由于经营得法即开始盈利。考虑到目前的时局险恶，变幻莫测，为了公司的安全，董事会决定目前公司营业暂时采取稳慎的步骤，租船业务所负担的风险以不超过3万美金为限，同时还决定在必要时将公司积存的资金拨取一部分暂交各股东保管，公司共12名股东，每人拨存5万元，不计利息，待日后需要时再由董事会决定收回。②

太平洋战争爆发后，所有的运输线路都遭到破坏，航运事业一落千

---

① 《中兴公司、中国通运公司、通成公司航运合作第三次代表会议记录》(1940年5月9日)，上海市档案馆藏通成公司档案：Q372—1—85。
② 《中通航运公司第三次常务董事会议记录》(1941年8月2日)，上海市档案馆藏通成公司档案：Q372—1—85。

丈，中通公司也不例外。为此程余斋和董浩云联名上书，对公司办事处大部人员都采取停薪留职的办法，自1942年7月1日起，每人先发三个月的工资，程、董二人更是以身作则（程为经理，每月工资300元，董为副理，工资为200元），[①]大家各谋出路，中通公司也就因此而宣告结业了。

中通公司结束营业后，董浩云又重新回到上海的通成公司工作。通成公司是金城银行创立并全资拥有的公司，向以买卖运销为主要营业范畴，公司先后设立了棉、煤、粮、运等四个部门，经过多年运营，均已取得相当基础。但董浩云认为，公司"在从事物产运销过程中，间或有需要以投资方式与关联事业发生关系，藉以增进或便利其本身营业者，或藉以扩展其他部门企业，而资加强原有运销机构者"，因此他建议在公司内成立第五个部门——展业部，经董事长周作民提议，公司这个新成立的展业部就由董浩云担任经理。[②]在上海沦陷期间，董浩云和其他民众一样，在侵略者的铁蹄下艰难地生活，然而他仍暗中与重庆方面保持联络，并随时准备承担重要的任务。

奉命西行

太平洋战争爆发后虽然大部分时间董浩云是在上海和天津等地从事航运业活动，但他一直与重庆方面保持着联系。同样，远在大后方的朋友也没有忘记他，特别是虞洽卿、钱新之等航业界的前辈更是时常惦念着他。1945年1月，当时任战时运输管理局局长的俞飞鹏又重新出任交通部部长，为了筹划战后的复员工作，上任伊始，他脑海中立刻就想起了10年

[①]《程余斋、董浩云致中通航运公司董事会函》(1942年6月27日)，上海市档案馆藏通成公司档案：Q372—1—85。
[②]《通成股份公司董事会议纪录》(1942年9月29日)，上海市档案馆藏通成公司档案：Q372—1—16。

前曾给他上书、建议整理全国航运的董浩云，于是亲自致函，邀请他迅速前往重庆，商议有关战后恢复航业及交通建设等重大问题。①

接到俞飞鹏的来信，董浩云立即向他的老上司、金城银行总经理周作民汇报。周作民于太平洋战争爆发后不久即在香港被日军所扣留，后被监护从香港返回上海。此刻他虽然处于日军的监督之下，但在家中却装有一部电台，与重庆方面保持秘密联系。周作民听到这一消息后，也竭力主张董浩云重庆一行。

董浩云得到周作民的支持，随即暗中开始秘密策划前往重庆的行动。②因为当时长江早被日军全面封锁，沿江而上的道路不可行；绕道香港再由西南边境抵达后方，不仅道路艰险，而且极不安全。因此董浩云最后决定还是自北向西，绕道而行。从档案数据中得知，董浩云是 1945 年 5 月 17 日由上海抵达天津，然后再向西行的。③1945 年 5 月下旬，董浩云与周启新等四人冒着生命危险，千里迢迢，由天津出发，绕道山西孝义，经过西安，最后到达重庆。

在董浩云数据室中保藏着一份珍贵的文件，那就是当时任第二战区北区军总司令、第八集团军副总司令楚溪春亲自签发的通行证，通行证是这么写的：

> 为发给证明事。兹有董浩云等四人携带行李等件，由山西孝义前

---

① 董浩云：《七十年代话航运》，载《航运》半月刊第 435 期（1971 年 3 月 15 日），页 1。
② 据中国航运公司的老职员叶纲杰回忆，他的叔叔叶绪耕（天津航业公司经理，董浩云的上司）于 1945 年 4 月份在上海去世，当叶家为其做"五七"的时候，董浩云曾前来参加，并告诉叶家人，第二天他就要北上经陆路前往重庆。由此可以推算，再结合有关部门颁发的通行证，董浩云离开上海的时间应该是 5 月中下旬。《访问叶纲杰记录》（香港，2008 年 4 月 17 日）。而董浩云 1955 年 5 月填写的一份赴美签证的申请表，也明确说明他离开上海的时间是 1945 年 5 月 14 日。
③《天津航业公司致上海分公司函》（1945 年 5 月 26 日），天津市档案馆藏天津航业公司档案：J168—26。

往西安,并不得持有违禁物品,希沿途军政宪警验证放行为荷。

这张证明的签署时间为1945年5月31日,限期30日内有效。在这张早已发黄的路条上盖满了各地放行的图章及其放行的日期,最早的是6月1日,最后的时间为6月15日,虽然图章大多已模糊不清,看不清所在地的印钤,但却可以得知此次行程是如何艰辛和危险。

1945年6月间,董浩云终于来到战时首都重庆,当时的国际反法西斯阵线形势一片大好,苏美联军已经占领了柏林,希特勒畏罪自杀,纳粹德国更已土崩瓦解;在国内,国共双方的军队亦都开始组织反攻。而在此之前,国民政府即已命令所属各部门分别制定复员计划,希望战争胜利后能够迅速恢复国民经济。

董浩云到重庆后除了与政府官员讨论战后复员与交通运输问题之外,最重要的工作还是与同业商讨战后复业以及索偿等问题,除了见到许多分别多年的老相识,也结识了一些新朋友。7月20日上午,董浩云应邀列席国民参政会第四届大会第一次会议的闭幕礼,见到刚出任行政院院长不久的宋子文精神焕发,身穿一身藏青色西装,襟上佩着一朵红花,向各位参政员报告外交与内政。宋子文在报告中声称,复员与建设是战后中国面临的两大问题,而国家的施政方针就是要充实政府的力量,加强行政效率。宋子文在报告国际局势时虽然没有明说,但言语间却暗示战争即将结束。后来董浩云才知道,宋子文此刻刚从莫斯科谈判归来,而苏联方面已向他表示即将出兵远东,对日正式宣战。[①]

就在董浩云到达重庆后不久,国内外形势发生了巨大的变化:

7月26日,美、英、中三国首脑发布敦促日本投降的《波茨坦公

---

① 董浩云:《七十年代话航运》,载《航运》半月刊第435期(1971年3月15日),页1;又见吴景平:《宋子文政治生涯编年》(福州:福建人民出版社,1998年),页469。

告》，正告日本政府必须"立即宣布所有日本武装部队无条件投降，并对此种行动诚意实行予以适当之各项保证，除此一途，日本即将迅速完全毁灭"。

8月6日，美国向日本的广岛投掷了第一颗原子弹，三天后，又向长崎投掷了另一颗原子弹。

8月8日，苏联政府向日本宣战，并正式在《波茨坦公告》上签字，随即苏联红军便从西、北、东三个方向对日本关东军展开攻势。与此同时，国共双方领导人也都分别命令各自的军队向日军发起反攻。

在全世界反法西斯战线的强大压力下，日本天皇不得不于8月15日宣布无条件投降。至此，中国军民在坚持了艰苦卓绝的八年抗战之后，终于取得了最后胜利。

接收大员

抗战胜利虽是迟早之事，但是它的突然到来还是出乎大多数人的意料之外。8月10日夜间，当日本准备接受《波茨坦公告》、宣布无条件投降的消息传到战时首都时，整个山城重庆顿时沸腾起来，几乎所有的市民都跑到大街上，董浩云当然也不例外，和大后方的人民在一起尽情欢呼，庆祝这来之不易的伟大胜利。

在这夹杂着胜利的喜悦、兴奋和忙乱当中，大后方政府各个部门的官员们都忙着准备战后复员和还都的计划，随同政府西迁的上海民营企业家也都商量着如何尽快返回上海，复兴各自的事业。

8月14日中午，董浩云出席了上海轮船业同业公会驻渝办事处召开的临时会议，与会者兴致勃勃，共同商讨胜利后复员、接管敌伪船只财产以及索赔等重大问题，而在五天之前各成员公司即已一致同意成立复员委员会，并推选钱新之、杨管北等12人为委员，董浩云也名列其中。在关于接收敌伪产业的问题上，与会者形成决议："抗战胜利接管敌伪航业之轮舶等财产，势必由政府在积极筹划进行中，本会各会员公司过去均在各内河、沿海、近海等航线经营航业有年，且敌伪航业财产中不免尚有一部分为本会会员公司之原有财产"，因此要求政府同意由同业公会委派代表，一同参与接收工作。而在赔偿损失的问题上与会者更提出如下原则："接管敌伪航业财产中，其原来属于本国各轮船公司所有者，应尽先发还；接管敌伪航业中除发还原来属于本国各轮船公司所有者外，其余财产应尽速分配补偿予本国各损失航业财产之轮船公司。"①紧接着，各航业公司联名具文呈报交通部和行政院，一方面陈述抗战期间民营航业公司所蒙受的损失，要求政府予以赔偿，以利战后复员，重整旧业，同时还向交通部呈报在渝各公司已成立联合办事处，而利源、永亨、永安、大振、寿康、利平、利记、义安等八家轮船公司还分别向交通部拟具委托书，委托董浩云作为上述公司的全权代表。经交通部部长俞飞鹏批复"准予备案"。②

抗战胜利后，大批国军将领立即开赴各地受降，收复失地，政府更是要迅速派遣军队占领沦陷区，因而急需大量的运输工具。8月中旬，中央设计局召集了一次特别会议，专门讨论水上运输的问题，除了各部门首脑出席之外，主办机关还邀请航业界代表卢作孚、刘鸿生等巨头参加，董浩云作为航运界的新秀，也应邀出席了这次重要的会议。会议上大家在众多事务上争论不休，但是有一个问题却成为共识，那就是必需迅速派遣得力人员前往上海，接收日伪船舶，并寻求盟军的援助，尽快恢复经济。

8月28日，上海市轮船业同业公会驻渝办事处再次召开会议，主要议题就是向政府推荐接收人员人选。董浩云虽然年轻，但已从事航运事业十多年，对于各类船舶的运营状况可以说是了如指掌；更重要的是他刚从

---

① 《上海市轮船业同业公会会议记录》（1945年8月9日、14日），上海市档案馆藏上海市轮船商业同业公会档案：S149—1—61。
② 《复兴航业公司诞生经过》，载《董氏航业丛书》第二辑。

上海到达重庆，对上海的情况十分熟悉，又说得一口流利的英语，因此他被众人一致推选为接收代表，随同交通部特派员陈伯庄一同飞往上海。①而这一建议也同样获得交通部的同意。

8月底，董浩云肩负使命，由军事部门签发特别证明，凌晨自重庆白市驿机场乘搭一架军用飞机起飞，途中先经湖南芷江降落加油，停留片刻，旋即飞往日军投降后暂被实施严密戒备的上海大场机场。董浩云一到上海，就立刻协助当局，重点就是解决海上运输问题。他的工作虽忙，但并没有忘记老上司，抵埠后不久即向周作民报告此次前往重庆的工作情况。②

战后初期上海的局势十分严峻，刚刚从国外回到上海的行政院长宋子文鉴于目前"沪市存煤仅二万余吨，电力、农业、工厂均有停顿之虞，关系社会治安至为严重"，因此于10月12日召集用煤、用电企业及运输各界人士举行会议，解决燃眉之急。当时全国竟连一艘能够航行于远洋的货轮都没有，航行于近海的轮船也只有"北铭"和"华升"两艘千余吨的小货轮，其他接收来的轮船都是些江轮或行驶于离岛之间的小型客船，由美国海军转交在中国沿海所捕虏的敌船数量很少，而且都是些小船。由于铁路不通，北方的煤炭需要从秦皇岛和连云港经由海路运到上海，需要船舶；关系到上海市民日常生计的石油、燃料以及粮食等物资也需要从国外运来，一旦接济不上，电力公司就得断电，而粮食若出现短缺，社会必将发生动荡，整个上海就会立刻瘫痪；加上大批重庆政府的公务员连同家属也都要尽快安排船只沿江而下，重返东南沿海各大城市，对于船舶的需求格外急迫。最后的解决方案是，由电力公司与美国海军洽商，每日供借

---

① 《上海市轮船业同业公会会议记录》(1945年8月28日)，上海市档案馆藏上海市轮船商业同业公会档案：S149—1—61。从会议登记簿上得知董浩云参加了这次会议，因此后来他在《七十年代话航运》一文中回忆说他是8月27日飞回上海的，时间上有误。
② 《周作民日记》(1945年9月9日)，载《档案与历史》1989年第6期，页34。

柴油 300 吨，可抵煤 600 吨；与英国战时运输局接洽，租借四艘 8000 吨海轮，前往秦皇岛运煤，另再租借一艘海轮，专运香港、广州之间的用煤。① 董浩云当时兼任上海市公用局顾问，亦参加了这次会议，并承担迅速恢复和疏通沿海沿江交通的重大任务。他的工作主要是负责与英美盟军交涉联络，因此几乎每天都要出席行政院驻上海办事处召开的例会，参加会议的除了各界接收大员之外，还包括粮食、交通、盐务等各部门的军政要员，只有董浩云算是一位名不见经传的民间成员。然而时间不长，董浩云的办事能力以及工作效率便让与会人员刮目相看，这也为他日后与友邦及政府之间的联系打下了基础。

此时战争虽然已宣告结束，但上海仍然处于军事管制状态，董浩云以平民身份，往来于中美军事机关之间接洽谈判。他曾通过各方关系，与盟军统帅麦克阿瑟将军（Douglas MacArthur）联络，要求在被俘的日本船舶中拨出 10 万吨交还中国，应付当时紧急的运输任务，然而却没有下文。但董浩云并不气馁，继续努力，他的工作取得了明显的进展，在美国海军司令金开泰上将（Admiral Kinkaid）的协助下，经向华盛顿和伦敦不断交涉，最终自美国战时船舶管理局（The War Shipping Administration）租得 10 艘自由轮，同时董浩云又与英国军运部（British Ministry of War Transport）代表福禄斯德（R. Frost）多次洽商，由经济部驻上海燃料管理委员会（董浩云为该会顾问）直接调度，从华北的秦皇岛将煤炭运往上海，每个月的额度为 15000—20000 吨，② 这才解决了上海地区部分燃料和食粮的燃眉之急。然而这些自由轮表面上虽然是由中国政府出面租用，但指挥权仍然属于美国的轮船公司。至于石油的供应，则是由美军直接运送

---

① 《中华民国重要史料初编——对日抗战时期》第七编《战后中国》第四册（台北：中国国民党中央委员会党史委员会，1981 年），页 27。
② "R. Frost to C. Y. Tung"（9October, 1945），董浩云资料室：A1—4。

给上海电力公司。①

实际上在战争期间中国原本有很多机会能为建立战后航运船队进行准备，苏联就是如此，从盟国那里获得大量商船。抗战期间中国政府若外交政策运用得宜，可以战争需要为由，利用租借法案，向盟国争取大批远洋船只，这样既可以解决战时的运输问题，战后亦不一定全数归还，从而建立起自己的远洋船队。当时的外交部长宋子文曾建议，利用美国租借法案租借自由轮、发展中国航运事业时。然而主政者却缺乏远见，他们认为当时中国的海岸线已损失殆尽，既没有海军，国内又缺乏远洋航运经验的管理人员，因此不需要大批商船，所有的国际援助和海上运输只需依赖美国就可以了。蒋介石在答复宋子文的建议时称："关于美国拟将自由船二艘租与我国一节，经交核议，据复：（一）我方要求优先装运租借物资，因恐事实上难完全办到，以不提为宜；（二）于战争终了时廉价购买一节，仅是希望而已；（三）组织国际海运轮船公司有无必要，颇足考虑，如仅为签订合同，则可利用招商局。"② 大好的机会就这样白白放过。1944—1945年抗战即将结束时，美国因缺乏海员，同时又为象征性地援助盟邦，曾将三艘自由轮交由中国政府注册，并悬挂中国国旗，分别命名为"中山"、"中正"和"中东"号，承运军需品行驶于各地。为了这几条船舶，美国方面还组织了一家中国邮船公司（China Mail Steamship Co.），雇用了若干中国船员。由于交通当局对于国际海运业务缺乏经验，这三艘原可由中国人自己经营和驾驶的海轮，虽然公司设在重庆中国银行内，船上挂的也是中国国旗，但实际运用、指挥和管理以及所有权等等，仍然属于美国战时船舶管理局，因此战争结束后，这几艘船只很快就被美国政府收

---

① 董浩云：《七十年代话航运》，载《航运》半月刊第435期（1971年3月15日），页2。
② 《蒋介石致宋子文代电》（1943年1月28日），中国第二历史档案馆藏中国银行档案：三九七/4870—9。

回。①它的情形与第一次世界大战时期美商与美籍华侨合办的 China Mail Line 所拥有的"南京"（S. S. Nanking）、"尼罗"（S. S. Nile）、"中国"（S. S. China）三轮，亦曾一度以全部外国人事配置行驶于中美航线一样，不能将其视为真正的中国远洋航运事业。

抗战期间虽然遵照政府的指示，中央设计局、交通部以及航业公会等部门对于战后交通运输的复员工作有过规划，但重点只限于国内运输，而且多为纸上谈兵，不切实际，一旦战争宣告结束，就感到措手不及，无法应付。特别是对于国际性的海运事务，朝野上下对此更是缺乏经验，同时亦未能与国际社会保持密切联系。为了处理战时以及战后各国间海运事务，1944年8月，英、美、加等九国曾发起设立一个国际性的航运统一机构"国际航运组合"（United Maritime Authority，简称 U. M. A），主要负责协调各国间的船舶调剂、运价控制以及其他航运问题。中国作为四强之一，又是远东最大的海洋国家，竟未获邀请，而政府主管部门也从未表示要求参加。事实说明，正是由于中国未能及时加入这一国际组织，战后复员急需海上运输船只时就遇上许多困难，受到诸多牵制。

抗战胜利后政府意识到发展远洋航运的重要，亦曾尝试加以补救。1945年11月间，美国第七舰队司令及太平洋舰队曾建议向中国提供六艘自由轮，美国海军作战部加罗伟将军亦以 C76-3 号备忘录通知中国政府，为了顺利完成这一援助，美方要求中方届时能准备 360 名合格海员前来接收。为此蒋介石致电行政院长宋子文，叫他立即电告驻美大使魏道明，令其迅与美方海军当局接洽。②与此同时，资源委员会亦计划在上海成立中央造船厂，论规模确实是相当宏大。但造船是项综合性、系统化的大型工业，除了需要拥有大批科技人员外，还必须具备各种重工业的基础，并得

---

① 王洸:《中国航业史》（著者发行），台北：1971年增订再版，页72—73。
②《蒋介石致宋子文电》（1946年2月7日），美国斯坦福大学胡佛研究所藏宋子文档案，第58箱第13卷。

到其他基本工业的配套和支持；同时在有关体制问题上也应该明确何者为民营、何者必须是国营，以及二者之间如何配合兼而并行，至于筹措资金、集中和培养人才更是迫在眉睫之事。然而这只不过是一个美好的幻觉，不久内战爆发，索偿无望，所有这一切都成为一场泡影。

  由于战时中国政府缺乏远见，未能抓住有利的时机，战后主政者又不善于同外国人谈判，董浩云虽然参与了部分工作，但人微言轻，将这许多大好的机会轻轻放过。事过多年，他还经常为此而感到遗憾。[①]

[①] 如董浩云先后在 1953 年和 1971 年撰写的《历尽沧桑话航运》、《七十年代话航运》等文章中均不同程度地流露出这种无奈。

五　复业与创业

中国航运公司申请复业

中国的航运事业原本就十分落后，而民营航运业的力量更加微弱。抗战爆发后，中国的商船不是被日军强占，就是遵照政府的指示沉船阻敌，因此中国的航运事业几乎损失殆尽，以致抗战胜利后，整个国家只剩下八万余吨的商船，根本满足不了国家重建的需求。

战前居中国民营航运业之首的三北轮埠公司和政记轮船公司此时已风光不再，而实力最大的航运企业当属卢作孚的民生轮船公司。胜利之初公司属下大小船只共有100多艘，航行于广州、香港、澳门航线，总吨位接近80万吨，其实力的雄厚、航线的众多，除了国营的招商局外，民营航运公司没有一家可与其相比。①

---

① 王洸编著：《中华水运史》（台北：台湾商务印书馆，1982年），页290—291；又见《董浩云的秘密》，载《中国报导》第34期（台北：1974年3月），页4。

抗战胜利后，由于航运事务的迫切需要，从事航运业的利润极为可观；而中英、中美新约的签订废除了以往列强在中国从事沿海贸易和内河航运的特权，太古、怡和、日清等外国公司退出了南北洋航线和长江航线，中国民族资本的航运事业得到一个发展的空间。在这期间除了国营的轮船招商局急剧扩充外，民营的轮船业也迅速发展，不仅原先业已倒闭或被迫停业的航运公司纷纷复业，战时一度将船名转到外国国籍之下的轮船亦回复本国的国籍，大量资本流入航运市场，一大批新成立的公司积极向国外购置各类船只，轮船吨位亦急速增加，航线遍及内河与沿海，而且还开始参与国际航线的运输。截至1948年10月底的统计，全国较大的航业公司共有112家，依法向航政部门登记的中国籍的轮船共计3839艘，总吨位达1159000吨。[①]其中，中国航业公司的复业可以说是一个具有代表性的事例。

多年来董浩云的心中一直没有忘记他亲手创办的中国航运公司，此刻他最大的心愿就是希望公司能够尽快复业。抗战后期他奉命来到重庆之后，除了积极参加民营轮船公司同业公会的活动外，自己也在重庆市民国路61号信通大楼成立中国航业公司临时办事处，准备战后复业。抗战胜利不到半个月，董浩云即奉政府命令，以接收大员的身份乘军机飞往上海，在担任与盟军谈判、争取外轮的工作之余，他首先挂念的还是中国航业公司的复业。

回到上海后不久，董浩云即于9月15日重新租下当年公司创建时的原址，即位于外滩中山东一路12号的汇丰银行大楼300、301和303室，作为中国航运信托公司的办事处。17日，汇丰银行同意以每月220美元的价格租出，董浩云便亲自撰写复业公告，交给上海各大报纸刊登：

[①]《国家建设丛刊》第七册《交通》（台北：正中书局，1971年），页195。

本公司成立于民国二十九年，按照香港公司法组织【成】立，太平洋战争爆发，即行停业。兹以日寇降服，自应即日在原址宣告复业，办理一切航运信托业务，特此公告。①

董浩云也积极向财政部上海特派员公署申请复业，进行复业前相应的准备工作，同时还向交通部、财政部呈文请求登记注册。董浩云在呈文中称，本公司"前于民国三十年间鉴于我国航运事业之亟待倡导与夫充实将来国航复员力量之准备，乃仿海运先进国家所举办航运信托办法，组设中国航运信托公司，向外国购置轮船五艘，行驶于自由中国及香港、海防、西贡等口岸。惟其时中国沿海各岸均在敌人封锁之下，所购轮船迫于情势，只得悬挂外商旗号，而中国航运信托公司亦不得不向香港注册。嗣太平洋战争爆发后，公司所属各轮均被敌人所虏，而公司亦因籍隶香港，遭敌封闭。数年以下，业务停顿，以迄于今。兹幸抗战胜利，国营航业固待积极建设，而航业复员尤甚急迫"。因此要求政府有关部门首先恢复中国航运信托公司的业务，同时公司本身亦将增资改组，从而"进行建设航业之金融沟通，以达国营航业之发展"。②

然而复业之事遇到许多困难，尽管董浩云等人为此事多方游说，积极争取，他还通过身在重庆的老朋友钟山道（曾任民生轮船公司副总经理）多次与财政部负责官员洽谈。据钟山道函称，他曾多次宴请财政部钱币司的杨帮办、交通部航政司的伍帮办，并由他们介绍认识了财政部钱币司司长戴铭礼和经济部商业司司长邓翰良，请求他们为中国航运公司的复业予以斡旋。③但政府有关部门对于复业之事则采取拖延的策略，

---

① 《中国航运信托股份有限公司复业公告稿》（1945年9月），原件藏董浩云资料室。
② 《中国航运信托公司要求改组登记致财政部、交通部呈文稿》（无时间），董浩云数据室：A1—1。
③ 《钟山道致董浩云函》（1946年1月15日），董浩云资料室：A1—1。

其拒绝的理由一是中国航运信托公司原来是以英商的名义在香港注册，如今要改由中国人在中国境内登记，情形较为复杂；二是公司经营活动中包含信托业务，这亦有违于《银行法》中的有关规定，因而迟迟不予批准。

董浩云在申请复业的过程中碰了不少钉子，最后决定另起炉灶，另行成立中国航运公司（取消"信托"二字），英文则仍然沿用原名，即 Chinese Maritime Trust Ltd. ，简称 CMT，但除去 1941 字样。1946 年 8 月 8 日，经交通部"核准登记，合行按照轮船业登记规则第一条之规定"，发给"轮字第 493 号"执照，并同时领有交通部"设字第 900 号"及经济部"新字第 2473 号"登记证，至此，中国航业公司正式复业。公司申请注册后亦立即成为上海市轮船业同业公会团体会员，地址仍然设在外滩汇丰银行的三楼。

关于中国航运公司成立后的董监事会、资本总额以及业务状况，上海联合征信所曾经进行了详细的调查。①

    董 事 长：项叔翔，浙江人，清华大学毕业，曾赴英、美诸国留学，历任天津兴业银行副经理，南开大学教授，现任泰山保险公司董事、新丰保险公司董事、浙江兴业银行常务董事兼总经理
    董　　事：董浩云，钟山道，顾宗瑞，孙锡三
    监　　察：董兆丰，俞丹榴
    总 经 理：董浩云，浙江定海籍，上海市公用局顾问、燃料管理委员会顾问

---

① 童士林：《中国航运股份有限公司调查报告》（无时间），上海市档案馆藏上海联合征信所档案：Q28—2—16246。

副总经理：龚耀显，浙江慈溪籍，寿康轮船公司经理

襄理兼台北基隆分公司经理：程云庆，浙江龙游籍，天津航业公司经理

另据交通部上海航政局调查，1946年8月中国航运公司刚刚恢复时资本为法币1亿元，共计10万股，每股1000元，共有6名股东，其中董浩云3万股、顾宗瑞和董兆丰各2万股，董汉槎、顾邱和石燕生各1万股。1947年6月，公司资本增加到法币50亿元，股份亦上升到500万股，每股数额不变，股东则增加到17位，其中董浩云和顾丽真夫妇即拥有130万股，加上董氏亲属顾宗瑞（岳父）、董兆丰（大哥）各40万股，董氏家族仍为公司的最大股东。①

公司的经营与扩张

董浩云十分关注国内外的贸易交往，中国航运公司复业后，因应局势的发展，他将从事沿海运输定为公司经营的主要方向。由于董浩云战前曾在天津工作多年，又曾亲自前往东北进行过实地考察，因而他决定将华北的天津和东北的营口作为今后发展营运的重点。为此他准备在天津设立分公司，并多次与天津航业公司副理周汉楚通信，希望他出面主持分公司的业务。他在信中说："中航业务日见扩充，轮驳已达十艘之多"，眼下当务之急就是要策划华北方面的航运计划，"尤其营口、天津等埠，似有立即开辟连系之必要"。开办公司急需人手，"尔我相知最深，息息相关，为中航大局计，为兄个人前途计，似应当机立断"，而"目前津航事务已无

---

① 《交通部上海航政局呈文附件》（1947年9月27日），中国第二历史档案馆藏交通部档案：二〇（2）/1088。

形停顿,航政局事尤属宦海浮沉,非终身事业",劝周早日到上海共商大计;或至少先以中航驻津代表的名义开拓业务,若周同意,他即"暂支车马津贴每月国币捌拾万元,聊资酬资"。当董浩云听说天津的九号码头要出售的消息后,非常感兴趣,他以为天津航业公司"近水楼台,为日后业务计,应捷足先得",但似乎"津航"对此事并不重视,因此"中国航运有意投资",因为九号码头当年是经他之手购进,"不愿沦入他人之手";若九号码头无望,"中航"则需购置东兴洋行仓库约40余亩土地,因为"中航在津必须自立栈埠"。[①]从这些信中,可以清楚看出董浩云对于公司日后发展所寄托的远大宏图。

抗战胜利后,随着形势的变化,台湾与上海两地之间的人员往来与贸易流通日益紧密,董浩云敏锐地注意到这一商机,1948年6月,中国航运公司先在台湾的基隆设立办事处,其后又在台北的连云街成立分公司。

公司成立后不久,董浩云即通过一位希腊籍的掮客马林诺夫斯基(Malinovsky)的介绍,先后从英国摩勒轮船公司(Mollers' Line, Ld.)手中以分期付款的方式购置了"唐山"、"滦州"、"昌黎"、"天行"等4艘海轮(净吨位合计32597吨),另有"慈航"号拖轮一艘,并经理大振航业公司"天龙"轮(净吨位10471吨)、中国海外航运公司"通平"轮、"天平"轮(合计净吨位18048吨)、寿康轮船公司"慈云"轮、"凌云"轮、"瑞新"轮(合计净吨位21700吨)等航运业务,此外还有直东轮船公司"北京"轮(1600净吨)、天津航业公司"天翔"轮(3100净吨)、青岛长记轮船公司"亨春"轮(3300净吨)亦都委托中航代理,这样中航经营的船只总吨位已超过九万吨。虽然这些货轮都很陈旧,载重量也大都只有八九千吨,但当时国内急需货轮运输,因此发挥了重要作用;而公司属

[①]《董浩云致周汉楚函》(1946年10月19日、11月5日、11月12日),天津市档案馆藏天津航业公司档案:J168—156。

下船只行驶的航线除了国内沿海（北起天津，南至广州）及长江线（途经镇江、南京、芜湖、安庆、九江、汉口等端口），平均每月运费收入约法币10000亿元。①虽然此时中国航运公司代理的船只超过公司自置的数目，但"实际上这些代理的船只，有些是董浩云暗中投资或与人合伙的，只不过另以其他公司名义出面登记而已"。②

董浩云大量购置货轮曾引起交通部的注意，1947年9月5日，交通部曾密令上海航政局暗中调查中国航运公司最近购买的"天龙"和"天行"二轮是否有外资参加，其动用之外汇是否经由中央银行结汇。上海航政局随即派人调查，并与董浩云相见，最后的调查结果是：关于新购"天龙"、"天行"两轮有无外资参加之事，"悉'天龙'轮系该公司于去年向马勒公司所购，惟因中国航运公司股东董浩云等数人曾投巨资于大振航业公司，占有二分之一以上股权，故将该轮交大振公司经营，并拟作为增资之用"；而"'天行'轮系该公司向伦敦威林森公司所购，订约虽已多时，然以转籍手续，最近终经英政府批准，刻正在进行接收中"。至于购置二轮的外汇来源问题，据调查，"当该公司购买'天龙'轮时，外汇管制办法尚未颁布，美钞、英镑市上均可自由买卖，及政府规定外汇须由中央银行结汇以后，该公司曾呈行政院申请外汇，最近始奉批准。然公事往返，费时甚久，难符当日约定之付款日期，影响公司信誉，招致巨大损失。该公司为顾全信誉、避免损失、增强航运起见，不得已而向市上自由购买，以资支付"云云。因此中国航运公司所购置的船只"除以旧轮保险赔款所得之一部分美金掉换外，余均系自由购入，未经中央银行结汇"。③

---

① 童士林：《中国航运股份有限公司调查报告》（无时间），上海市档案馆藏上海联合征信所档案：Q28—2—16246。
② 中国海员公会华东区委员会：《关于中国航运公司目前情况及其存在问题的报告》（1953年10月17日），上海市档案馆藏上海市劳动争议仲裁委员会档案：B128—2—1113—33。
③《上海航政局局长黄慕宗致交通部呈》（1947年9月27日），中国第二历史档案馆藏交通部档案：二〇（2）/1088。

中国航运公司成立不久就从沿海航运中获得了巨大的利润，这些利润到底是怎么赚来的呢？1947年就加入公司、并连续为"中航"工作40年的公司元老黄次法的一番话解开了这个谜团。据黄次法回忆，当时董浩云买的船都是些第一次大战前后建造的旧船，价格很便宜，而且不需要外汇，更重要的是因为有其岳父、航运界的前辈顾宗瑞担保，购船采用的是分期付款方式。公司主要承运的业务是煤炭运输，当时上海急需用煤大多是从秦皇岛和天津输往，这是一桩极为有利可图的运输，船期既短，运费又高，而且是预先付款，绝无拖欠。董浩云与上海燃料委员会的负责人张希为、徐乐天的关系很好，而且董本人胜利后曾一度被委任为燃料管理委员会的副主任，虽然他后来因工作忙碌而辞去这一职务，但仍兼任委员会的顾问，因此很容易就拿到这些运货单。当时运煤只是单程，刚卸下货就赶着回去做第二单生意，如果再装货要花几天时间，划不来。那时的通货膨胀是一天几个价，因此两趟货运完，这条船的本钱就差不多赚回了。因此黄次法认为，董浩云最初所赚的利润是和张希为、徐乐天等人的支持分不开的。① 实际上这与当时的行政院院长宋子文所制定的财政政策有关。1947年3月，宋子文因实施开放外汇市场和鼓励进口贸易政策的失误而被迫下台后，监察院院长于右任特派多名监察委员前往调查，据事后的一份调查报告称，自1946年3月4日至1947年2月15日，所有租用外轮自秦皇岛运送开滦煤炭到上海的运费，均以外汇支付。其间共花费美金845429000元，英金497431镑，占此期间个人及非进口外汇总额几达一半。② 此时外汇的官价与黑市价格之间的差额极大，因此仅从两者之间的差价中就可以获得巨大的利润。

---

① 《笔者访问黄次法先生记录》，2007年4月10日，香港。又见乐嘉年：《我的舅父董浩云》，载《董浩云的世界》，页284—285。
② 《何汉文等监察委员报告书》（1947年10月1日），中国第二历史档案馆藏监察院档案：八/2040。

中国航运公司经营航运业务也与当时国内高涨的民族主义思潮有关。1947年中央信托局经手出售给驻日本美军总部矿砂20万吨，由海南岛的榆林港运往日本，运费为每吨矿砂7美元。原先中央信托局要将这笔生意交给香港的一家英国轮船公司承担，这一决定立即遭到招商局等国内众航业公司的反对，最后中央信托局不得不放弃。于是招商局便与中兴、益祥和中国航运几家民营航运公司联合组成海外联营处，规定各公司将其船只租与该处统一调度、统一现载，其利润则按各公司所提供船只的吨位计算。这笔运费由美方以外汇予以结算，每吨运费为港币32元。第一批矿砂运完后，联营处与美方又续订了第二批和第三批，数量均为20万吨，但是第三批尚未运完，就因全国解放而停运。[①] 中国航运公司也从中赚到了不少外汇。

中国航运公司虽然从沿海航运中赚了不少钱，但董浩云的头脑却十分清醒，他在给朋友的信中指出："我国航业表面上似已逐渐繁荣，其实暗礁尚多，前途未许乐观"，因而他预料，今后"同行竞争渐烈"，"营业当更棘手"。[②] 为此董浩云深切地认识到，要想真正取得航运业务的发展，必须将目光放在国际航运方面。因此公司成立后不久，董浩云就开始实施这一计划，没有多久，中国航运公司旗下的"天龙"和"通平"两艘船只便相继横渡大西洋、太平洋，从而开创了中国远洋航运的新篇章，同时也开启了中国民营航业公司经营远洋航运的历史。

"天龙"、"通平"横渡大洋

战后初期由于运输量急增，特别是沿海和沿江等地急需粮食和煤炭等生活品的运输，而且自从废除不平等条约以后，内河与沿海的航运权被收

---

① 张后铨主编：《招商局史（近代部分）》（北京：人民交通出版社，1988年），页557—558。
② 《董浩云致周汉楚函》（1947年1月28日），天津市档案馆藏天津航业公司档案：J168—200。

回，政府又对航运业实行保护政策，经营内河及沿海航运的运费高昂，利润可观，船东们莫不将经营的目标集中于此。相反，对于这些航运公司而言，开辟世界市场、打通国际航线，一来风险较大，二来政府又没有订明奖励的方案，因此航运界人士很少有人动心，更乏人问津。但具有长远目标的董浩云却与他们不同，总是将目光放在战后世界航业的整个发展宏图上。董浩云在战后撰写的《世界航业鸟瞰》一文不仅可以看出他对战后世界各国的航运现状了如指掌，更重要的是，他在参考世界先进国家航业发展的基础上，对于中国今后发展航运提出的四项计划更是切入肯綮，包括：一、坚持国货国运的原则；二、努力争取国外航运业务；三、积极提倡造船工业；四、培养航海人才。董浩云认为，扩充航运的目的不能仅仅限于保护内河航运权，而应发展航业基础，将中国的航运事业推广到全球。他的结论是：

> 商船吨位之多少，即代表其国力之强弱。而航运之盛衰，与其国运之隆替实为互为因果。……就吾中国而言，则质、量两项，应同时并进，积极争取远东海运领导权，其目的非仅在求得吾国应有之地位，实亦安定太平洋之重要因素也。①

董浩云不仅是这样想的，而且也是这么做的。为了开辟中国远洋航运的航线，他身体力行，不避艰辛，不计利润，毅然决定以旗下的"天龙"轮试航，横渡大西洋、开辟新航线。

"天龙"轮（Tien Loong）原是英国 Harland & Wolf Ltd 船厂 1922 年建成下水的一艘油轮，后由英商将其改装为散装货轮，载重量 10471 吨，抗战胜利后大振船业公司从英商摩勒手中购得后，即交由刚刚注册成立的中

---

① 董浩云：《世界航业鸟瞰》，载《国营招商局 75 周年纪念刊》，1947 年，页 113。

国航业公司予以代理。起初该轮主要经营沿海航线的运输，为了实现首次远航，董浩云经过一段时间的准备，有意识地招募一些有经验的船员，特别是高级技术和管理人员，最终组织了一支五六十人的船队，在船长陈青岩（中途因病改由梅汝楷接替）的带领下，全船员工都是中国人，开始横渡大西洋的首航。"天龙"轮临行前，董浩云和夫人特地在上海南京路的燕云楼设宴为全体船员饯行，席间董浩云多次举杯祝酒："祝全体船员好运、顺风，祝'天龙'旗开得胜，为悬挂中国国旗的'天龙'轮首创作横跨太平洋、印度洋、大西洋之壮举干杯！"①

1947年8月4日，"天龙"轮自上海启航，先北上到南库页岛承运新闻纸，9月上旬回到上海后再向南出发，途经新加坡，出马六甲海峡入印度洋，于亚丁港稍事停留加油后，即沿着红海上溯，经苏伊士运河进入地中海，其后便一帆风顺，穿过直布罗陀海峡后进入大西洋，终于在10月27日抵达法国大西洋口岸的哈佛港（Le Harve）。

"天龙"轮此次航行事先没有任何宣传，因此到了法国之后并未引起舆论的注意，直到有两位船员利用休假的空闲到巴黎观光，因语言不通问路时，人们才知道有一艘飘扬着中国国旗的轮船已经到达法国。这是第一艘横越大西洋驶入法国港口的中国轮船，当地华侨闻讯后四处奔走相告，异常兴奋，他们一方面赶紧通知中国政府驻法国的总领事馆和新闻处，同时还自发地组织代表前往哈佛港参观，热情欢迎来自祖国的亲人。当时国内的报纸是这样记载海外侨胞对于"天龙"轮横渡大西洋的激动之情："访问者登上船后，对着旁边一艘挂着美国旗的轮船，不由得露出自豪的笑容；船中上下六十位中国船员，也面对着访问者透出无限的安慰。""他们的勇敢与精神，引起在法侨胞深深的敬意，挂着国旗而来，尤其引起侨

---

① 张渭熊：《"天龙"轮远航离记》，载《董浩云的世界》，页289。

胞们的爱国心。"①"被祖国遗弃了几十年的旅法侨胞蓦然看到一艘由中国开来的一万吨载货巨轮'天龙'号停泊在哈佛港口，就好像祖国伸出来一只巨手，把所有枯冷了的心一把抓回故乡去了。"②

11月8日，"天龙"轮离开哈佛港，沿着英吉利海峡继续向西行驶，开始横渡大西洋，并于11月29日抵达美国的诺福克港（Norfolk），此后"天龙"轮便根据中国航运公司与比利时国家经济委员会所签订的合约，开始往返美国和欧洲之间，将美国的煤炭运至比利时的安特卫普（Antwerp）。1948年3月21日，比利时的《灯塔报》（*La Phare*）也以显著的篇幅报导了"天龙"轮抵达比利时的消息。

"天龙"轮初航时头绪纷繁，任务艰巨，而且当时美国东部沿岸因缺乏油轮而告油荒，燃料供应均有求于黑市，每桶油价格竟高达六美元之多，即便如此还不易购到，以致"天龙"轮竟然在美国的港口停泊了17天而无法启航。尽管此次航行成本大增，从经济角度上看绝对是桩赔本的买卖，但它却是悬挂中国国旗、又都是由中国人自己驾驶，历经艰难，首次到达欧美国家的海轮。这一壮举激起当地华侨的极大热情，正如《大公报》发表的社论所说，"天龙"轮的远航"在中国航业史上可称创举"，"从此中国国旗将在大西洋飘扬，'天龙'轮航程数万里，行程遍及中、英、美、苏、法，她是中国的访问使者，亦象征着五强密切联系。在各国时，都得到当地华侨的热烈欢迎，在中国航业史上，可称创造，真是值得我们骄傲而夸耀。……'天龙'轮虽只是一普通的商轮，但她的背后有四亿五千万人民做她的后盾"。③若从这一点上来看，又岂止是金钱能够计算的？

董浩云由于连日操劳，终于病倒了，"先系流行性感冒，嗣转变为心

---

① 《中央日报》（上海），1947年11月18日。
② 《前线日报》（上海），1947年11月16日。
③ 《中国国旗飘扬大西洋》，载《大公报》（上海），1947年12月2日。

脏肥大及肾脏炎,足肿,体温高达三十九度",因而"遵医嘱,须安静疗养,任何公私事件,暂时不便商谈"。①直到12月中旬,他的病情才有所好转,"热度退净,惟因久病体弱,故尚需休养多日,方可康复"。②11月中旬,当他在病中听到"天龙"轮业已抵达法国、并启碇横渡大西洋的消息后,顿时热泪盈眶。他再也忍不住内心的激动,随即在病榻上吟诗七绝四首,以为纪念。第二年的元旦,又凭记忆将这几首诗公公整整地抄写在当年日记的首页上:③

"天龙"巨轮驶远洋,中苏美法充桥梁;
国航史上空前笔,书生志高意义扬。

世界航行迹繁重,开拓艰难原意中;
不道燃萁生阻力,几使英雄泪满襟。

气劳成疾已三旬,黄竹苦茶伴我身;
半世已被功名误,何时回首谢红尘?

轻舟已过大西洋,默祷袍泽体康强;
倚枕重听玉聪嘶,病中那堪细思量。

俗话说"诗言志",从诗词艺术上来讲,这几首诗可能并不完全押韵,

---

① 《王更三致周汉楚函》(1947年11月21日),天津市档案馆藏天津航业公司档案:J168—156。
② 《龚耀显致周汉楚函》(1947年12月12日),天津市档案馆藏天津航业公司档案:J168—156。
③ 郑会欣编注:《董浩云日记1948—1982》(上册),页1。

但却真实地道出了董浩云希望发展中国远洋航运事业的理想和心声。

"天龙"轮的首航成功、顺利抵达大西洋彼岸，对于董浩云和整个中国航运公司的同仁来说无疑是一个极大的鼓励，同时它也为公司开辟新航线增添了勇气和信心。紧接着他们又开始进行新的试航，这次试航的货轮是代理中国海外航运公司的"通平"轮（Tung Ping），目的地则是美国西岸的旧金山。

1948年4月25日，这艘当时中国载重量最大的货轮（11600吨）自上海出发，同"天龙"轮一样，全船上下60余名船员都是中国人，船长是富有多年航海经验的费肇基。同上次航行不同的是，此次远航前公司就做足了宣传，早在"通平"轮出航之前，上海著名的英文报纸《大陆报》（*The Chinese Press*）即于2月13日以"Tung Ping Set to Sail for San Francisco"的大幅标题，率先披露了此事。而当"通平"轮刚一离港，上海各家报纸就及时予以报导："中国航运公司以海上运输对国际贸易至关重要，特于最近不惜牺牲，发起民营轮船横渡太平洋之壮举。该事经四月之筹备，业于日昨实现。该公司载重一万一千六百吨之通平号巨轮，于二十五日上午十时许由沪启碇，直放旧金山。此行全为试航性质，故并未搭客载货，预计二十四天后可抵美。归程拟转道马尼剌而后返沪，由旧金山赴马尼剌时并承运大批水泥。"①

由于燃料供应的问题，"通平"轮抵达美国的时间晚了几天，但这丝毫没有降低华侨欢迎的热情。恰巧中国航运公司经理董浩云作为复兴航业公司接收船只的代表刚刚到埠，而"天龙"轮也正在这前后第二次横渡大西洋，由比利时驶往美国东岸查尔斯顿（Charleston），中国航运公司的两艘海轮同时停泊在美国的东西海岸，更是让居美华侨欣慰不已，当地的华

---

① 参见1948年2月26日的上海《新闻报》和《中华时报》等。两报的报导内容几乎完全相同，显然这篇报导的文字是由中国航运公司提供的。

文报章《世界日报》、《金山时报》均有报导,设于旧金山的《民国日报》还为"通平"轮来美发表社评,以示庆贺。为了感谢广大侨胞的热情欢迎,总经理董浩云、船长费肇基代表众船员特地前往旧金山,分别拜访当地中华总会馆和中华总商会等团体,众团体即举办茶会表示欢迎。董浩云在欢迎会上介绍了本次航行的大致经过,并畅谈中外航运界的现状。在回顾多年来经营远洋航运上所遇到的艰辛时,他深有感触地说:"我们中国人经营海外航务真是一件十分艰难的事情,但是事业的成功,必须经过一番辛苦的奋斗。我们决定经营海外航务,一方面固然为本身事业的发展着想,而重要的还是替国家做一些事,尽我们本位上的责任。"①

中国航运公司为国人扬眉吐气的另一件大事就是公司旗下的"天行"轮在输送日本战败赔偿物资的同时,将甲午战争后被日方掳去之清军舰船上的大炮由日本的博物馆运回台湾的基隆,一雪50多年来中华民族之奇耻大辱,海内外舆论纷纷予以报导。②此举不但大长了中国人民的志气,同时也极大地提升了中国航运公司的名望。

"天龙"、"通平"二轮成功横渡大西洋和太平洋的壮举不仅大长了中国人的志气,同时更使得成立不久的中国航业公司名声远扬,从而也进一步坚定了董浩云日后公司发展的方向。

理想破灭

董浩云曾在一篇回忆文章中说:"我本人自幼即对海洋发生兴趣,以船为第二生命。"③而且他一直还以当年郑和七次下西洋的壮举作为追求的目标。然而明清两朝的闭关锁国、故步自封,使得原本领先于世界的中国

---

① 转引任家诚:《通平轮的来美》,《民国日报》(旧金山),1948年4月7日。
② 详见1949年9月27日香港《星岛日报》和《华侨日报》的有关报导。
③ 董浩云:《历尽沧桑话航运》。

航运事业停滞不前，以致"当世界各国如英、美、法、日、德、义以及北欧挪威、瑞典、丹麦随其经济与军事上需要，建立世界性航海事业，艨艟万里，扬威海外，并已自数百吨机帆船而进入八万余吨伊莉萨白号邮船时代，我国所有轮船仍停留在弱小而又古老的落后阵容中，在国际海运事业上，简直无法插足"。①

抗战胜利后因交通任务繁重，国内航运业曾一度繁荣，胜利初期全国商船总吨数尚不足8万吨，待到1948年10月，全国较大的轮船公司已达116家，全国轮船向航政官署注册依法登记的有3830艘，总吨数达1159897吨。②其中扩充最为迅速的自然是国营招商局，其拥有的吨位占据全国轮船总吨位的三分之一以上，而中国航运公司虽然刚刚复业，但由于董浩云经营得当，后来居上，排名上升至全国轮船业的第九，船舶吨位亦占全国总吨位的215%。

战后初期国内航运事业一度发展、货轮吨位急剧上升的原因很多，诸如战时移转外国国籍的轮船恢复国籍，战后接收日本轮船以及美国向中国出售一批战时轮船，航权收回后废除了列强在中国沿海及内河航行特权、从而促进了国轮事业的发展等等，其中更重要的一个原因就是战后大量物资需要运输，旅客往来亦急速增加，国内外进出口贸易更是十分畅旺，因此运费高昂，从事航运业的利润极为丰厚。因此不单是原有的航业公司积极复业，就连那些手中积聚大量财富的官僚和商人，亦都将资本投入航运市场，纷纷创设公司，并积极向海外购买船只。

董浩云目光敏锐，当然认为这是发展中国远洋航运的极好机会。为了扩大中国远洋航运的力量，他一方面坚持政府应向战败国日本索取船只，

---

① 董浩云：《中国远洋航业》，页2。
② 《中华水运史》，页280，其中中国航运公司拥有船只5艘，总吨数为20606.38吨，1000吨以上的有4艘，计20140.09吨（页283）；复兴航业公司拥有1000吨以上的轮船11艘，计53297.00吨（页286）。

以偿还中国航运业在战争中所遭到的损失,同时还建议积极向国外、特别是向美国贷款购船。董浩云深知,中国的航运业必须得到政府的支持才有可能发展壮大,然而当时民营航运界中只有民生公司凭借战时的地位,才能从政府手中申请到贷款及外汇额度,向国外购船。当时民生公司曾以1500万美金的巨款向加拿大购置新船,其中绝大部分资金是由政府提供的担保。对于民生公司所享受的特权,董浩云极为羡慕;但他对于民生公司发展的决策却持有异议,认为这几近于浪费国家的财力。因为民生公司购置的船只装货量大的不过1000吨,小的仅有300吨,价格昂贵且不用说,船只仅能行驶于内河显然得不偿失;而且在技术上采用铝质设备既不耐久,更不合适。董浩云曾向卢作孚建议,若以同样的代价建造10000吨级、航速为18海里的远洋巨轮,效果将会完全不同。然而卢作孚对于远洋航运缺乏认识,没有采纳他的建议,事隔多年,董浩云还为此事而叹息不已。①

  1948年3月,董浩云奉交通部之命,代表即将成立的复兴航业公司前往美国接收船只,从而有机会实地接触西方世界。在美国的任务完成之后他又乘搭"伊莉莎白"号邮轮前往欧洲大陆,其间先后访问了英国、法国、瑞士、荷兰、比利时等国进行实地考察,然后再乘原船回到美国。此次长达半年之久的旅行是他第一次乘船历经太平洋和大西洋,在船上的时间虽然漫长,但并不乏味,除了沿途可以停留观赏各地的风土人情,在船上又天天能看上新上映的好莱坞大片,此外船上还经常举办舞会,他的日记如实地记载了旅途中的生活。更重要的是,此次欧美之行使董浩云大开眼界,欧美各国先进的航海造船工业使他振奋不已,他不仅亲眼看到了欧美国家造船业和远洋航运业方面先进的科学技术和管理方式,对他来说更大的收获是得以认识和结交了众多航运界的巨擘。他在纽约致荷兰著名

---

① 董浩云:《历尽沧桑话航运》,载《董浩云的世界》。

的船舶代理公司 Van Ommeren's 总经理 Kroese 博士的信即表达了这种愿望，希望日后能得到世界航运界的支持与帮助，并进一步加强业务上的联系。① 这对于董浩云日后具有国际化的眼光，推动航运业发展乃至成为举世闻名的船王，都是具有深远历史意义的。

此时董浩云旗下的"天龙"和"通平"两艘海轮已成功横渡大西洋和太平洋，这就更激励他酝酿实现蕴藏在心中已久扩大远洋航运的宏伟计划。此时的董浩云特别期望能得到政府的资助，1948 年 9 月 26 日，他刚从国外考察归来，就满怀希望地向交通部部长俞大维递交了一份报告，呈请政府订立补助远洋航业的方案。

董浩云在报告中首先指出："复员以后，航业复兴，气象蓬勃，惟对于远洋航运尚少注意，殊不知轮舶为浮动领土，象征国力；至于交流文化，活泼经济，犹其余事。"接着他详细地介绍了中国航运公司为了达到这个目标，虽"不自量力"，但仍"勉为同业前驱"，特别安排旗下"天龙"轮乘风破浪，横渡大西洋，尽管途中遇到众多艰辛与困难，"孤悬海外，缺乏支持，差幸勉完航程，未敢中途停顿"，乃至"悠悠经年，人力物力，两感损失"，然而"天龙"轮"在海外各埠，曾备受侨胞之热烈欢迎，国际间之评语，亦称良好"，从这一点上来看，"实为商公司唯一之收获，或尚堪为国家争光者"。董浩云在总结了此次远航的经验后予以呼吁："窃以远洋航业，事极艰苦，而不应放弃，但非民营航业所能独力胜任，实有赖政府奖励补助，方可期其成功"，因此希望交通部迅速订立补助远洋航业的方案，并促其计划早日实现。②

董浩云在向交通部呈请订立补助远洋航业方案的同时，还进一步具文，呈请交通部核准贷款，以便向外国订造海轮。他认为目前"国轮远

---

① "C. Y. Tung to Dr. J Kroese"（August10, 1948），董浩云资料室：A1—4。
② 《中国航运公司敦请政府订立补助远洋航业致交通部部长俞大维呈》（1948 年 9 月 26 日），载《中国远洋航业与中国航运公司》，页 21—22。

洋业务正在发轫之初,而障碍重重,已深感经营匪易,其最大原因为船舶多已陈旧,本质缺点甚多,以致不克与航业发展之各国互相竞争。故欲求在世界航业中立足,非订造新型轮船不可",而"英国造船工业夙为世界之冠,所建新型货轮速率增高而耗油甚省",因此他已向英国的Short Brothers Ltd 和 Blyth Dry Docks & Ship Building Co. Ltd 两家船厂商洽订造万吨级海轮的意向,船价为444700英镑,可分六期付款,建造期四年,预计1952年即可交付使用。董浩云在呈文中强调,"鉴于远洋业务之不可偏废",同业间均认为"建造新船亟应及时进行,不宜再缓",因而呈请交通部予以核准。①其后,董浩云针对交通部航政司司长李景潞提出应补充参加合营的航商以及拨付船价定金外汇来源加以陈述,说除了中国航运公司以外,国内同业中如益祥、通安、大振、寿康、中国海外以及中兴等其他民营航运公司都有兴趣参加合作造船的计划。②然而购船最大的困难就在于筹措资金,特别是向英国购船必须持有外汇,而当时外汇是由国家严格管制的。董浩云在呈文中提出购船定金即船价的六分之一先由公司在经营国际航运收入中支付,其余部分则请求财政部同意予以分期结汇。③虽然交通部对此案批文予以同意,称"该公司向英造船厂订造新型货轮应予照准,除电外交部请饬驻英大使协助,并呈院请准分期结汇船价"。④行政院秘书长李惟果亦转发行政院长谕:"交中央银行迅速核复"。⑤但时隔多日,外汇额度一直未能落实。在这种情形之下,董浩云也只能再次具呈,要求行政院批核同意中央银行分六次结购外汇。⑥然而此时国内内战正酣,

---

① 《董浩云呈交通部文》(1948年10月11日),董浩云资料室:A1—1。
② 《董浩云致李景潞函》(1948年10月25日),董浩云资料室:A1—4。
③ 《中国航运股份有限公司呈交通部文》(1948年10月25日),董浩云资料室:A1—1。
④ 《交通部批航发字第9499号(抄件)》(1948年11月3日),董浩云资料室:A1—1。
⑤ 《行政院秘书处通知单发(37)玖字第98372号(抄件)》(1948年11月16日),董浩云资料室:A1—4。
⑥ 《中国航业股份有限公司致行政院呈》(1949年1月7日),董浩云资料室:A1—4。

国民党不仅在军事战场上一败涂地,在财政经济上更已濒临崩溃,维持政权的统治尚且无计可施,哪还有什么精力支持远洋航运呢?为此1949年1月13日行政院批覆,以"目下外汇来源不易,各方支应浩繁,筹措已感困难"为由,拒绝了中国航运公司的申请;两个月之后,中国驻英大使馆也致函董浩云,告知英国外交部表示最近不能批准向中国售船的要求,大使馆认为英国之所以采取这种态度主要是目前国内局势的发展、特别是与"重庆"号军舰反叛所致,同时也和欧洲冷战格局的升温有关。[①] 在这种情形之下,中国航业公司购置外轮的计划终告破产,董浩云意图依靠政府举借外汇的梦想亦最终破灭。

---

① "Chinese Embassy to C. Y. Tung"(15, March, 1949),董浩云资料室:A1—4。

六　复兴航业公司的成立

争取美国援助

抗战胜利，百废待举，其中交通运输更是重中之重。原本就先天不足的中国航运事业又在战争中损失殆尽，据交通部1948年所发表的统计称，战前中国江海轮船共有3457艘，57.6万吨，其中海轮124艘367383吨，江轮3333艘208617吨。战时直接损失，计海轮47艘250271吨，江轮2790艘99248吨；间接损失，计有海轮77艘117112吨，江轮86艘28689吨，两部分合计，战争期间中国共损失江海轮船3000艘495320吨，与战前相比，中国的轮船损失了80%—90%，而海轮则全部丧失。[①]因此解决航运的关键就是要添置大量的船只，为此战后政府相关部门采取了一系列措施，希望尽快解决日益严重的交通问题。

[①] 中国航海学会编：《中国航海史（近代航海史）》（北京：人民交通出版社，1989年），页300。

日本宣布无条件投降后，国民政府即通知在华日军，将长江一带所有船只全部集中于沙市、宜昌，沿海一带船只则统统集中在上海，等待接收。随即交通部亦批准招商局拟定的《接管敌伪船只办法》，规定敌伪所有商船，一律由交通部配合各地负责接收的军事机关协商办理。① 交通部接收的敌伪船只，暂交招商局负责营运。嗣后不久新成立的敌伪产业处理局即与招商局商定，凡是与敌伪有关水运的产业和船舶，先由招商局统一接收，然后再由招商局与其协商分配办法。至1946年年底，招商局接收的各类敌伪船只为2358艘，共计244125吨。②

1945年10月，交通部在上海设立航业整理委员会，负责接收和处理敌伪财产，与此同时，上海航运界也组织民营船舶战时损失要求赔偿委员会，积极进行战后复业的各项准备工作。

1946年1月21日，行政院长宋子文在上海中国银行接见招商局总经理徐学禹、全国船舶调配委员会主任委员刘鸿生，对军事复员及中国航运事业的发展有所指示。③ 随后徐学禹便向宋子文报告说，招商局最近可望接收6艘自由轮，连同"中东"、"中山"两轮共可增添各类海轮34艘，而这些新增加的轮船每月耗用燃油大约两万吨，因此"为购运及存储方便计，至少需购各油船四艘，方可敷用"。④ 除了国营招商局之外，政府此时也考虑到战后如何恢复和发展民营轮船业的问题，2月9日上午，宋子

---

① 《接管敌伪船只办法》(1945年8月25日)，中国第二历史档案馆藏招商局档案：四六八/337。
② 《国营招商局报告》(1947年8月19日)，中国第二历史档案馆藏交通部档案：二十（2）/1243。转引自《中国航海史（近代航海史）》，页337。
③ 《申报》，1946年1月22日。
④ 《招商局总经理徐学禹致行政院长宋子文签呈》(1946年2月6日)，斯坦福大学胡佛研究所藏宋子文档案：第28箱第3卷。

文又在上海行政院办事处与刘鸿生等人商讨航运问题。① 可以看出，政府当局对于恢复交通、扩大航运之事极为重视。

国民政府当时也曾计划接收日本尚存的大部分轮船，以此作为战争的赔偿，然而受到战后国际局势变化的影响，对日索偿无法实施，因此寄希望最大的还是向美国寻求援助，购买船只。

第二次世界大战期间，为了支持战争以及适应海上运输的需要，美国先后建造了为数高达6000万吨的各类船只，除了纯粹用于军事用途而无法改装为商用的船只外，尚有一大批海轮，其中"自由型"轮船就是当时为补充被德国击沉的轮船而大量建造的一种标准船。这种英国称之为自由型、美国称之为胜利型的船型设计是：驾驶室前有两个货舱，驾驶室至机房有一个中舱，机房后则有两个梢舱，每个舱都装有一对货物吊机，船的航行速度大约每小时12海里，载重吨10970吨，功率2500马力。这种船只设备简陋，战后美国政府即将其作为剩余物资向国外倾销，除本国商人有优先购买之权外，其他如英、法、挪威、瑞典、荷兰、比利时、丹麦、意大利、希腊、中国、印度、澳洲以及南美各国均可以按照售船法例，购买剩余船只。尽管这些船只由于建造时间匆促，在质量和结构方面都存在诸多问题，但在付款的条件上却较为优惠，买方只需先付25%的现金，其余部分可由政府出面担保，分15年还清，年息三厘半，每年分两次摊还本息。这些条件对于急需扩充海上运输船只、但又缺乏资金的中国政府来说当然是十分有利的，因此此刻购置船只的主要目标还是集中在美国方面。

1945年11月23日，宋子文致电中国驻美物资供应委员会，命其速向美国航务委员会商洽购买N-3型轮船10艘，价款4325000美元，全部付现。N-3型货轮大多建于1944年左右，在当时堪称新船，但战后这些

---

① 《申报》，1946年2月10日。

船只"美人目之已成废铁"。该轮有四个货舱,六个三吨起重吊杆,所有蒸汽机功率较大(1300马力),轮船吃水适中,可航行于沿海各类港口,船只吨位大约都在1873吨(载重吨2750吨),航速约每小时11海里。原本蒋介石希望美国能以赠送的方式向中国让拨数艘自由轮,当他确信这一可能已经不存在之后,便向宋子文提出两个原则:"一则由我出款购置,一则仍由美军管理,作为借我使用,如船有损失,则由我赔偿之。"并嘱宋在上海速与美军驻华最高指挥官魏德迈将军商讨决定,以便早日实现。① 宋子文在与魏德迈交涉后,立即向蒋介石传达了美方的立场:

1. 依照美政府政策,过剩船舶统由航政委员会出售或出租,现国会已通过此项政策;

2. 美方欲出售过剩之自由轮,按照该法案每艘平均售价为美金六十万元;

3. 陆海军部均无权将船舶赠送他国,总统虽可决定赠送,但亦必事前取得国会同意;

4. 英国欲租用美船四百余只,亦曾要求赠送一部分,美政府未允,故对我颇难通融,免开先例。②

其后他还核准行政院有关部门提出的建议,并向正在南京的美国特使马歇尔将军提出购买美国战时剩余船只的数量及价格,其中N-3式船(2800吨)55艘,每艘报价39万美元;AV1式(5000吨货轮)68艘,每艘64万美元;自由轮(1800吨)20艘,每艘63.9万美元;胜利

---

①《蒋介石致宋子文手令》(1946年2月6日),台北国史馆藏蒋中正档案:革命文献——对美外交:军事部分。
②《宋子文致蒋介石呈》(1946年3月6日),台北国史馆藏蒋中正档案:革命文献——对美外交:军事部分。

轮（1800吨）16艘，每艘97.9万美元，共计159艘，总吨位达882800吨。①估计船价总额高达一亿美元，其中75%由美方承贷，25%由中方付现。当时美国正在积极调停国共之间的内战，美国国务院曾表示商船应移让给"一个在联合政府组织下之统一而民主之中国"，因此中国政府必须"明了此意"，否则"美国政府拟停止移让此等船舶"。②因为这一原因，再加上中方筹款极为困难，交通部门只好决定先向美方购买部分旧船，由美方提供贷款1650万美元，中方付现550万美元，1947年7月15日由驻美物资供应委员会经手，向美国航务委员会代订自由轮10艘、N-3轮15艘（其中有7艘因不适用而被退回），1948年2月及3月，再由世界贸易公司经手订购C-M-AV1轮12艘、胜利轮3艘。③

这些新购的船只绝大部分都分配给国营的轮船招商局，以致招商局的船队在战后很短的时间内就得到明显的补充。然而对于新购入美国的船只性能，招商局船务处处长黄慕宗却有如下评论："就现有船舶而论，其主要者有十余种，非逾龄旧船，亦属战时剩余船舶，或年久失修，损蚀甚大；或吃水过深，燃油量大，除数种船型尚能称用外，颇多不相当者。"如自由轮宜于远洋航行，大湖型原只为提供美、加之间的大湖内使用，登陆艇更是为了适应登陆作战而制造。中国深水港不多，很多港口都无法停泊吃水深的自由轮（满载时达8.5米）和大湖型（7.38米），而且这些轮船耗油量极大，一昼夜达20吨（大湖型）至25吨（自由轮），自由轮的船速只有8海里，营运价值不高，其实这就是美国急于出手的原因。④

---

① 《宋子文致蒋介石呈》（1946年5月23日），台北国史馆藏蒋中正档案：革命文献——对美外交：一般交涉（上）；《美国外交文件》，1946年第10卷，页794，转引吴景平：《宋子文政治生涯编年》（福州：福建人民出版社，1998年），页501。
② 《美国国务院致海运委员会函》（1946年10月2日），转引自《航运》第52期（1954年9月15日），封三。
③ 《财政部关于向美购船借款致行政院呈》（1948年9月10日），中国第二历史档案馆藏财政部档案：三（2）/2735。
④ 中国航海学会编：《中国航海史（近代航海史）》，页341—42。

由于战后初期进出口贸易急剧增长，以致各个部门对于运输业的需求也不断增加，同时因为国家航权的收复，也极大地刺激了航运业的发展，因此在国营招商局迅速扩充的同时，民族资本的轮船公司也有了长足的发展。在这期间最令人瞩目的就是刚刚成立的复兴航业公司一下子就拥有1000吨以上的轮船11艘，计53297吨，一跃而为首位。[①] 作为复兴航业公司领导成员的董浩云参与了公司创设的全部过程，见证了中国航运发展史上的重要时刻。

国家赔偿与业内合作

说到复兴航业公司的成立，必须先要了解战时中国民营航业所遭受的损失。

抗战爆发后，中国的民营航运业同仇敌忾，积极响应政府的号召，投入全民抗战的洪流之中，为此也付出了极为惨重的代价。据统计，战时被征用封港船舶63艘119906吨，这些船只大都于抗战初期沉塞于长江沿岸各个港口及江阴、马当等要塞，目的是封锁长江航道，阻止日本军舰入侵；在军公运输途中遭到损毁的船舶33艘15981吨，被日军俘获的船舶67艘111006吨，被日军炸沉炸毁的船舶43艘49357吨，总计战时共损失各类船舶206艘296250吨。因此日本投降时民营航业的全部船只仅剩下大小江轮58738吨，海轮则早已荡然无存。[②]

抗战胜利后，随同政府内迁到重庆的各民营航运公司代表即具文呈送交通部及行政院，陈明民营航运业于抗战期间所遭受的损失，要求政府予以赔偿，以利战后迅速恢复航运。同时还向交通部报告沪上各公司已在重

---

① 王洸：《中华水运史》，页286。
② 参见中国航海学会编：《中国航海史（近代航海史）》，页352。

庆成立了驻渝联合办事处，并委托董浩云为全权代表，当经交通部部长俞飞鹏批准备案。嗣后各航商便随同政府回到上海，并组织"民营船舶战时损失要求赔偿委员会"，会址就设在上海广东路93号。委员会成立后即对于战时航运业所遭损失广为调查，收集资料，要求主管部门核实并予以赔偿。11月3日下午，委员会假上海航业俱乐部召开战时损失船舶会员代表会议，讨论要求政府赔偿的具体方案，会议选出15名代表作为常务委员，负责与政府交涉，作为大振轮船公司和天津航业公司的代表，董浩云也是其中一名委员。① 其后赔偿损失委员会拟订出赔偿方案，要求政府出面与美国方面商洽援助，贷款购买美国战时剩余船只，其价款于政府偿还民营公司战争损失中扣除；同时还敦请政府与盟国交涉，索偿被扣留的日本船舶。②

船舶赔偿委员会经过调查，将各轮船公司遭受战争损失的情形分为四类：

一、政府征用充作沉塞各地封锁的船只共119986.50吨；

二、在军公运输中遭受损毁的船只计15841吨；

三、被敌人捕房占扣的船只计111006吨；

四、被敌炸沉、炸毁的船只共46457.74吨。

接着委员会还分别对赔偿吨位的计算标准、赔偿办法（分吨位赔偿、作价赔偿）提出了具体的方案。③

经民营轮船公司多方呼吁，并由钟山道、董浩云等代表与政府进行多次谈判，政府有关部门最终才同意，对于战时政府征用封锁长江之船舶先

---

① 《上海市轮船业同业公会会议记录》(1945年11月3日)，上海市档案馆藏上海市轮船商业同业公会档案：S149—2—186。
② 《民营船舶战时损失要求赔偿委员会索偿方案稿》(1945年11月5日)，上海市档案馆藏上海市轮船商业同业公会档案：S149—2—186。
③ 《上海市轮船业同业公会呈报所属会员公司战时损失调查表》(1945年11月)，上海市档案馆藏上海市轮船商业同业公会档案：S149—2—186。

行赔偿,至于其他损失的船只则要求各公司先将资料全部汇总,待日后向日本索赔时再统一进行办理。

1946年3月1日,行政院为此事予以正式批覆:

1. 凡作军事征用充作阻塞工程及应征军公差而为敌损毁之船舶,合于军事征用法之规定者,应予赔偿;
2. 船只吨数及折旧暨战前币值与钢铁木材之指数如何折算,应仍由该部迅拟意见呈核;
3. 航商向国外订购船只,政府应予以便利;
4. 航商贷款一节,可径洽四联总处办理。①

交通部随后亦按行政院的批示原则覆电,并称有关赔偿原则"正由本部筹议计算方法"。②

船舶战时损失要求赔偿委员会收到批文后认为,"研求折合数字、收领补偿金额、恢复吨位各节,似应有联合之组织,俾期易于推行,早观厥成,公私均蒙其利"。后经再次调查,战时上海轮船业同业公会会员中被政府征用封锁长江而自沉的船只共涉及34家公司,61艘船,总计123489.53吨,其中损失最大的几家公司受损船只数量及所占比例分别为三北(11艘,12.735%)、中兴(3艘,8.689%)、中国合众(3艘,5.715%)和华胜(2艘,5.236%)。③该会即将这一统计数据汇集,分别呈报交通部及行政院,同时还要求政府在航商购买船只及贷款方面予以协助。为

---

① 台北国史馆藏行政院档案:063—133。
②《交通部致上海市轮船业同业公会代电》(1946年4月9日),上海市档案馆藏上海市轮船商业同业公会档案:S149—2—186。
③《征用封锁船舶赔偿金分配表》(1947年6月13日),载《复兴航业公司诞生经过》,董氏航业丛书第二辑。

了便于使用这批动用赔偿金购买的船只，经众会员讨论决定，由合于军事征用法应予赔偿之船舶所属各会员，以所损船舶吨位为比例，筹集资本，联合筹组一个新的股份公司，统辖并经营这批轮船，这个新成立的公司就取名为上海复兴航业股份有限公司（China Union Lines，Limited，简称 CUL）。各航商还公推钱新之为筹备主任，林熙生为副主任，除了依照公司法规定办理各项登记手续之外，还将办理情形拟具报告呈送行政院备案。①

7月22日，交通部向行政院呈报了有关战时军公征用损失船舶的赔偿方法。据该部统计，应付赔偿金按照工料指数计算，大约为20190007191元。交通部建议这笔赔偿金可于两年之内分批以现款支付，若航商向国外订购新船，在赔偿金未赔偿清了前，可由政府以补偿金额作为担保，或由政府准予结购外汇；而航商取得赔偿金后，应以赔偿所得组织一规模较大的航业公司，并接受政府的严密指导与监督。呈文同时还附上一份补偿金的计算方法。为此行政院特别召开会议讨论这个方案。受损船东认为交通部提供的赔偿额是根据物价指数及工价指数计算的，但战前中国造船工业极为落后，大部分船舶都从国外购买，若赔偿额按国内的工价与物价指数计算，值此通货膨胀剧烈之际似不相宜。为此他们开列出各种赔偿的计算方法，供与会者讨论。

一、由航商提出的方案：货船每吨按国币10万元计算，以汇率1∶1200计，约合美金1000万元；

二、交通部呈报按工价物价指数计算的方案：合国币约200亿元，以汇率1∶2020计，约合美90万元；

三、照战前船舶登记的价格900万元计算，以当时汇率1∶3.30计，

---

① 《民营船舶战时损失要求赔偿委员会致行政院呈文》（1946年7月1日），台北国史馆藏行政院档案：063—133。

约合美元 300 万元；

四、照沉船时国外购买同年份、同吨位之船舶 12 万吨，合英金 90 万镑，合美金 360 万元；

五、照目前欧美市价购买，约值美金 720 万元；

六、照目前上海的购买市价计，约值美金 1200 万元。

比较上述各项办法，其中第四项计算方案最为公允，而且英国政府也是依照这一原则赔偿本国船只损失的。

会议讨论的结果认为，鉴于政府目前正在向美国洽商购买大批战时剩余船只，可以利用这一时机责令各航商将政府所赔偿之款项充作股份，合组一大航业公司，由政府出面购买一部分剩余船只，条件为先扣除赔款总额，如有不足，航商应付差额的 25% 现款，其余 75% 的差额分十年还清，"如此则力量不至分散，政府于赔偿损失之外，尚可促进航业之发展，一举两得，似可加以考虑"。

最后形成决议：

一、赔偿金照第四项办理；

二、赔偿金之支付及运用，由交通部与航商会商决定。①

交通部收到报告后于 10 月 2 日批示"准予备案"。10 月 12 日，民营船舶战时损失要求赔偿委员会在上海航运俱乐部召开临时大会，由主任委员钱新之主持会议，除了讨论复兴航业公司的各项筹备工作之外，主要对于行政院关于赔偿方案的原则和计算方法进行了讨论，最后形成的决议是："本会勉予接受上述十二万吨折合美金叁百六拾万元赔偿金额之吨位差额，现时国外船价日涨，而美金可能有贬值之足虑，应请政府从速设法实行给付赔偿金，以免损失增巨，益难弥补。"会议同时还推选董浩云、

---

① 《行政院第 758 次会议临时讨论事项（二）》（1946 年 9 月 10 日），上海市档案馆藏上海市轮船商业同业公会档案：S149—1—123。

钟山道、沈琪、程余斋等四常委为代表，遵照行政院批准的原则，携带有关证件到南京，直接与交通部洽商赔偿金支付及应用的各项细则，再由赔偿损失委员会主任委员钱新之与轮船同业公会会长杜月笙共同向行政院长宋子文陈情，"请求迅赐核定赔偿金之交付及应用办法，俾期早达目的"。①

最后行政院于10月24日正式批示："查本案业据交通部航字第二九六三号呈拟，在最近向美所购船只内拨付十二万吨，交该会分配在案。除令饬该部尽先一次拨足外，仰即知照。"②复兴航业公司就是在这样的背景下宣告成立的。

中国商人自古以来习惯于单独经营，但国家赔偿很难将所购之船分配给各受损航商，只有合作经营方是可行的办法。原本可以获得赔偿权的34家船商中有将近一半公司不愿意参加合作，而将其赔偿权益出售给其他公司或个人，这样最后只剩下19家公司，以各公司所获得的赔偿作为股份的比例参加，这就是复兴航业公司成立的由来。

在此之前，美国第79届国会第二次会议刚刚通过第321号公法，即"1946年商船售卖法案"（Blind Act），同意将战时美国剩余旧船出售给盟国。宋子文亦抓住这一机会，批准有关部门的建议，准备向美国人举购船，因此各航商便要求政府从中拨出部分船只作为赔偿。行政院核准战时民营损失船只计12万吨，以每吨赔偿30美元计，同意作价赔偿美金3593047.52元，并由向美购船的贷款内提出，代购船舶11艘，计CI-MA-VI型8艘，VC2-S-AP2型（即胜利轮）3艘，拨交民营的复兴航业公司经营。

复兴航业公司是在各船商遵从政府赔偿原则的基础上成立的，因此公

---

① 《民营船舶战时损失要求赔偿委员会临时会员大会记录》（1946年10月12日），上海市档案馆藏上海市轮船商业同业公会档案：S149—1—123。
② 转引自《复兴航业公司诞生经过》，载《董氏航业丛书》第二辑。

司的人事安排、股份分配也是按各公司的股权大小、认股多寡而决定的。战后中国民营航运的实力与战前相比发生了重大的变化，原本实力最强的三北轮埠公司、政记轮船公司已风光不再，而新成立的复兴航业公司就正是这一形势的体现。照理说董浩云抗战爆发时只是一名航运公司的职员，并非船东，原本没有接受赔偿的权利，但他极有远见，抗战期间即以低价收购了瑞安、寿康、大振等几家船公司的股份，所以成为战争受损的船东。

1948年6月23日，复兴航业公司于上海正式成立，主要股东包括中兴、大达、中航、三北、鸿安、华新、益祥、华胜、宁绍、寿康、大振、永安、民生、天津等当时各主要民营航业公司。经交通部批准，钱新之任复兴航业公司董事长，杜月笙、杨管北任常务董事，总经理为谭伯英，程余斋、董浩云、李志一、钟山道等任副总经理。①

复兴航业公司的领导成员中谭伯英原为交通部一官员，抗战胜利后曾在上海市政府任职，并不谙于航运，只是作为政府的代表在公司中任职。这就说明此时中国民营航运业的领导重心已经落到了中兴轮船公司钱新之（他还同时兼任交通银行董事长）和大达航业公司杨管北的身上，而董浩云所创立的中国航运公司也以后起之秀的新兴力量参与了复兴公司的经营和管理。

赴美接收船只

中国政府向美国购船最初是委托驻美物资供应委员会代为洽谈的，1947年7月15日，驻美代表王守竞与美国航务委员会代表 A. J. Williams

---

① 上海市档案馆藏档案，转引自韩月波：《世纪航程：香港航界奇星程余斋》（北京：华文出版社，2000年），页140—141。

正式签订购买战时美国商船的合约。①18日，交通部即致电赔偿委员会，内称"向美购船首批已于寒[14]日正式签约购妥，其余可借款额，宜速购船只。该会请派代表人选，仰克日决定呈部核准，务期早日赴美，以利进行"。② 要求各航商尽快推选代表，赴美国接收船只。

公司筹备处经商议，决定委派总经理谭伯英、副总经理程余斋和董浩云三位公司高层赴美接收船只，然而好事多磨，准备文件、办理护照、结购外汇，样样都需要时间，等到这一切都办得差不多了，董浩云却因连日辛苦和劳累，1947年冬竟然病倒住院了。直到第二年的春天，董浩云一行三人才动身赴美，开始了他第一次远赴美欧、历时半年之久的环球之行。现存董浩云30多年的日记，就是自他离开上海出访美国那天起开始记载的。

1948年3月10日，董浩云告别了家人和朋友，登上美国"克利夫兰总统号"（*President Cleveland*）邮轮离开公和祥码头，"俄顷黄浦骊歌，对此第二故乡不得不暂告小别矣"。当董浩云乘搭的邮轮出海时，中国航运公司停泊在码头的"唐山"、"慈云"、"天翔"等海轮亦都拉响汽笛，向他这位中国航运业的开拓者致敬，并祝愿此行一帆风顺，平安成功。

董浩云一行途经香港、菲律宾、夏威夷，经过三个星期的航行，终于在3月31日清晨抵达美国西岸的旧金山，其后便紧张地进行各项接收与验船的工作。

在国民政府同意偿还受损船东的原则之下，复兴航业公司共购买了美国三艘胜利轮（7600吨），价值2637471美元，分别命名为"渝胜"、"京胜"和"沪胜"号，以及8艘CI-MA-VI型（3800吨）货轮，价值

---

① 《第MCO——60365号合约》（1947年7月15日），中国第二历史档案馆藏国库署档案：三六七（2）/188。
② 《交通部致民营船舶要求赔偿委员会电》（1947年7月18日），转引自《复兴航业公司诞生经过》，载《董氏航业丛书》第二辑。

5550896美元，均以"复"字命名（"复明"、"复新"、"复航"、"复贸"、"复运"、"复昌"、"复权"、"复生"），总重量为80762载重吨，全部船价为8188367美元。① 然而这批货轮均是战时生产的，质量简陋，有些尚未使用就已经损坏了，至于旧船存在的问题就更加严重。董浩云到旧金山视察"渝胜"轮时，凭他丰富的经验一眼就看出该轮虽未经使用，但船头即已破损；而"沪胜"轮更一度沉没于水中，电线均已损毁；"京胜"轮和其他几艘"复"字号的货轮情况也好不到哪里。然而根据美国售船法案的规定，所有修理费用均由承购方负担，这笔资金数目颇大，大约有390余万美元，交通部规定由招商局与复兴航业公司各自承担一半。这样购船及修理费合计美金10098367元，除去政府按照军事征用法同意支付赔偿金3593047美元之外，其余部分计美金6505319.48元则作为政府对该公司的借款，于18年内（每年分3月和9月两次）偿还，年息三厘半，前三年只付利息；第四年起本息分15年付清。1949年1月14日，债务人复兴航业公司总经理谭伯英与债权人财政部及交通部代表正式签订契约。②

复兴航业公司刚成立时情况相当困难，由于股东分散，意见不易统一，更严重的是资金不足，缺乏管理人员。为了新公司能够早日投入运营，中国航运公司作出了重大的贡献，曾拨垫部分款项专供公司接收轮船而用。特别是董浩云对此亦早有准备，不久前中国航运公司先后有"天龙"和"通平"轮远航，横渡大西洋和太平洋，开辟了中国航业的远洋航线，那时他就预先多选派了几名经验丰富的高级船员随船远航，因此复兴航业公司接收众多货轮时，"天龙"轮上的大副王正英和二副周伯熹就可以立即派往复兴航业公司，分别出任"渝胜"号的船长和"沪胜"号的大

---

① 中国航海学会编：《中国航海史（近代航海史）》，页361。
② 借款契约见中国第二历史档案馆藏中央银行档案：三九六/5654，又见《复兴航业公司美贷船只之经过及已付未付美方本息之现状》（无时间），台北国史馆藏行政院档案：063—133。

副,同时"通平"轮上一位挪威籍的大副欧立克也借调到复兴公司,多年后当董浩云回忆这段往事时还自豪地说:"中国航业公司实可谓建设中国远洋航业的一个摇篮。"①

复兴航业公司是战后国家为赔偿战时民间航商的损失,特地从购买美国战时船舶中调拨相应吨位的船只,交由民间合作经营的一家航业公司,不论从公司资本的来源或是公司的架构,在中国、甚至在世界都是极为罕见的,本应得到顺利的发展。然而公司可谓生不逢时,战后初期民营船东向政府要求索赔时,国内经济环境尚属良好;但赔偿问题拖延日久,待到公司正式成立之际,国共内战早已爆发,而且战况急转而下。等到董浩云等人从国外购船回国时,国军已经连遭挫败,溃不成军,国民政府的统治亦已朝不保夕了。在这种情形之下,1949年2月,复兴航业公司决定将公司及所有船只先行搬迁到香港,观测中国局势的变化,再作最后决策。

1949年6月至9月期间,复兴航业公司在香港先后召开过三次常务董事会议,钱新之、杨管北、程余斋、黄振东、董浩云等常务董事参加,主要讨论公司今后在香港如何经营的问题,包括:

因政府拖欠购船借款,美方拟将扣留船只,因而委派谭伯英总经理赴美国洽商美轮过户事宜,在总经理缺任时期,公司业务由程余斋、董浩云负责;

准备向香港政府登记注册,成立香港复兴航业股份有限公司,资本额暂定为港币30万元,董事会由钱新之、杜月笙、杨管北、卢作孚、黄振东、董浩云、程余斋等七人担任;

由于运费低落,市况不振,船期损失格外严重,自公司迁移到香港的七个月时间内,属下11艘船只船期损失高达327天,以致公司不仅负债累累,每月亏损亦超过三万美元,因而决议"先行试洽出仓船只,

---

① 因政府拖欠购船借款,美方拟将扣留

以偿债务"。

当中国的历史处于这一关键时刻,复兴航业公司的股东和董浩云都面临着人生事业中的一次重大抉择。

复兴公司售船

董浩云曾亲自参与复兴航业公司的创办,并代表公司前往美国选购船只,虽然他并非最大的股东,但对公司却有一种难以割舍的眷念之情。当中国大陆政权即将发生转移之际,董事会决定先将公司迁往香港,因此旗下所有船只亦都相继离开大陆。1949年,复兴航业公司曾多次在香港召开董事会,董浩云只要在香港,亦都会出席会议。当时的董事长钱新之和几位公司主要领导人都主张先观察一下国内外的局势变化,再决定公司未来的经营路向。

此时对于复兴航业公司前途影响最大的还是有关购置美国船舶的问题。当初复兴公司接收11艘美国船只时,曾向政府的有关部门申请向美国洽谈办理过户手续,然而由于国内局势突然发生变化,国民政府根本就无暇顾及此事,所以这些船只的国籍证书、所有权证书虽然都应归复兴公司所有,但却没有正式经美国航务委员会通过。另外,美方在售出船只时为保护其四分之三的产权,除办理抵押外,坚持公司要向指定的美国保险公司购买保险,而且还规定,若购船国政府拟将所购船只之一部或全部售与或转让给政府所属其他公私机关,必须得到美国航务委员会的同意。[①] 这一条款的规定就直接影响到后来复兴航业公司所购买美国船只的归属问题。

---

① 中华人民共和国交通部编:《复兴航业公司现在存在着的问题》(原件无日期,估计形成于1950年),董浩云资料室:A1—7。

就在国民党失去大陆政权之际，1950年1月，在香港的轮船招商局宣布起义，公司旗下的13艘海轮转而投向北京的新政府，其中就有6艘船的性质和复兴航业公司一样，也是由国民政府担保向美国购买的。美国政府害怕复兴公司采取同样的方式将船驶往大陆，便以该公司未能按时还款、拖欠债务为由，断然宣布扣留公司所购买的美国轮船。除了部分船只航行在途中，或是因该地与美国没有外交关系而未能被扣外，美方先后在日本的摩洛仑、菲律宾的马尼拉、澳洲的悉尼和布里斯班、红海口的亚丁港、南非的都本以及锡兰的哥伦坡等地，扣留了复兴航业公司旗下的七艘海轮，这一行动对于公司的业务经营造成了严重的影响。

复兴航业公司为了保护公司的利益，分别在扣船所在地聘请律师，以所扣船只均系中国政府拨充、用以赔偿民营公司战时损失为据，而且所有船只均执有所有权证书，控诉美国政府的扣船行径。美国对于复兴公司的举动十分恼火，立即通告台湾当局，要其命令复兴公司不得再行控告美国政府，同时必须先行偿付业已到期的83万美金债款。台湾当局不想因此而得罪美国，便于2月7日凑足83万美元（按比例复兴公司应负担其中的20余万美元）汇给美方，同月22日，美国发出解除扣船令，在菲律宾和澳洲所扣留的三艘轮船得以归还，复兴航业公司亦同时撤回控告。

此时，在北京刚刚成立的中央人民政府为了巩固政权、恢复生产并进而解放台湾，正积极争取停泊在海外的民营船只"北归"，复兴航业公司作为民营航运公司的代表，自然成为争取的重要目标。交通部根据复兴公司的现状以及当时国际国内的局势，最后拟定了争取保全公司全部或大部分船只的三种对策：其一，拖延。即由北京政府在财政上支持复兴公司支付到期本息，若保持全部11艘船只，每年需负担本息40余万美元，若保全8艘，则每年需负担本息20余万美元；其二，谈判。等到国际形势转而有利之时，利用《中美商约》中有利于经济的条款，与美国政府通过谈判来解决争端；其三，出售。即出售公司三艘胜利轮，付还一部分债务，同时办理过户手续，这样便可以保存公司其他八艘轮船脱离台湾的控制。①

然而就在这时，国际形势发生重大变化。1950年6月25日，朝鲜战争爆发，美国立即改变其远东政策，并派遣第七舰队进驻台湾海峡；国民党当局也采取强硬措施，迫使民营航东就范。8月14日，董浩云突然被叫往台湾，事前毫无思想准备。在台湾的三个多月时间中，除了"日为复兴航业公司事奔走折冲"，还同意将中国航运公司迁往台湾，以此作为其安全离开台湾的条件。②

台湾当局为了得到美国政府的支持，坚持将复兴公司的"沪胜"和"京胜"两艘胜利型货轮贱价出售予以还款，仅估计营业损失即超过200万美元。复兴公司据理力争，反遭美方更大的打压，要求复兴公司出让其他几艘"复"字号自由轮。此刻董浩云虽然不在台湾，但他对复兴航业公司的前途以及公司旗下的船只仍然十分关心，当他听到这一消息后，不禁"内心沉重"，"至以为憾"。③尽管如此，他还是以公司常务董事的身份，利用他常驻日本的便利条件，积极与各方联络，尽力予以挽救。他曾以"胜利轮两艘早经在华府成交，而船价日涨，自不堪再售'复'字轮而再度遭受损失"为由，多次与买方美国的 C. F. Sharp & Co. 公司及代表律师洽商，最终解除出售契约。④对于董浩云所作出的努力，公司负责人亦赞扬他"在日力图为公司挽救胜轮，以时机过晚，徒劳无功，反

---

① 中华人民共和国交通部编：《复兴航业公司现在存在着的问题》（原件无日期，估计形成于1950年），董浩云资料室：A1—7。
② 董浩云在1950年12月24、25两日的日记中隐约地透露了这一情形，虽然他没有明确指出会被台湾当局扣留，但从他其后长达14年不敢踏足台湾的事实即可看出其中端倪。参阅郑会欣注：《董浩云日记》上册（香港：中文大学出版社，2004年），页55—56。
③《董浩云日记》（1951年1月30日、2月1日），上册，页57。
④《董浩云致交通部代电》（1951年1月31日、3月24日），董浩云资料室：A1—9。

为草约牵累，须图善后，此中艰难，可以想见。幸而处事得宜，宁人息事，已接近解决阶段"。①在董浩云的努力斡旋下，复兴航业公司终于保住了旗下"渝胜"号胜利轮和八艘"复"字号轮船，但两艘胜利轮卖出却已成定局。对于这个结局董浩云非常失望，他在日记中曾这样写道："眼见江山已经送丢，我亦只得装痴作聋，充耳不闻。复兴公司，中国仅有之胜利轮三去其二，呜呼！谁系始作俑者？谁系为虎作伥者？"②董浩云虽然是公司的常务董事，但却无力回天，面对两艘货轮被迫出售竟无可奈何，他因"辗转营救无效而几夜无眠"，亦因公司处境艰难与其他负责人"形同楚囚对泣，而感到彷徨无主"，③直至20多年后，他还为此感到难过。④

1951年7月，在台湾当局的压力下，复兴航业公司正式决定由香港迁往台湾，由于出售了两艘胜利轮，实力大受影响，公司旗下轮船的载重吨由八万多下降到不足六万吨，资本总额也相应调整为新台币18040000元。⑤此时董浩云正在巴西公干，当他听到复兴公司总经理谭伯英已去台湾时，即意识到公司的前景将会发生变化。他在日记中写道："'复兴'有改组消息，行将大起风浪矣！奈何！"⑥果然公司迁到台北后，交通部即以公司尚有不少股东留在大陆，董事长钱新之亦未曾前往台湾为由，决定将公司改组，并于交通部下设立监理委员会，代行董事长职权，由交通部长贺衷寒任主任委员，总经理刘镇谟，副总经理贾德怀。尽管杨管北、董浩云、沈琪、周兆棠等人仍任监理会委员，那也只不过是个摆设，此刻复兴航业公司已由民营合作的一个公司改为官方运营的机构了。直到1955年

---

① 《贾德怀致董浩云函》（1951年4月6日），董浩云资料室：A1—9。
② 《董浩云日记》（1951年5月10日），上册，页62。
③ 董浩云：《历尽沧桑话航运》，载《董浩云的世界》，页67。
④ 董浩云：《七十年代话航业》，载《航运》半月刊第435期（1971年3月15日），页5。
⑤ 王洸编著：《中华水运史》，页291。
⑥ 《董浩云日记》（1951年7月10日），上册，页77。

1月，复兴航业公司方撤销监理，重新恢复民营后的公司由周兆棠担任董事长，董浩云、杨管北、赵璋等任常务董事，总经理则由赵璋兼任。由于董浩云长期不能前往台湾视事，因而他对公司的业务基本无法掌控，但是这一切都成为他心中永远的伤痛。

在泰昌祥轮船公司的"永升"号上,左起:董浩云、董夫人二妹顾荣珍、天津邻居余爱珠、董夫人顾丽真、Semen 船长、友人

20世纪三四十年代董浩云伉俪与上海蚁社"蚂蚁剧团"成员。后排左三为董浩云,前二排左二为董浩云夫人

董浩云作为上海剧团"蚂蚁社"的一员,经常参加该社的活动

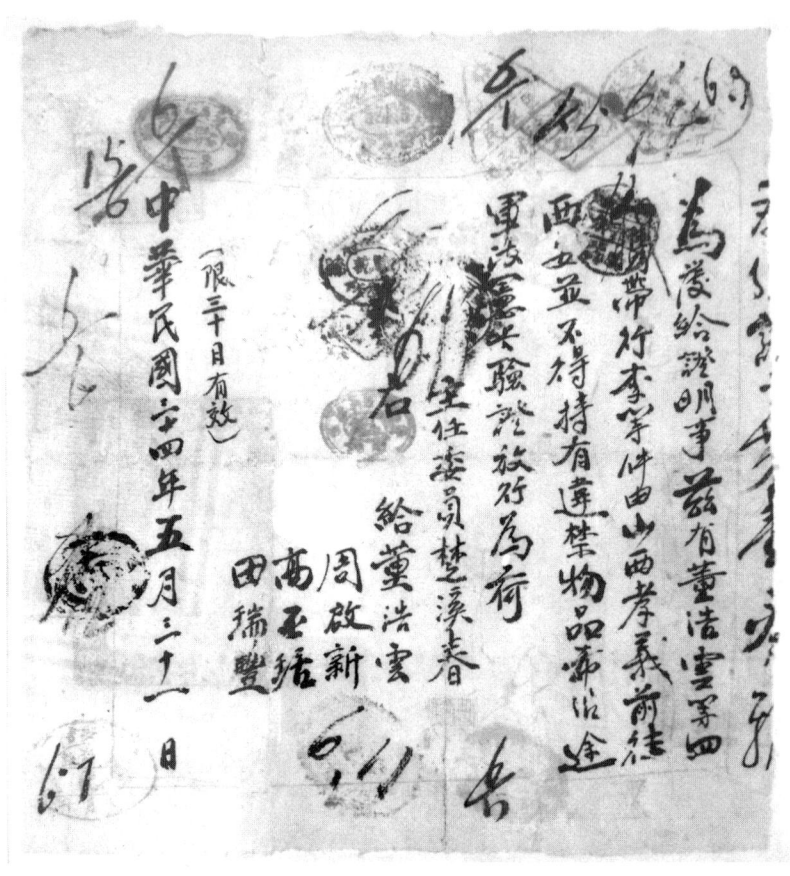

1945年，董浩云等从天津出发，绕道山西，经西安到达重庆。这是第二战区楚溪春将军为他们签署的通行证

AMERICAN CONSULAR SERVICE

Shanghai, China

IN REPLY REFER TO
FILE NO.

DEPARTMENT OF STATE

September 18, 1945

Commanding Officer
Operations Division
Air Transport Commission
Kiangwan
Shanghai

Sir:

The bearers hereof are Messrs. C.Y. Tung and T.F. Wei, members of the Shanghai Municipal Government, who are proceeding with General Tang En Po's approval to Chungking to take up with the Generalissimo the very urgent question of obtaining captured shipping tonnage for serving the Shanghai area. It will serve the purposes of the American military and Chinese establishments in Shanghai if air travel is provided Messrs. Tung and Wei at the earliest possible moment.

Colonel Gibbons, General Kennedy's deputy, has given me oral clearance for air lift to Chungking for Messrs. Tung and Wei and return to Shanghai, and it will be appreciated if you will provide such transportation as expeditiously as possible.

Very truly yours,

Paul R. Josselyn
American Consul General

PRJ:AHJ

战后负责接收工作

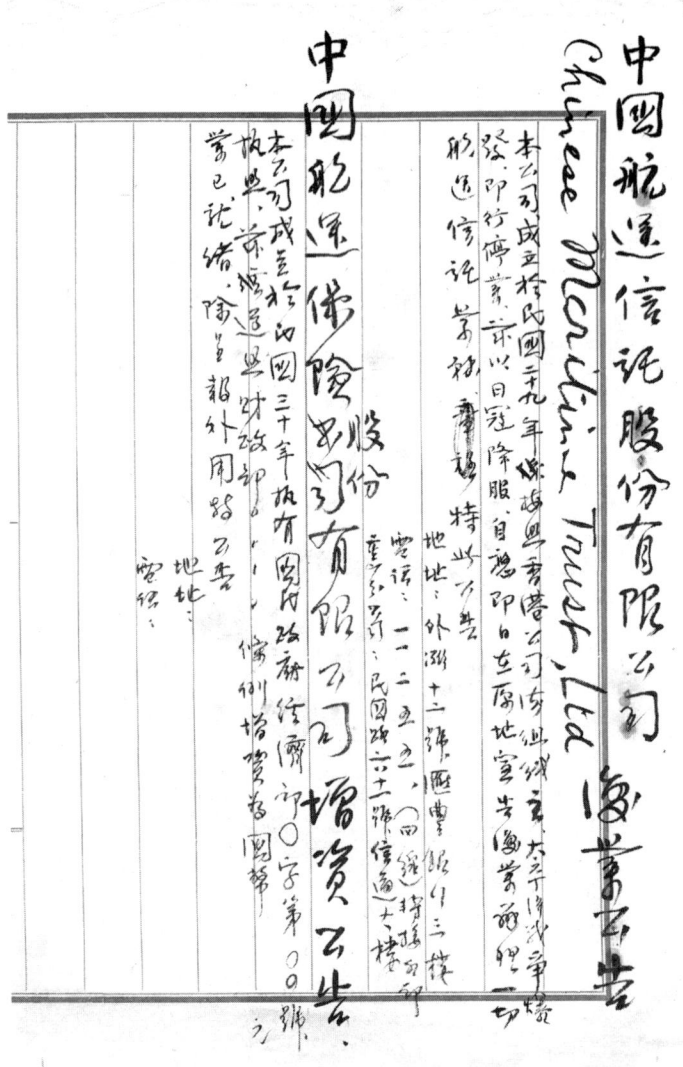

1945年董浩云手拟"中航"公告复兴内容的草稿

"中航"复兴后船只:"滦州"号、"昌黎"号

"中航"复兴后船只:"慈航"号、"天平"号

七 艰难的抉择

离开故国

1948年是董浩云事业和人生中的一个转折点。

在这一年中,董浩云旗下的"天龙"、"通平"轮乘风破浪,远渡大洋,相继开辟了中国通往欧美的远洋航线,谱写了中国远洋航运历史的新篇章;在这一年中,董浩云奉政府之命,代表新成立的复兴航业公司前往美国接收船只,其后他又藉此机会,先后访问了欧美众多国家,实地观摩了世界上先进的造船技术和科学的管理方法,这次为期半年之久的考察极大地开阔了他的视野,更激起了他奋斗的决心。回国之后,董浩云立即拟定计划,准备向英国购置先进的海轮,进一步扩大他的航运事业。

1948年在中国历史上更是一个关键的年代。

由于政治上的腐败、军事上的失利,特别是财政金融上的恶性通货膨胀，使得国民党统治下的中国陷入无法摆脱的严重危机。到了这年的年底，随着辽沈、淮海两大战役的结束，国共两党在军事上的力量对比已经发生了根本的变化，而进行未久的财政改革的彻底失败，更显示出整个国家的经济已陷入崩溃的边缘。在这关系到中国未来前途和命运的关键时刻，董浩云究竟何去何从，这是他人生道路上的一个重要关口，也是他必须要做出的决定。同许多上海资本家一样，香港这个英国政府统治下的殖民地便成为董浩云的第一选择。

香港对于董浩云来讲并不陌生，早在十年前，董浩云因为打算在香港注册成立航运公司，就曾托朋友在香港的高尚住宅区九龙塘施他佛道购置了一处房产，但他并未正式入住。太平洋战争爆发后，公司被封，董浩云也离开了香港，这处房产一直都没有人居住，直到抗战胜利后才重新收回。值此战乱动荡之际，香港倒是一个可以暂时栖身之处。1948年11月27日，董浩云由台湾乘船到香港逗留数日，最终决定全家先移居香港。很快董浩云即于12月率长子建华和女儿小萍、亦萍及其他亲属乘搭"海文"轮离开居住了多年的上海，妻子顾丽真与长女建平、次子建成则乘飞机抵达香港，举家搬到了香港。

董浩云虽然人来到了香港，但内心深处还是十分牵挂着大陆的事业。当他将家室安顿好之后，1949年元旦，董浩云又乘船重新回到了上海。①

此时国内的局势更是发生了翻天覆地的变化：继辽沈、淮海和平津三大战役取得决定性的胜利之后，共产党已经控制了半壁河山，并正准备打过长江去，解放全中国；蒋介石提出和谈，但毛泽东却将其斥之为"战犯求和"，宣布要"将革命进行到底"。其后蒋介石被迫宣布下野，由副总统李宗仁任代总统，国民党虽然寄希望于划江而治，但其统治岌岌

---

① 董浩云曾于1949年元旦在回沪的船上写过一封信，但并没有寄出，留在他保管的文件中。这封信文字流畅，充满感情，可视为董氏心灵与感情上追求美的代表作。

可危，败局已定。

上海的局势也同样如此，自平津和华北地区先后解放，南北之间的沿海和内河交通即告中断，不仅航业界的利益受到极大损失，同时也严重地影响了上海市民的衣食住行，而煤炭的短缺更令民众生活百上加斤。据统计，原本2万元一吨的开滦烟煤到了3月19日配价已上升到13万元多，黑市煤价更高达35万元之多，因此对于航运业来说，此刻最重要的事务就是尽快实现南北通航。上海的航业公会首先向国共两党提出建议，以面粉30万袋北运，交换煤炭10万吨来沪。国民政府行政院对此表示同意，并批准由中国航运公司旗下的"唐山"号货轮先行试办。因此这时董浩云回到上海之后主要忙于南北通航的事务，他的老朋友、曾任通成公司船长的周启新还作为代表，由上海经秦皇岛转赴天津和北平，与天津市长黄敬、北平市长叶剑英以及华北人民政府副主席薄一波等中共领导人举行会谈，达成恢复南北航运办法，实现了通航的各项具体问题。① 南北通航的实现得到全国民众的拥护，《大公报》曾以《全国欢迎南北通航》为题发表社评，称"国共双方关于通航的决定是一件值得称赞的措施，受惠者岂止千百万人？而航业界月余的奔走呼号，获致成就，不只造福同胞，对于航权维护厥功尤伟"。为南北通航之事，中共最高领导人毛泽东、周恩来还专门向上海船东代表沈琪致电，表示"恢复华北上海间航运，以利生产之发展，极为重要。'大上海'、'唐山'两轮北驶，并派员至华北接洽，极表欢迎。此间已嘱北平叶剑英市长、天津黄敬市长准备接待。英商太古公司'湖南'号驶抵塘沽，系属临时性质，并非事先洽定；所谓华中、华南中国船舶开往华北口岸，将不使其驶返原地等，系报纸造谣，先生等不应置信"。② 意图打消上海船东北归的顾虑。

---

① 周启新：《回忆解放前夕的南北通航谈判》，载《航海》1985年第4期。
②《毛泽东、周恩来电》（1949年2月13日），载中国第二历史档案馆编：《中华民国史档案资料汇编》第五辑第三编"财政经济"[六]（南京：江苏古籍出版社，2000年），页418。

在上海期间董浩云还出席了轮船业公会的会议和活动：3月15日下午，董浩云出席上海市轮船商业同业公会第二届第十次理监事会议，讨论轮船业保安捐征收办法；3月29日中午，董浩云于国际饭店14楼参加聚餐，听取轮船商业同业公会秘书长沈琪晋京接洽有关通航一案的报告；4月23日中午，又于国际饭店14楼参加同业公会第十三次会议。① 也就是在这一天，中国人民解放军渡过了长江，占领了南京。尔后在上海市轮船商业同业公会的会议签到簿上就找不到董浩云的签名。这也就是说，董浩云自此离开了上海、离开了大陆，以后直到去世再也没有回过生他养他的故国大地。②

董浩云离开大陆后，中国航运公司仍然一度留守在上海，由副总经理钟山道主持日常工作，他的主要任务是设法了解新政权的态度以及寻求双方有无合作的可能，而公司的日常运作以及员工工资均由董浩云设法解决。据钟山道1949年12月的来函中透露，董浩云曾先后数次汇给上海公司员工薪津，计人民币（旧币）7600余万元、港币50000元、美金7500元。③ 这笔数目不菲的款项不仅解决了公司员工当下的日常薪酬，也表明董浩云此时还是对公司未来在大陆发展抱有一定的希望。

"中航"迁台

台湾光复后，海峡两岸的贸易交往日益密切，为了开拓和发展两地业务，早在1948年6月，中国航运公司就在基隆设立分公司，旗下"昌黎"、"唐山"、"天平"、"慈云"等轮，亦经常承载台湾的货物，航行于日

---

① 上海市档案馆藏有上海市轮船商业同业公会历次会议出席人员登记及会议记录。
② 从董浩云1955年5月2日填写的一份申请赴美签证表格中得知，他离开大陆的确切时间是1949年4月26日。
③《钟山道致董浩云函》（1949年12月4日），董浩云资料室：A1—7。

本和东南亚各国。这一年的11月，董浩云在他的外甥、同时也是公司职员乐嘉年的陪同下从上海乘飞机来到台北，这应该是他生平第一次来到台湾这个宝岛。此次来台湾表面上看是因为中航公司旗下的"凌云"轮在台湾附近的玛炼湾搁浅，董浩云需要亲自前往查勘，但实际上他也带有考察台湾航运业务的重要目的。就在董浩云首次来台期间，中航旗下先后有"天行"、"瑞新"、"滦州"、"凌云"、"慈航"、"天翔"、"北京"等七艘货轮停泊在基隆港，这也就说明，此时中航经营上海至台湾的航运业务在总公司中所占据的地位相当重要。

上海解放前后，中国航运公司旗下的主要海轮都相继南下到了台湾，其中还包括代理天津航业公司的"天行"、"天翔"等货轮。董浩云离开上海前已将公司进行改组，留在上海的只是一个办事处，由钟山道负责。根据上海解放之初的调查，中国航运公司留在上海的只有拖轮一艘（71.26吨，"广益"号，属天津益记轮驳公司所有），在长江上航运的铁驳两艘（450吨，"北通"、"北达"，其中"北通"属寿康公司所有）。[①]

1949年10月10日，董浩云与益祥轮船公司董事长杨管北、中国油轮公司总经理李允成等一行由香港来到广州，为的是向国民政府收缴拖欠的军差，但此时广州已兵临城下，政府机关只顾得逃跑，哪有心思还钱，因此董浩云一行只能先回香港。[②]10月19日，董浩云等一行又从香港飞往台湾，此次赴台仍然是参加航运业请愿代表团，向政府索取军差旧欠。这次在台湾的时间较长，前后竟达一个月，其间先后出席了"东南行政长官"陈诚、台湾航业公司总经理任显群、原"交通部"部长俞飞鹏等人的宴会，并被邀请出席生产会议举行的运输会议。此行除了主要在台北、基隆公干外，董浩云还前往台南和高雄等地游览考察。

[①]《上海私营轮船公司留沪船舶情况表》（1949年6月6日），上海市档案馆藏上海市轮业同业公会档案：S149—1—176。
[②]《董浩云的世界》，页306。

此时台海局势格外紧张，1949年11月，"东南军政长官公署"于台北设立东南航务委员会，任命俞飞鹏为主任委员，对沿海航运实施军事管制，同时还不断派遣飞机对航行于大陆沿海的货轮实施轰炸。

1950年8月14日，董浩云第三次飞往台湾。就在董浩云滞留台湾的同一时间，中国航运公司总公司也正式搬迁至台北，并易名为中国航运有限公司（Chinese Maritime Transport Ltd.，简称CMT），当时公司拥有货轮六艘（"昌黎"、"唐山"、"滦州"、"天行"、"天平"、"慈云"），拖轮一艘（"慈航"），资本额为新台币200万元。新公司的董事长为董汉槎，副董事长龚耀显，董浩云和卓牟来、陈公亮等任常务董事，总经理陈士金。

董浩云此次到台湾来并非出于他的本意，而到台后行动也受到一定的限制，经过众多友朋的照顾与说项，董浩云最后终于可以离开台湾回到香港，然而这却是要以中国航运公司迁台并且放弃对公司的主要领导权作为交换条件。

不管怎么说，董浩云此次离开台湾对他航业事业的发展也产生了重大的影响。中国航运公司迁台，而他却长期不能前往视事，在公司内也只能以常务董事的身份出现，但并非就意味他已失去对其亲自创建的中国航运公司的掌控权。面对这一事实，董浩云亦无可奈何，只能将部分原中国航运公司旗下"天龙"、"通平"、"瑞新"、"天翔"、"北京"等海轮改挂巴拿马国旗，并分别易名为Atlantic Dragon（"大西洋巨龙"）、Pacific Dragon（"太平洋巨龙"）、Orient Dragon（"东方巨龙"）、Orient Phoenix（"东方凤凰"）和Northern Phoenix（"北方凤凰"）开往香港，改由他旗下的另一公司——香港金山轮船公司经理。[①] 相对来讲，停泊在台湾的船大多为旧船，而开往香港的船性能却要好得多，这恐怕也是他当时所能采取的最佳方案了。

---

① 叶纲杰：《回忆"中航"和董浩云先生》，载《董浩云的世界》，页316。

南船北归

新中国成立前后,战争尚未完全结束,百废待兴,尤其海运业更是困难重重,国民党败退前又将招商局及部分民营航商的船只带往台湾,而多数民营船东虽然已对国民党政权失去信任,但对新政权也同样持怀疑的态度,他们或是将属下船只改挂其他国家的旗帜,或是将其停泊在境外。当时国内船舶流散的状况十分严重,而航运事业特别是沿海近海的航运更几乎陷于全面停顿的状态。据上海市轮船商业同业公会的一份调查资料得知,上海刚刚解放时航行于黄浦江上的轮船计有客货轮2艘,货轮5艘,拖头15艘,驳船62艘,海轮则异常缺乏,因此新政权只能要求尽快先恢复长江和苏北的航运。①而根据北京交通部1950年3月底的调查资料统计,停泊在华南(包括香港、台湾等地)私营船只共有146艘,其中已改挂外旗的船只35艘,总载重吨位151784吨,未改挂外旗的船只101艘,总载重吨位334489吨,刚刚购入但仍悬挂外国国旗的船只10艘,总载重吨位75905吨;上述这批船只目前航行的有72艘,载重吨为378046吨,停泊在香港的有42艘,载重吨为88894吨,停泊或被扣留在台湾、定海的船只有32艘,载重吨为95238吨。②1950年7月的另一份统计数据则显示,不计停泊在台湾的船只,仅当时滞留在香港、澳门和南洋的海轮就有81艘。总载重量约45至50万吨,分属28家私营公司。③

为了缓解困境,同时又为了争取民营航业的支持,上海刚刚解放,上

---

① 《上海市轮船商业同业公会第八次常务委员会议议事录》(1949年5月31日),董浩云资料室:A1—7。
② 中华人民共和国交通部编:《船只动态统计表》(1950年3月30日),董浩云资料室:A1—7。
③ 中国航海学会编:《中国航海史(现代航海史)》(北京:人民交通出版社,1989年),页27。

海市军事管制委员会财政经济接管委员会航运处就接连发出通告,一方面迅速制定《战时船舶管理暂行办法》,要求上海市轮船商业同业公会所属会员立即将所有现留本地确能航行的船舶予以登记,目的是恢复上海与解放区各地之间的通航、便利商民人等来往,同时还向被接收的属于国家资本性质的招商局、中国油轮公司、中华驳运公司、浦东造船厂、航政局以及台湾航业公司上海分公司的职员预借工资,以维持其家庭的生活开支。[①]6月3日,航运处又召集留沪各民营航业公司召开第一次谈话会,主持人首先说明,"目前上海与其他解放区之物资交流及旅客往来亟待恢复,惟航运方面,因大部轮舶均在外埠,故欲恢复航运,须先设法使此项轮舶妥善回返"。办法主要有两条:"(甲)派员赴港联络留港航界人士;(乙)广播上海解放后当局之航业政策,使解放区以外之航业界不生误会。"[②]1949年10月1日,中华人民共和国宣告成立,为了解决当前货物运输中的困难,同时更是为了配合解放台湾,中央人民政府提出"巩固北船,争取南船北归"的口号,同时声明所有私营航业与国营航业享受同等待遇,同样受到国家的保护与支持,并表示凡北归航商政府都将协助偿还债款,提供燃料费用,在货源分配方面也尽量予以照顾。

当时滞留在港的航商处境十分艰难,大量船舶聚集在港,但货运量则远远不足以分配,而且这些船只大都陈旧,根本无法与欧美国家先进船队竞争。若长期停航,不仅资金无法周转,船员工资乃至于船舶停泊、维修都在在需款,长久以往必定是债台高筑,很可能还会导致破产。短短数月,仅中兴、民生和海鹰三家航运公司就积欠香港的银行贷款港币600万

[①]《上海市军事管制委员会财政经济接管委员会航运处通告》(1949年5月31日、6月1日),董浩云资料室:A1—7。
[②]《航运处第一次谈话会》(1949年6月3日),董浩云资料室:A1—7。

元,此外民生轮船公司还拖欠大笔在加拿大造船的巨款。① 同时由于竞争激烈,货源有限,国外航线的货物运输费均大幅下降。

与此情形恰恰相反的是,当时国内正积极发展生产,恢复交通,需要大量的船只运输,商机极大,刚刚成立的中华人民共和国中央人民政府又允诺对有困难的航商予以援助。在这种局势之下,一批批船商纷纷率船回国,新中国成立的第一年,总计北归的私营船舶有 21 艘,计 86941 总吨,130377 载重吨,其中北归船只吨位最多的是上海中兴轮船公司。②

董浩云创立的中国航运公司是当时国内一家重要的民营航商,更重要的是,董浩云年轻时曾积极参加左翼活动,思想激进,他在航业界虽属后起之秀,但其影响却非常大,因此他的动向自然成为新政权所关注的目标。

亲友动员

在董浩云数据室中至今仍保留着多封解放之初朋友们劝其回国的信函,真实地再现当时新政府动员各种力量劝说董浩云北归的情形,同样也反映出他此时犹豫不决的心情。

就在上海刚刚解放的那天,辅中物产贸易公司的张锦成就以朋友的身份致函董浩云,信中称"现在沪、汉先后解放,华北、华中间贸易极待开展,开展之道首以航业为先。吾兄为航业巨擘,目光远大,对于津汉间航运想已有所筹划",因此特派该公司副经理亲自到港拜见,即便"贵公司对津汉航运暂时无意经营,亦恳鼎力转介其他可靠航业,俾能开通津汉航

---

① 中国航海学会编:《中国航海史(现代航海史)》,页 26。又见韩月波:《世纪航程》,页 174。
② 中国航海学会编:《中国航海史(现代航海史)》,页 27。

运,以利华北、华中物资之交流"。① 另一位署名"克弟"的朋友虽然目前无法确定他的姓名,但从信中的称谓和内容中还是可以看出他与董浩云的关系非同一般。他在信中直言劝说:"新中国前途光明,看不到光明的人,必然趋于没落淘汰。兄认识正确,眼光远大,必能体验实际情况,对一切发展看得清,抓得紧,必能把握情势,先踏一步,不仅起了领导作用,且对公私两利"。信中他还要求董浩云劝说上海航运界的前辈杨管北、魏文翰二人在此关键时刻"共同克服空前之困难,以保存航业之基础,为新中国航业谋发展"。② 两个星期后他在另一封信中则更是明言:"中国这只狮子真的怒吼了起来,每个人都显示着蓬勃的朝气,连那些向来很落后的分子,也都被革命的狂涛骇浪激荡而冲向进步的方向,因此新中国的前途确有无限的光明。昨晤章先生,嘱转告吾兄快些回来,一切由耀显兄面陈,今后已不是个人主义的时代,我希望航业界也凝固成一种集体的力量,而吾兄是核心作用的人物。"③

这位署名"克弟"信中提及的"章先生",就是中国农工民主党主席、新中国成立后首任交通部部长章伯钧。为了动员董浩云北归,他亦亲笔致函:

> 浩云先生:别来数年,想行止均好。弟况托龚兄代告,并促驾返国,今后建国大任,切盼共同担负。钟兄不日可来京叙晤,此上,并候
> 近安
>
> 弟伯钧上　十月二十四日④

---

① 《张锦成致董浩云函》(1949年5月26日),董浩云资料室:A1—7。
② 《克弟致董浩云函》(1949年10月11日),董浩云资料室:A1—7。
③ 《克弟致董浩云函》(1949年10月25日),董浩云资料室:A1—7。
④ 《章伯钧政董浩云函》(1949年10月24日),董浩云资料室:A1—7。

新中国成立后不久,交通部为了解决当前日趋严重的运输矛盾,迅速恢复和发展国民经济,决定 11 月初在北京召开全国公路航务交通会议,并竭力动员境内外的民营航商出席,共同"会商航业大计"。此时担任上海办事处负责人的原中国航运公司副总经理钟山道已被上海军管会航运处聘请出任民营航业的代表,也被邀请到北京出席会议,钟山道并奉命致电董浩云,希望他能偕钱新之、杨管北等诸船业巨擘"设法同行,务于 10 月前抵京,俾妥商复"。① 董浩云等人虽然未曾赴会,但是从钟山道先后几次来信中可以大概得知会议的内容以及新政权对他们的态度。

原本会议计划在 11 月初召开,但因新政府刚刚成立,筹备工作来不及,以致开会日期一拖再拖,直至 11 月 19 日方正式召开;同时会议需要建立交通部及下属部门的组织机构,还要确定明年度的计划安排及主要政策内容,所以会期不断延长,差不多开了整整一个月。按照原先会议的议程,主要是以交通部本身行政组织为重心,但因航业工作至关重要,而且就在会议正式召开之前,9 月下旬,招商局"海辽"轮在船长方忧流的率领下秘密由香港开往大连归顺新政府;11 月 9 日,原属国民政府的中国航空公司与中央航空公司在港员工宣布起义,并驾驶首批 12 架飞机分别飞抵北京和天津。此举震惊世界,这也正是中共实施统战、宣传北归的重大成绩。因此在会议期间又特别成立私营航业小组,接连数天举行航务座谈会,解决当前航业界的困难,交通部副部长李运昌也亲自到会,可见中央政府对航运事业的重视。

航运会议讨论的重点为如何保存华南船只以及动员境外船只北归,而关于复兴航业公司欠款之事,交通部则建议在目前中美关系尚未建立之前,先由复兴公司出面向美国方面交涉,提议将还款期限由 15 年缩短为

---

① 《钟山道致董浩云电》(1949 年 10 月 25 日),董浩云资料室:A1—7。

10年，到期若复兴公司还不出这笔钱，再由政府负责拨款。① 几天之后，钟山道在另一封信中又写道："我们仔细研究结果，前途是乐观的，工作是迂回的，我们旧的努力方式是否适用，实需要极大研究，且目前政府对问题以辩证方式分析，完全正确，惜我们赶不上去。航商以前的行为确实不令人满意，而今经过辩证，便一层层的剥出血肉来，任你巧言舌辩是不行的。好在政府政策是明朗的，故尚有航商发展的前途（指新民主主义经济政策阶段），但话要说明白，不要引起香港航商误会。政府各级人员的确够坦白处理他的工作，人情手法一概没有用，不过在没有弄懂以前，办得比较慢些。所以我们明明知道香港同业悬在绝崖上，但又有什么方法立刻来解救呢？"② 钟山道的信倒是真实地道出当时民营航商所处的困境。

董浩云的另一位老同事、时任天津航业公司副总经理的周汉楚也参加了交通部主办的这次会议，他在信中报告了政府对于航业界代表提案的态度："（1）关于贷款案。政府限于经济状况，深感力不从心，谆嘱航商自力更生，继续苦撑，俟台湾解放，海上封锁全部解除后恢复营业；（2）关于联营案。目前实行公私航业全面联营，时机尚未成熟，惟民营同业在自愿之原则下，可于各地区分别成立联营机构，先行试办"。而"航业界代表对于政府上项指示曾数度举行小组会检讨，对于当局之苦衷咸表谅解，爰本自力更生之原则，拟先筹设东北、华北两地区运输、贸易联合机构，俾为陆续北归之船只维持生存。事经洽商航务及贸易当局，甚荷赞许，并允尽力协助"。③ 周汉楚还随信将全国公路航务交通会议主席团报告寄给董浩云，说明新政府明确将对待私营运输业的政策规定为"公私兼顾"，"劳资两利"，即"鼓励私人正当运输事业的发展，对确实困难的私人企业予以必要与可能的贷款"，同时还建议私人企业家尽可能吸收工人参加企

---

① 《钟山道致董浩云函》（1949年12月4日），董浩云资料室：A1—7。
② 《钟山道致董浩云函》（1949年12月9日），董浩云资料室：A1—7。
③ 《周汉楚致董浩云函》（1949年12月20日），董浩云资料室：A1—7。

业的管理，并欢迎私人企业参加公私合营的运输企业，"因为这样可以减低成本，减少浪费，更进一步的有组织有计划的完成运输任务"。至于坚持单独经营者亦予以必要的联系与合作，鼓励其发展，而关于联营的问题可在自愿的原则下分别加以组织，但目前全部联营则不可能实施。①

1950年1月5日，英国政府宣布承认中华人民共和国；9日，政务院总理周恩来发布保产命令，要求原国民政府驻香港所有机构的员工坚守岗位，保护国家财产，听候接收；15日，香港招商局在汤传篪、陈天骏两位经理的率领下，宣布旗下13艘海轮和600余名海员起义。所有这一切都对暂居香港的上海资本家带来强烈的震动。与此同时，停泊在香港的民营航商的处境更为困难，不仅货运量不断下跌，而且运费也大幅降低。以1949年上半年、下半年和1950年3月30日每吨运费相比较，香港运至青岛的杂货运费分别为港币90元、60元和40元；香港运至天津的杂货运费分别为港币120元、90元和60元；日本运至菲律宾水泥运费则分别为美金5.50元、2.75元和2.20元。②下降幅度之大几乎让所有私营船东均无法坚持。董浩云自然也不例外，他的心情焦虑不安，这在朋友给他的信中时有所见，正如钟山道的信中所说："公司近况在焦念中，想亦在油锅上过日子。"③

原通成公司通利轮的船长周启新是董浩云的另一位老朋友，1945年夏他还陪同董浩云冒着生命危险千里迢迢，从上海绕道前往重庆，彼此之间更是结下了生死之交。上海解放后不久周启新就被派往上海航政局任职，1950年3月又被调至北京交通部航务总局，担任航政处副处长，成为新中国航运事业的重要骨干。他到北京之后也积极地向董浩云进行游说，他

---

① 《全国公路航务交通会议主席团报告》（1949年12月），董浩云资料室：A1—7。
② 交通部编：《1949年至1950年国外航线水脚变动约计表》（1950年3月30日制），董浩云资料室：A1—7。
③ 《钟山道致董浩云函》（1949年12月9日），董浩云资料室：A1—7。

在致董浩云的一封长信中首先安慰他说:"吾兄情绪谅极不佳,但就全局而观,此非吾兄一人之情况。"紧接着他就开始了思想动员:"社会发展规律有必然性,如苗之长,无可抵御。今日之新民主主义革命,一如过往百年内之资本主义革命,其成功也实无疑义。目下新中国上下一心,只需三五年之平和时间,必有可观,个别执行者之偏差,绝难幸免,但大体政策,中央掌握甚紧。"针对资产阶级对于联合政府以及新民主主义的怀疑,他在信中又加以解释:"新民主主义之阶段尚无人作肯定之时间界限,但必不少于二十年,国家经二三十年之建设,然后和平转入社会主义。至时不论资产阶级或小资产阶级,其所感之困难,必不致十分痛苦。"接着他又介绍5月1日亲自聆听中央政府刘少奇副主席演讲的内容,当时刘少奇代表中央人民政府表示,"对于争取国外之国人资金及今后对于工商业采取适当政策,政府愿与有利国计民生之工商业热忱合作,过往干部执行政策上的偏差必需及时纠正"。周启新以为,"国家收支现已接近平衡,为国家建设前途着想,必需【与】民族资产阶级共同合作,俾国家早日恢复原[元]气。故调整工商业并助其发展,亦为必然之方向";然而"私人工商业必须老老实实,以发展事业为目的,不能以之为轻视劳动,或个人太奢侈之亨[享]受"。对于董浩云等人当时最关心的台湾和香港的前途,周启新的认识是这样的:"台湾问题、香港看法,弟无法估测,但此间看来,实无多大问题。飞机已不可怕,海军实力在一与一之比,而士气民心,实无法相比,如此情势,已可决其胜败。"至于航业前途,周启新认为"国内航业由于封锁关系暂难开展,华北货运向以上海为吐纳口,华北间本身航运向不十分烦[繁]忙,故航业之困难在台湾解放前,一时尚难好转",然而一旦"台湾问题解决之后,航业必有前途,但欲达胜利后首先两年内之暴利情况,必不可能,亦不应如此期望"。周启新在信中还透露中央政府已开辟与北欧间的航业来往,同时交通部与贸易部还可能有30万吨盐需运往日本,原有英国商船欲以承租,但遭交通部否决,"因为要租应该租中国人的外国船,并且最好由天津招商局来租,吾兄于国际航运具有广泛之智识,幸注意及之"。他还向董浩云建议:"或者可以在港华商组织起来,向交部及贸易部请求列入配傲"。而对于董浩云个人的事业和前途,周启新的意见是:"吾兄支撑困难之局面,弟知之甚深,但就弟观之,尚必须支持三四个月始能谈出路,如能部分作远洋航线打算,部分参加公私合营,破旧及不合经济船舶,视业务发展情况,但基本上作折解还欠打算,脚踏实地,按步发展,对政府绝对公开,以配合政府之计划经济;对员工真诚合作,相互协助。这是一个新的时代,而这个新时代是适合社会发展规律,前途一定很远大,吾人如以旧作风迎接新时代,必不合适。"①

此信发出不久,周启新就得知董浩云公司的船只全都停泊在港口、没有货载的消息,于是他又发去一信,内容虽短,但语气却严肃得多。一方面他表示政府对于在港航商的经营状况非常了解,并答应"予以适当帮助,以渡难关";但同时他又说:"人民政府从现实出发,一切花言巧语,一经分析,无法立足。"周启新还以杨管北、程余庆去台为例,声称要想"骑两头马,可东可西,此种老戏法不应再玩",并发出警告:"社会巨轮正在展进,不容人徘徊等待。"②

周启新等人的来信说明中央政府对于在港航商的处境十分了解,不仅在政治上,同时也从经济上施加压力,目的就是希望他们彻底脱离国民党政权,回归新中国。

---

① 《周启新致董浩云函》(1950年5月11日),董浩云资料室:A1—7。
② 《周启新致董浩云函》(1950年5月21日),董浩云资料室:A1—7。

举棋不定

此时移居香港的上海资本家心情可以说是犹豫不决,矛盾重重,一方面他们十分怀念上海的经商环境,但同时又对新政权的各项政策心存疑虑。申新纺织公司总经理荣鸿元在考察了香港的投资环境后曾对记者表示:"华北、华中实业家的迁港设厂,实为不得已之事。如政府能见机允许开放自由外汇,使在英美等邦购进的工业生产器材机器能准予进口,何致于舍本逐末,楚才晋用,去帮助繁荣香港?"① 这番话表明资本家此时的无奈,而奉命来港进行统战的天津中国银行副经理闵一民回国后所写的一份报告,更生动地反映出这些旅港企业家的复杂心情。闵一民说,香港市面上传言很多,说什么上海目前流行五种病:地主得的是霍乱病(上吐下泻,必死),民族资产阶级得的是结核病(现在已到三期),工人得了冷热病(一面要求增资,一面即将失业),学生是神经病(老是在扭秧歌),共产党害的则是相思病(说是有希望有办法,但又拿不出什么办法)。还说上海的工商业眼下只有几种店:一是咸鱼店(广东话"咸鱼"音"咳唔",店铺没生意老板咳气为"咳",店员吞声为"唔"),二是洋货店(没有生意,光"养""伙"计),三是饼干店(愈"并"愈"干"),四是银匠店(广东话"银匠"与"人墙"同音,意思是店里什么都没有,只有人和墙而已)。他们甚至还将中共宣传的"劳资两利"改为"劳资两泪","公私兼顾"则为"公私皆苦"。② 这说明移居香港的上海资本家既对新政权的政策缺乏信心,然而在香港经营又实在是难以维持,尤其是在港航商,面临的就是这样一种两难的局面。

早在南京、上海解放前夕,中兴、益祥、复兴以及中国航运等几家规

---

① 上海社会科学院经济研究所编:《荣家企业史料》(上海:上海人民出版社,1980年),下册,页645。
② 新华社编:《内部参考》(1950年5月23日),香港中文大学中国研究中心藏。

模较大的民营航运公司就已将旗下大部船只迁移到香港,并准备在香港成立一个联合公司,陈光甫将其称为"逃难营业"。① 而当时民营航商公司中借贷外资情况最具代表性的主要是三北、民生和复兴三家公司。三北轮埠公司是航业界前辈虞洽卿创办的航运公司,战前曾长期执航运业之牛耳,抗战爆发后公司遭到严重损失,特别是虞洽卿于胜利前去世,其子女为争夺家产而大伤元气,公司也就一蹶不振。民生公司原是经营长江航运起家的内河航运公司,但在抗战初期因承担政府西迁的重任而飞速发展,抗战胜利后,公司创办人卢作孚为了更大规模地发展航运业,在政府的支持下,曾与加拿大政府洽商借款建造九艘海轮,然而此时却因无法偿还债款而陷入危机。复兴航业公司是政府为偿付于抗战初期奉命沉船阻敌的民营航商,即由政府担保向美国举债购入大批海轮而成立的一家民营公司,由于借款条约中曾规定,若购船国政府拟将所购船只之一部或全部售与或转让给政府所属其他公私机关,必须得到美国航务委员会的同意,而购船后正值国内形势发生巨变,国民政府根本就没有时间进行有关转让的法律手续。由于招商局六艘原借美债的船只在香港起义,美方害怕引起连锁反应,便以债权人的身份,立刻对其余美债船只采取扣船行动,因此复兴公司此刻也正面临未能如期还款、美方声言要收回轮船的困境。董浩云和公司的其他几位负责人曾彻夜无眠,"形同楚囚",相对而泣"而感到彷徨无主",② 但却又丝毫没有解决的办法。

5月2日,在香港的钱新之和杜月笙联名致函台湾招商局董事长徐学禹,信中称"复兴公司自受扣船打击后困难尤多",因此要求政府履行三年期间只付利息的承诺,并将出售胜利轮偿债所余的款项交由公司作周转之用,他们认为只有如此,方"不至为山九仞,功亏一篑"。然而徐学

---

① 上海市档案馆编:《陈光甫日记》(上海:上海书店,2002年),页229。
② 董浩云:《历尽沧桑话航运》,载《董浩云的世界》,页67。

禹接信后非但不予帮忙，反倒向交通部长贺衷寒表示，复兴公司的员工从上到下薪金均以外汇支付，在全国航业中待遇最高，因此绝不能再让复兴航业公司"将外汇收入留为己用，任意浪费，而反由外汇枯竭之国库代为还债"；而且复兴公司的船只"均远驶外洋，政府无从控制，极少被拨应差"，以致其他公营私营航运公司"不胜赔累濒于破产之际，复兴公司因可经常获得外汇收入，反能欣欣向荣"，不满之意溢于言表。徐学禹并提出，必须让复兴航业公司及其船只尽快由香港迁往台湾。①

此时身在北京的钟山道亦及时向董浩云汇报，称"交通部方面，现对于私营航业之态度，由于财经会之指示，已经极为重视，在原则上将予以协助，但得考虑经过协助渡过难关后，公司前途是否可以发展。迄目前为止，三北、民生两公司之贷款，大致可以通过，惟关于复兴公司问题，由于其复杂性，贷款或有困难"，但钟山道仍表示不顾成败，继续努力。他在信中还透露中央政府对于董浩云旗下的"天翔"轮目前一直航行于香港台湾间航线极为不满，因此他力劝"如即能将该轮改驶其他航线最善，如万一暂时有困难时，亦须逐渐摆脱台湾之掌握"。②

北京交通部对于复兴航业公司的情况相当了解，并主张对于公司的主要领导人积极进行统战工作，目的就是动员钱新之等人率船回归。他们认为："台湾复兴航业公司目前仍行使着债权人的地位，对于留在香港的复兴航业公司重要负责人，已根本抱着怀疑的态度。董事长钱新之因为辞去交通银行董事长的关系，引起台方的极端不满，而钱新之目前为了我们海空控制尚在国民党反动派手里，中兴与复兴两公司船只的生命还系在台湾的手里，又不能立刻回到内地来。复兴航业公司的常务董事卢作孚、杨管北、程余斋、董浩云、黄振东等大都是稳健的事业主义者，他们各个人本

---

① 台北中央研究院近代史研究所档案馆藏招商局档案。
② 《钟山道致董浩云函》（1950年5月22日），董浩云资料室：A1—7。

身都受着民生、益祥、中兴、中国航运等公司的业务与生存的牵制。这些公司是我们解放台湾后初步恢复沿海长江航运的主要力量,而这些公司目前亦负债累累,因此一致主张对复兴航业公司目前遭遇的困难,采取稳健的步骤来渡过去。"①

与众多亲友动员的同时,董浩云的兄长董兆丰也不时来信,但他信中内容却又与其他人的说法不同。董兆丰也算是航运界的老人,早年曾服务于通成公司、美亚保险公司,后亦经营仓储及驳船等业务。上海解放前后,他的生意遭到很大挫折,自称"近况日在水深火热中,每日困于经济不能自拔,其痛苦不可言状",而且"目今上海大家经济困难,卖船亦是无人要,不得已只是举债度日。然而债多了又要垮台,且垮台也不是可以随便做到,真是'上天无路,入地无门',在此过一天算二个半天罢了"。因此他多次给在香港的两个弟弟浩云和兆裕来信,要他们"酌予援助,以解燃眉"。②据董兆丰讲,由于台湾的国民党飞机经常对东南沿海实施轰炸,以致三北、大通等轮船公司都遭到严重打击,上海的航运业"其困苦是不堪言,以空袭关系,航业之经营真是危险万状;而又以运费受限制,故而连保险费大都没有着落"。③

1950年1月5日董浩云从日本回香港,所乘的正是两年前赴美搭乘的"克利夫兰总统"号邮轮,然而"登船四顾,旧地重游,景物依然,人事已非","孤零与怅惘笼罩整个心窍,尤以我国正在遭递变迁中"。面对这样的局势,董浩云举棋不定。到台湾,国民党败局已定,解放军正在东南沿海积极备战,一旦台湾解放,哪有退路可去?留香港,船多货少,运费下跌,维持营运日益艰难;回大陆,虽然对新政权的政策不甚了解,但

---

① 交通部:《复兴航业公司现在存在着的问题》(1950年),董浩云资料室:A1—7。
②《董兆丰致董浩云、董兆裕函》(1950年1月11日),董浩云资料室:A1—7。
③《董兆丰致董浩云、董兆裕函》(1950年1月1日),董浩云资料室:A1—7。

恐怕是眼下最好的出路。从多位朋友事后的回忆中证明，董浩云当时确实一度抱有率船北归的意向。

天津和上海解放后，董浩云的老朋友、天津航业公司副总经理周汉楚曾专程前往香港，数月间二人多次会见，商谈今后的去向。董浩云曾计划让他和天津航业公司合购的"天翔"轮和他公司旗下的"慈云"、"北京"等几艘不适宜海外运营的船只先行北归，但他对于北归后的运营是否顺利、船只能否保本自给仍存有疑虑，因此希望周汉楚先回天津，将了解各方面的情况随时汇报后再作决定。周汉楚回到天津后不久就参加了交通部组织的全国交通航运会议，他还将会议上首长的讲话以及各种材料寄至香港。1950年初，部分北归的船只在天津成立了华北海运联合办事处，周汉楚被推为召集人，其间他又将当时北归同业的货运情况、船只吨位以及运价等数据告诉董浩云，目的就是希望董浩云早日确定北归的决心。①

上海大中华轮船公司的创办人刘浩清也回忆说，当年他曾与董浩云有过数次畅谈，内容主要包括个人的事业和国家的前途。他们二人年龄相仿，而且志趣相投，都希望国家富强。当时共产党领导下的新中国正呈现一派新气象，而且政府也允许资本家经营，号召共同复兴国家经济，因此他们都有北归的念头。最后刘浩清将旗下的三艘海轮分批开往大陆，但他并未提及董浩云为何最终没有选择北归的原因。②曾任大达大通轮船公司经理的李云良是航运业的前辈，也是董浩云的老朋友，1949年先到

---

① 周培英：《我父亲与董浩云先生的友情》，《董浩云的世界》，页265。据周培英2003年7月向笔者透露，因为她父亲动员董浩云北归未果，特别是他曾将交通部的有关资料寄给董参考，后来在历次运动中这些都成为严重的罪行而遭到批判。
② 刘浩清：《我与董浩云的交往》，载《董浩云的世界》，页308。刘浩清曾在上海创办大中华轮船公司，1949年率船北归。后来他所带回的三艘海轮都被公私合营，1957年刘浩清又回到香港，后创办东方石油公司。在刘浩清回港重新创业的过程中，董浩云曾给予很多帮助。

香港，回到上海后被交通部长章伯钧聘为交通部参事。据他的后人回忆，1950年李云良亦曾奉命前往香港动员董浩云、伍德邻等航业家回国，但最终没有成功。[①]

最后的抉择

1950年6月25日，朝鲜战争爆发。当时董浩云正在日本，当他听到这一消息后的第一个感觉就是："岂远东又作世界大战之导火线耶！"两天以后，美国命令第七舰队开入台湾海峡，宣布台湾海峡"中立化"，董浩云又在日记中写道："远东局势至此，又演至一新阶段矣。"[②] 应该说董浩云的感觉的确十分敏锐，朝鲜战争的爆发，使得国际和国内的局势发生了巨大的变化，同时也决定了他人生中的重要抉择。

从政治上看，由于美国的军事干预，特别是美国第七舰队进入台湾海峡，中共正积极准备的解放台湾跨海战役实际上已无法进行，退守台湾的国民党政府得以喘息。随着朝鲜战争的扩大以及中美双方军事力量的介入，国际局势空前紧张，中美两国关系更是降到了冰点。此时，国民党在台湾实施严厉的"白色恐怖"，除了大肆抓捕中共地下党外，还对所有与新中国有来往的轮船公司和轮船实行严重的惩罚，商人都不敢再从事有关的活动，更谈不上率船北归了，董浩云于1950年8月到台湾的遭遇亦证实了这一情形。

从经济上看，中华人民共和国成立前后，美国对中国的贸易已经大幅度下降，而朝鲜战争爆发的当天，联合国安理会便在美国的操纵下通过决

[①]《孟蔚彦致笔者电子邮件》（2008年6月24日）。信中还说，李云良自香港回国后不久即被捕，但他始终不认罪，10多年后死于劳改农场，上世纪80年代终获平反。
[②]《董浩云日记》，上册，页53，54。

议，要求联合国成员国不对朝鲜提供任何援助，在美国宣布对朝鲜实施禁运的同时，美国国务院亦下令各石油公司停止对中国出口石油产品。同年12月，美国商务部宣布对中国大陆、香港和澳门的出口实行全面的许可证制度，从而对中国实施了"绝对禁运"。美国和西方对中国的禁运即完全中断了以往香港以及华南与上海和华北之间的海上运输，自然对于董浩云所从事的航运事业带有极大的影响。

再从董浩云的个人经历来看，他一直与国民政府保持良好的关系，抗战胜利前夕他曾奉交通部指令，秘密从上海潜往重庆；抗战刚刚胜利，他就被政府委派为接收大员，乘军用飞机回到上海，负责战后航运的恢复，并与英、美等国洽谈租船事宜；他在重新成立中国航运公司之后，由于得到政府的支持，得到北煤南运的货单，从而赚得了超额的利润。而此时此刻，不管是自愿还是被迫，事实上董浩云的中国航运公司总部已迁至台湾，在这种情形之下，尽管董浩云长期不能亲自前往台湾视事，但他的事业却必然会与台湾的政权发生密切关系。

朝鲜战争爆发后，海峡两岸的局势也发生了重大变化。

自从美国第七舰队进入台湾海峡之后，台湾的安全有了保障。在此之前，蒋介石已"复行视事"，陈诚出面组阁，并对台湾的政治、军事、经济诸方面重新加以规划，其中在航运方面最重要的部署就是对复兴航业公司进行改组。陈诚就任"行政院长"不久即作出指示："复兴公司应即行改组或撤销，交交通部妥拟办法，提会讨论。"为此"交通部"拟定了两个改组方案，方案一为"减船轻债调整债务关系案"，即在"交通部"的监督下，出售三艘胜利轮，退还三艘复字轮，其余五艘复字轮的债务，由复兴公司自行筹付。方案二为"官商合办资产重行调整案"，主要内容包括：政府原垫付之款项（即向美国的借款）作为官股，复兴公司原应获得之政府赔偿以及已付之部分利息连同船只以外的不动产和资产作为商股；改组后的公司仍用原名，董事长和总经理由政府指派，董事人数则由官股与商股之比例分配。①

最后的结果是采用了第二套方案。1951年7月,复兴航业公司由香港迁至台北,于交通部之下设立监理会,代行董事会职权,交通部长贺衷寒任主任委员,刘镇谟任总经理,后监理委员会由杨管北负责。改组后的复兴公司在香港设立复新运输公司,并在日本成立驻日办事处。董浩云原拥有公司相当多的股份,虽然他也名列监理委员会委员,但因他无法前往台湾,而且加入官股后其股份亦被摊薄,所以他在复兴航业公司的地位就不如以前了。

新中国成立后政治运动接连不断,先是土地改革,紧接着就在全国范围内大张旗鼓地进行镇压反革命运动,其后不久又开展三反运动。如果说这几个运动的对象主要是农村中的地主、城镇中暗藏的反革命和地痞流氓,以及政府内部腐败分子的话,那么1952年年初开展的五反运动矛头则主要指向城市中的工商业者,这对境外资本家的影响非常大,其中卢作孚的悲剧就是一个明显的事例。

卢作孚是旧中国民族航运业中的代表,他创建的民生公司拥有当时规模最大的一只船队。1949年12月,民生公司因无钱偿付到期的加拿大借款,面临着将被扣船的危机,公司的经营亦陷入极大困境。到了1950年3月,公司仍无力付清应付借款和其他本息,卢作孚更是一筹莫展。卢作孚曾向台湾政府申请援助,但国民党维持政权早已自顾不暇,哪有余力资助。在此关键时刻,新中国政府伸出援助之手,贷给民生公司巨额美元和港币,使公司勉强渡过难关,与此同时,政务院总理周恩来又派人两度来港,动员卢作孚率船北归。1950年6月10日,卢作孚秘密离开香港,乘火车经深圳、广州来到北京,此后公司大部分船只也先后驶离香港和台

---

① 交通部拟《复兴航业公司债务情形节略及拟行改组草案》(1950年9月25日),台北国史馆藏外交部档案:303000008。

湾，安全返回国内。①

就在卢作孚回国10多天后，朝鲜战争突然爆发，整个国际局势、特别是远东局势随即发生了重大的变化。其后不久中共中央为配合抗美援朝，又相继开展了"三反"和"五反"运动。在这场群众专政下具有巨大威慑力的阶级斗争之中，卢作孚选择了死亡。卢作孚自杀前留给人生的最后一句话是"我累了，需要休息"，写给他夫人的遗言是"把家俱还给民生公司，好好跟孩子们过"，从而引起后人的诸多揣测。②虽然卢作自杀的原因目前尚有各种不同的说法，③但其死亡所引起的后果是十分明显的。其后不久，中央政府便采取各种形式，缓和日益紧张的阶级关系，合理调整工商业的利益，安定和振奋他们的情绪，实际上是宣告"三反"、"五反"运动已全面结束。与此同时，香港北归的船队戛然停止，留在香港的船东作好长期在港居住的打算，至少短期内不会再返回国内。董浩云就是其中一位代表，此刻台湾他不敢去，回大陆也同样心存顾虑，因此最终决定暂时将事业的基地放在香港，而将公司发展的目标集中在战后的日本。

1951年9月18日是董浩云虚岁40岁的生日，为了不让亲友前来祝贺，他与妻子住到浅水湾避寿。夜晚在海边散步回来，"涛声如千军万马，月色笼罩大地"，回首往事，思绪万千，久久不能入睡。他在当天的日记中写道："真是四十年来梦一场，回首前尘，愈感茫然。"虽然他当年在上海参加蚁社的老朋友李伯龙曾来函动员他回国，说"数十年来梦寐求诸的理想已经达到"，劝他不要再在海外飘泊，但董浩云仍犹豫不决，实乃因"为人为己，唯心唯物，均未能贯彻。回想过去，瞻念未来，唯有矛盾加

---

① 张守广编：《卢作孚年谱》（南京：江苏古籍出版社，2002年），页280—281。
② 雨时、如月：《紫雾：卢作孚评传》（北京：作家出版社，2003年），页458。
③ 简笙簧曾对卢作孚的长子卢国维进行过采访，有关他自杀的原因亦是访谈的重点之一。该访谈纪录全文收于《国史馆馆刊》第43期（台北：国史馆，2007年12月），页186—211。

重耳,奈何!"

在风云变幻的历史大时代中,一个人的力量往往是渺小的,或许它无法改变国家和民族的前途;然而在关键时刻个人所做出的抉择,却可能对他的事业与家庭未来的命运发生决定性的影响。从历史的眼光来看,董浩云当年选择留在香港不失为正确的决定,同时也成为他日后事业发展和成功最重要的前提。

八　从"东方之星"到"东亚巨人"

立足香港，进军日本

1949年董浩云将他的事业转移到香港，其后不久又进军日本，并进而走向世界。事实证明，这一决策对于他日后建立庞大的航运王国、晋身世界船王起到决定性的作用。

香港开埠后不久，英国占领者就将香港宣布为自由港，并积极发展转口贸易。其后香港即凭借其得天独厚的地理优势和政治环境，因从事转口贸易而带动其他产业的勃兴，其中航运业亦应运而起。经过多年的发展，香港已成为中国内河、沿海和远洋航运中心，并一直成为推动香港经济发展的重要力量。[①] 然而长期以来，香港的航运事业一直为外资所垄断，直

[①] 有关19世纪香港航运业的发展可参阅余绳武、刘存宽主编：《十九世纪的香港》（香港：麒麟出版社1997年再版），页240—243。

到第二次世界大战胜利后，由于国际和国内形势的演变，香港的华资航运业方开始崛起，并逐渐取代传统的外资地位。

作为英国殖民地的香港具有许多得天独厚的优势，特别是港英政府实施的自由港政策，对于外汇和进出口贸易均无管制，因而成为内地资本的迁移目标。1949年，著名银行家、上海商业储蓄银行总经理陈光甫考察了香港各方面的环境后，曾在日记中写道："香港有好港口，好政府，捐税不高，在英国 Empire Preference（帝国关税优惠）之内，容易对华对日竞争，与中国市面近，还有东南亚国家如新加坡、暹罗等"，[①]因此他认为香港是目前资本迁移的合适目标。

对于远洋航运事业来说，香港具有一些其他港口所没有的有利条件。首先，香港是一个天然的深水良港，维多利亚港口停泊着全世界各个国家的船舶，香港更是一个自由港，不仅税率低，而且对外汇没有管制，有利于船东购船或造船时对外融资；其次，香港虽是英国的殖民地，但港英政府对于工商业的发展放任多于管制，虽然谈不上直接的扶植，但亦不会横加干预；第三，香港的海员绝大多数是中国人，相较于欧美国家而言，中国籍的船员工资低，能吃苦，[②]同时普遍没有西方工会那样的组织，很少出现动辄罢工的情形，因此营运成本便可以大幅降低；再加上大量的资本在战后短短数年间源源不断地流入香港，促进了香港金融业快速发展。当时的港督葛量洪曾在回忆录中承认，战后香港之所以复苏较快，主要得益于中国回流到香港的大量劳工，而"香港经济的重建主要是得力于上海商人带来的资本和工业技术"。正在这时，朝鲜战争的爆发使得国际局势顿

[①] 上海市档案馆编：《陈光甫日记》（上海：上海书店出版社，2002年），页229。
[②] 董浩云1953年4月乘搭"克利夫兰总统"号邮轮到日本，在船上他曾与一名刚入职不久的中国籍水手聊天，当他听到这位船员一个月的工资竟有300美元，另外还有200美元的额外工资补贴，不禁大吃一惊。这与当时香港船员数百元港币的工资相比可谓天壤之别。《董浩云日记》1953年4月17日），上册，页102。

时发生巨大变化，香港作为远东最重要的港口，运输业的需求更是一度上升，这些因素对于航运业的发展自然都是极为有利的。

董浩云移居香港后，首先对多年前即在香港注册成立的中国航运信托公司（1941）进行重新整理，并在中环皇后大道中12—14号鹪鸪菜大厦420室设立办事处，用他带来的几艘货轮，四处揽货。此时朝鲜战争刚刚爆发，运输业需求急剧上升，因此董浩云的公司一度获利颇丰。与此同时，他还在世界各地进行考察，最终将视线转向东方的日本。这一正确的选择，奠定了董浩云旗下的船队逐步发展的基础，更成为他日后晋身世界船王的重要前提。

日本自明治维新以后，开始走上近代化工业发展的道路，1914—1937年的20多年间，日本的工业生产增长了10.4倍，其中造船工业的发展更为迅速，第二次世界大战爆发前日本拥有船舶已高达600余万吨，位居世界第三。日本军国主义发动的对外侵略战争不仅对世界人民犯下了滔天罪行，也为日本的经济带来严重破坏。然而相对而言，日本的造船工业在战争中的损失较轻，尽管船舶大批沉没，但造船的设施以及人才、技术等仍保存得相当完备，即所谓"蛋虽破，鸡未死"。

战后不久，由于世界东西两大阵营冷战格局的形成，美国出于对国际局势的考虑，对日本的政策出现了由打击、限制到扶持、推动的重大演变；与此同时，日本政府亦采取了一系列国家垄断的对策，用以促进国民经济的恢复和发展，① 其中特别将造船工业视为重点扶植的产业。董浩云在天津时就对日本的造船工业有所认识，对战后日本的政治和经济局势特别是航运业的情形也有自己的看法，1947年他曾在一篇文章中谈到，日本战前航运业位居世界第三，它虽是战争祸首，但与德国相比，其经济系统并未受到彻底破坏。董浩云指出："日本航业之崛兴，系受第一次

---

① 杜小军：《日本战后海运政策》（天津：天津人民出版社，2004年），页23。

世界大战之赐；然其本身之努力，亦有足多者。日本人工低廉，已为世界闻名；而重工业之发展，自上次大战以来，突飞猛进，寖假而与欧美先进国家并驾齐驱。其商船无论质量均属优秀，惟不以航业为航业，而以之作为侵略工具。此次大战甘为戎首，本应与德国同其命运，乃因列强远东政策之矛盾，美、苏对立尤日益尖锐化。于是在麦帅管领下之日本，得以从容休养其创伤，此诚为不可思议之事实。"① 然而不可思议归不可思议，为了对付今日的对手，过去的敌人照样可以成为盟友，国际政治就是这么现实。

战后初期日本先后进行了五次造船计划，造船能力很快便恢复到战前生产水平的一半，成为世界上第二大造船国；而朝鲜战争的爆发，也成为日本工业更新设备、向现代化方向奔跑的起点。

战后日本政府将造船工业视为重点扶植的产业，为吸引外国船商到日本订造新船，日本银行提供给外商的贷款利息较本国厂商低得多，加上日本造船业的成本也要比欧美国家低很多，工人的工资很低，但造船技术和设备则与西方先进国家不相上下。日本政府为推动造船业的发展，鼓励外国船东在日本订造新船，规定只要获得运输省的同意，船东即可向日本发展银行申请条件极为优惠的贷款。因这种政策而产生的一种奇特现象就是，一方面大量外资船商到日本造船，但日本的航运业却宁可租船也不造船。董浩云敏锐地发现这一趋势，因此及时将发展的目标锁定日本，正因为这一重要的选择，日后董浩云所从事的远洋航运事业开始得到快速的发展。

---

① 董浩云：《世界航业鸟瞰》，载《董浩云的世界》，页56。

世界航运出现转机

第二次世界大战对于世界经济、国际贸易和国际海运船队以及港口建设都造成严重破坏，战后经各个国家的努力恢复，世界航运有所发展，1950年，国际海运量达到5.5亿吨，已超过战前的最高水平。其后，虽然国际海运经历过几次周期性调整，但是随着这一时期世界经济和科学技术的高速发展，国际间经济合作亦进一步加强，因此国际航运总量也是以平均每年8%的增幅明显发展，1973年达31.21亿吨，海运船队的船舶保有量也从1950年的8500万总吨增加到1973年的3.5亿总吨。而董浩云旗下的船队也正是与国际海运发展同步，经历了一个飞速成长的发展阶段。

随着航运事业的发展，董浩云经常往来于香港和日本之余，还将目光投向国外，从他的日记可以看出，这段时间他经常飞往世界各地，其中最重要的地方就是纽约和伦敦，因为它们是世界船舶经纪和轮船代理的中心。1951年5月，董浩云与利物浦的船厂正式办好 *Loriga* 货轮的交接手续，并将其易名为"海洋爱神"号；次年3月，又在英国购买了另一艘货轮 *Fordsdale*，易名为"海洋海王星"（后再改为"瑞云"），这是董氏集团购买的第一艘万吨级货轮。因为英国可以称得上是国际间的货物清算所，商人在这儿可以找到为其装运货物的船只，而船东亦由此获得对他合适的货运；船舶经纪人的责任是要为客户寻找承担货物运输的船舶，而船舶代理处则负责船舶是否能够承担所交付的工作。尽管经纪人和代理人的事务并不相同，但他们之间关系却至为密切，因为对于任何一位船东说，与他们的合作更是非常重要的。董浩云深知其中的利害，因此致力于与纽约和伦敦的经纪人、代理人之间建立良好的关系，这样不仅在租赁谈判中可根据供求关系及营运成本，取得满意的订单，而且还为日后建造新船打开了局面。

50年代初，董浩云抓紧时机在日本借款租船，再多方揽得货物，利用香港是一个自由港，而且中国的船员工资低、又能吃苦的种种有利之处，获利颇丰。由于朝鲜战争爆发后，西方对中国实施禁运，各方都急需物资，而禁运则把运费抬高到令人难以相信的程度，当时从香港到内地及朝鲜的每吨货物运价竟高达150美元，而40年之后同样航程的运费才15—20美元，若再计算通货膨胀的因素，两者运价悬殊几达百倍！

然而到了1953年下半年，朝鲜战争停战，同时港英当局严厉取缔输往大陆的货物，导致香港的转口贸易遭到严重打击，港口货物吞吐量由1950年的676.3万吨下降到1953年的477.8万吨，三年间下降了29.4%。[①]贸易量的下跌直接影响到航运业的发展，进出港船舶数量连续多年持续下降，其中1953年的衰落情形最为严重，被香港的航运界称之为"太平洋战后最困难的一年"。据香港政府海事处统计，1953年香港进出口货物总数约为422万吨，较1952年减少11万吨，若与1950年相比，更减少了174万吨；同年进出香港的船只共有7116艘，其中来往空船竟高达1019艘，货多船少的现象日益严重；同时由于竞争激烈，运费亦不断下跌，以往香港至新加坡的货物公价为每吨92元港币，有人为了争抢生意，竟暗中将运费降到50多元；租赁船只的生意亦随之大减，6月份的舱位租额还要每吨20先令，到了10月份就跌至12先令；而且进口货物总量要比出口货物高出一倍以上，这就说明长期以来的封锁和禁运已极大地动摇了香港这一转口港的地位。[②]

中国航运公司搬迁到台湾后，董浩云长期无法前往视事，因经营不善，不但公司老旧船只无法予以更新，而且"天平"、"滦州"、"昌黎"三轮亦相继被拆，此时董浩云的航运事业陷于低潮。1954年他在一篇介绍中国航运公司的文章中这样写道："1950年台北成立总公司，虽局面万分

---

① 转引刘蜀永主编：《20世纪的香港经济》（香港：三联书店，2004年），页227。
② 余景新：《香港航业在异常困难中渡过了去年》，载《大公报》（香港），1954年1月12日。

艰困，仍竭力奋斗，挣扎图存，尤以近几年来，外遭国际优秀船只竞争倾轧，内受货少船多、运费跌落的影响，经营困难，赔累至巨，寅吃卯粮，债台高筑，不仅老旧船只无力作新陈代谢之谋，即现有吨位亦逐渐锐减，遂使无依无靠之中国仅有民营海运事业，日处岌岌可危的境地之中。"①

自1928年董浩云投身航运，至此已有25年，在回顾自己这些年从事航运事业的经历时正面临全球航运业的困境，为此他不禁从心底发出感叹："在过去二十五年中，我认为憾事者，是未曾看到中国自己建造远洋海轮，或向人定造新的行驶于世界性底海轮。长江后浪推前浪，未来中国航运建设者，自属于后来一群，二十五年服务时期不能算太短，亦应可以自私地告一段落。何况我所手创的事业，如中国航运公司以及其他有关事业，已设有航运建设基金保管会予以经营，我本身自可逐渐求一摆脱。"话虽是这么说，其实董浩云怎么可能放弃他梦想追求的事业呢？因此他在文章的结尾又写道："但倘祖国需要我，康健环境许可下，我或能再'老兵'姿态贾其余勇，为建设中国航运服务。"②他在1955年元旦的日记中想起建造新船的计划尚未实现，感慨自己"献身海运事业，个人利害未计，但愿新船实现，我素愿得遂，亦能悄然引退矣"。

然而就在这个时候，世界航运业出现了转机。1954年9月前后，欧洲各国因农作物减产，急需自南北美洲进口大量谷物，导致世界航运市场运费上涨，恢复生机。根据英国海运会议的统计，如以1952年为基数100的话，1954年8月以前海上运费指数一直在70—80之间波动，但到了1954年11月指数即上升到116，12月更上升到140，1955年7月下降为130，同年12月又上升到140，1956年苏伊士运河关闭后攀升到171.4，12月再跃升为189.4，此后一直到1957年4月8日苏伊士运河

---

① 董浩云:《关于中国航运公司》(1954年8月)，载《董浩云的世界》，页80—81。
② 董浩云:《历尽沧桑话航运——廿五年来中国航运事业的回顾》，原载《中国远洋航业与中国航运公司》(董氏航业丛书第一辑，1954年8月印行，1978年再版)，页61。

再次通航时,国际航运市场已呈现出一派繁荣景象。

为什么此时全球航运会出现这么大的转机呢?表面上看来是因为当时美、苏两大阵营对于后进国家援助的竞争不断激化,而欧洲各国谷物及煤炭亦都急需进口,对于航运的需求日益增强;除此之外还有一个更加深层的原因值得注意,那就是此时美国为首的资本主义国家以大规模技术革新为背景的旺盛投资,以及在此基础上出现的经济繁荣。由于世界性的市场活跃以及企业收益的增加,亦导致船舶的需求量与日俱增。1955年、1956年世界新船的订货量高达2900万吨,相当于当时全球船舶拥有量的四分之一强。①

董浩云敏锐地发现这一时机,立即开始大张旗鼓地从事远洋航运,逐步实现他的理想。他首先成立了一家海外华侨投资的大西洋散装货轮公司,由金山轮船公司代理,远洋船队最初的两艘船都是由战时美国两艘T-2型油轮改装而成的,并且均由美国钢铁公司包租,从委内瑞拉装运铁矿石。第一艘船是1955年购买、交由日本佐世保重工承接改装工程,取名为"大西洋荣誉";后改名为"大西洋优胜"的第二艘船则是1956年购买的,由日本函馆船坞负责改装。也正是通过这次改装,后来董氏集团与这两家日本船厂建立了长期友好合作的关系。

正在董浩云刚开始实施进军远洋航运的时候,国际上发生的一件大事对他的计划发挥了重大的推动和促进作用,那就是苏伊士运河危机。

1956年7月26日,埃及总统纳赛尔突然宣布苏伊士运河收归国有,并于1956年11月1日将其关闭。英国和法国立即开始动员,并组织联军自塞浦路斯进攻埃及,企图占领苏伊士,董浩云则认为这"实为英国近代史最不光荣之国际军事行动"。运河封闭造成国际航运路线延长、船舶需求量大幅上升。苏伊士运河的危机对于西方资本主义国家来说无疑是一场

---

① 参见杜小军:《日本战后海运政策》,页44—46。

灾难，但对于从事航运业的船东来说却是一个发达的福音。因为几乎所有资本主义国家（包括悬挂其国旗）都被列入非友好国家，凡航行欧亚航线的船只必须绕道好望角，因而导致船只紧缺，运费暴涨。

董浩云对于国际形势的变化往往具有独到的认识，就在埃及宣布苏伊士运河收归国有两个月之后，1956年9月19日他应香港东区国际扶轮社的邀请，对当今世界的航运前景发表演讲。董浩云认为造成世界航运事业繁荣的因素包括：战后人民生活水平得以改善，食粮及其他生活消费品的需求大大增加；世界人口正以几何级数的比例大幅增加，而由于医疗卫生事业的发达，人类的寿命又得以上升，因此未来人类的衣食住行所需的物资都会随之增长。另一方面，由于科学的进步导致经济活动的扩张，而经济活动的扩张又必然会带动交通运输事业的发展。譬如1955年与1938年相比，世界工业产品增加了一倍有余，同一时期车辆制造业增加了三倍半，而航空客运的里程更增加了40倍，所以世界对远洋航运的需求量一定也会大幅度上升。[1]

董浩云不光是这样说的，更是这样做的，在这关键的时刻，他立即抓住这一机遇，开始实现他建造巨轮的理想。

"东方之星"下水

董浩云从事航运事业多年，曾先后创办中国航运、金山轮船、复兴航业等航运公司，但他旗下的轮船不是租赁代理，就是购买旧船，却没有一艘是他亲自建造的，长期以来，这也成了他心中的一个结。随着国际形势的变化以及航运业的需求扩大，特别是董浩云经过多年的惨淡经营，他的

---

[1] 董浩云：《今日的世界航运》，载《航运》半月刊第110期（香港，1957年2月15日），页20。

经济实力不断增强，国际航运业内的人脉亦日益广阔，所有这一切都说明，建造新船的时机业已成熟。

自1954年开始，董浩云就一直奔波于欧亚各国，忙于实现他建造货轮的大计。由于"日本钢管"的报价过高，于是董浩云将他建造第一艘新船的地点选在法国。

董浩云先是成立了一家名叫巴拿马投资股份有限公司（Maritime Foundation Agencies, Inc.）的公司，然后再以公司董事长的名义，委托法国Chantiers Reunis Loire Normandie船厂建造一艘万吨散装货轮，命名为"东方之星"（Oriental Star）。这是在全世界各国竞相扩充远洋航运事业的关键时刻，由中国人在海外艰苦奋斗，终于取得成功的一个范例。

对于董浩云来说，这更是他埋藏在心中多年的梦想。这可是一件大事，为了完成这一夙愿，董浩云四处奔波，考察船厂，筹备资金，终于获得成功。当新船下水之际，董浩云特别邀请岳父、航运界前辈顾宗瑞以及大哥兆丰、妻子丽真前来出席，长子建华当时正在英国求学，虽然功课繁重，但亦奉父亲的指令特地前来参加盛典。

1956年11月20日，新船在法国举行隆重的下水典礼。"东方之星"长454呎，宽61呎，深40.6呎，载重量13600吨，时速14.5海里，船上并装有雷达、磁转罗盘、无线电方向确定器及深度器等先进的设备。这是董氏集团所建造的第一艘巨轮，也是中国人在欧洲建造的最大的一艘货轮，同时它也标志着董浩云的航运事业已经开始由租船、买船发展到造船，从而步入一个新的阶段。

董浩云在日记中记下了此刻他激动的心情："今日为我与真妻最值得纪念之一日，新船Oriental Star'东方之星'于今日下午四时下水于法国Rouen。""'东方之星'为中国最大之货轮，一万三千三百吨，亦为第一艘国人在欧洲所建造之货轮。""Oriental Star上部漆成银色，下部为红丹，红白相映，在日光下灿烂炫目，雄踞船坞，气昂昂不可一世，象征其未来锦绣前程。"①

法国政府对这艘新船的下水也非常关心，航运部部长代表夏尔孚、参院商船委员会主席勒尔格以及当地市政府副市长和参议员都亲临出席，参加仪式的还有台湾当局驻法国的使节、华侨代表以及欧美各大船厂经理等，竟有数百人之多。欢迎宴会上，法国造船厂董事长贝迪勒先生的发言对中国文化推崇备至，并赞扬董浩云不愧是一位"深谋远算、经纶壮阔的企业家"，因为他"经营了沿海的航运和远东的江河运输，现在又以远洋轮船来拓展国际的海运事业"。

董浩云在答词中首先感谢来自法国政府和各地船厂的代表出席典礼，并希望今后进一步加强合作。董浩云还特别提及要感谢中国的艺术家周麟，因为他在这艘船的内部特别采用中国式的装璜予以点缀，这也标志着东方人与西方人的努力合作，从而促进了东西文化的交流。②

下午4时，讲话完毕，即开始掷瓶仪式，全场一片肃静，董浩云夫人顾丽真女士将手中的一樽香槟酒掷向船头。随着酒瓶撞击清脆声响起，"东方之星"紧贴着滑道顺流而下，全场掌声雷动，下水典礼圆满完成。董浩云在日记中记下了这历史性的一刻："四时正，真妻即掷香槟，溅花四射，此一巨轮即渐渐进入水面，浮于塞纳－马恩省河，姿态优美，其与掷香槟与船脱颖而出之时间，尤相配合，一切可云顺利。此次下水典礼，天时、地利、人和均佳，亦喜事也。"

在日本造船

虽然董浩云过往并未踏足日本，但他对这个国家并不陌生，早在天津时期他就对日本的航业有过较深刻的感性认识，战后他亦曾连日在《大公

---

① 《董浩云日记》(1956年11月20日)，上册，页220。
② 《航运》杂志第110期(1957年2月15日0，页15—21。

报》上撰文，要求美国政府履行《波茨坦宣言》，将部分日本商船移交中国，作为日本政府对战争付出的赔偿。[①]1948年董浩云完成欧美之行的回国途中曾经过横滨，但这只是短暂的逗留，直至第二年的6月21日才终于前往日本，开始了他长达三个星期的正式考察。

董浩云到日本后结识了众多日方航业界及造船业的朋友，到访如"山下"、"日本邮船"、"大阪"等轮船公司，其间彼此"畅谈战争前后日本航业情形，所得资料，至为宝贵"，此行他还实地参观"日立"、"浦贺"等著名造船厂及石川岛播磨重工业会社，对于日本战前和战后航运业的状况有了一种直观的了解，从而加强了他日后将航业重心放在日本的决心。

此次访日，董浩云首先确定在东京设立中国航运公司驻日事务所（办事处），主要经营的业务是将海南岛的铁矿石运往日本。第二年，董浩云又在日本成立金山轮船公司东京分店，将日本作为旗下轮船海上货物运输以及维修、改造乃至于新建船只的据点。

50年代初董氏集团在日本的业务除了揽货之外，主要还是租船和修船，然而此后不久，他的经营方针已开始发行转变。1952年，董浩云购买了一艘澳洲1924年建造的货轮Fordscale，即将其易名为"海洋海王星"（*Ocean Neptune*），这也是他旗下购买的第一艘万吨货轮。这一年的10月6日（阴历八月十八），董浩云在东京的寓所度过他40岁的生日，他在给妻子顾丽真的信中写道："希望如西谚云：人生四十甫开始其生命。但愿从今日起，我开始新生命，追求光明底新生！"

1955年，董浩云将刚刚在美国购买的一艘油轮交付给日本的佐世保重工业株式会社改装成矿砂和石油多用途船，并易名为"大西洋荣誉"号，第二年又将另一艘油轮交由日本函馆造船厂改装为矿砂/石油多用途船，命名为"太平洋优胜"。自50年代中期始，董氏集团已经筹划如何利

---

① 董浩云：《日本商船处置问题》，载《大公报》，1947年5月3、4日。

用日本造船工业的有利条件,开始成批量、全方位地在日本各个船厂实施造船的计划。

造船工业是战后日本经济发展的重要经济部门,在世界造船业中的地位更是不断上升,1951年日本的造船吨数超过美国,居世界第二;1956年超过英国,跃居世界第一,以后便一直遥遥领先。日本造船工业的飞速发展是与当时国际国内形势的变化分不开的。首先在政治上,日本于1956年12月加入联合国,这成为日本重返国际社会的重要标志;在经济上,1955—1957年国民生产总值持续大幅度增长,其中钢铁、造船和石油化工等行业的增长尤为显著,被称为"神武景气"。为了增加船舶的出口和提高船舶在国际市场的竞争力,日本政府不仅对造船工业予以监督和指导,还对出口船舶实行低价政策和延期付款的方法予以鼓励。若日本船舶因价格高而难以在国际市场竞争时,政府金融机构就会给予船厂补贴,目的就是以降低价格提高竞争力;若国外订货量下降,船厂需以延长付款的方式来吸引买主的订货,金融机构则以增加贷款、降低利息的方式予以支持。日本政府自1953—1954年度起即规定,凡购买日本船舶者,成交时只需预付船价的40%,其余部分则于交货后分五年还清。

自"东方之星"下水后,董浩云一直积极设法筹款准备在法国建造第二艘轮船,但没想到国际航运自1957年5月之后突然开始下滑,而且愈演愈烈,这样他就不得不改变原有计划,取消第二艘新船的合约,"虽然取消时颇感可惜"。与此同时,由于董浩云长期在日本工作,亲眼见证了日本造船工业发展的历程,自然会将其事业的重心转向日本。从这时起,他开始与日本厂商谈判,进行第一艘货轮筹建的工作。从1956年4月起,董浩云竟连续在日本居住了将近五个月时间,这是以往从未有过的。此行的主要目的就是与日本佐世保重工业株式会社签约,建造一艘22100吨的矿砂/石油两用船,这也是董浩云从租船、买船到亲自造船的重要一步。他在日记中感慨地写道:此次在日本商洽造船"历尽艰辛,终于底成,虽然此仅为开端,未来困难尚不知为若干倍?"① 但总是向前迈出了重要的一步。

虽然日本造船工业发展迅速,但由于资源稀少,特别是用于造船的钢材更是短缺,于是董浩云先与美国钢铁公司订立长达12年的合约,为造船厂提供钢材,并且允诺货轮建成后,即为该公司将委内瑞拉的矿砂运送到美国特拉华的钢铁厂。这艘命名为"大西洋信仰"号(Atlantic Faith)的矿砂石油两用船不论是船身结构还是内部装置,完全都是按照租船人的要求设计制造的。董浩云将该船委托佐世保船厂负责建造,因此"大西洋信仰"号不仅是董氏集团在日本建造的第一艘货轮,对于佐世保船厂来讲,它也是该厂战后生产的最大、而且是第一艘为外国人所建造的货轮,所用钢板,均从美国钢铁公司进口。董浩云在日记中记下了他此刻"一则以喜、一则以忧"的复杂心情,因为他知道虽然眼前的困难可能会有很多,但毕竟这标志"航业已步入新天地"。

此时他更注意到战后航运事业发展的一个重要趋势就是,油轮的体积越来越大,特别是中东危机爆发后,"更鼓励建造巨型油轮从中东绕行好望角,而不是走吃水限于四万吨船的苏伊士运河"。② 从而更加加快他建造大型油轮的速度。

1958年的第一天,董浩云在日记中写下了他的心情和计划,"世界仍划成东西两阵营,紧张如故。苏联发射人造卫星成功,希望科学竞赛能促进人类谅解,消除矛盾"。然而"航业自一九五七年五月突然走下坡路,愈演愈烈,实使我一切计划成问题"。因此当新的一年开始时,董浩云是"以一则以喜、一则以忧之心情,欢迎此新年来临"!

1958年1月15日,"大西洋信仰"号在佐世保举行隆重的下水仪式,

---

① 《董浩云日记》上册,1956年9月6日。
② 董浩云:《今天的世界航业》(1956年9月19日),载《董浩云的世界》,页87。

这是董氏集团旗下建造的第二艘新船，载重22100吨，董浩云花费"数年心血，始有收获，其喜可知"。在新船落成下水的典礼上董浩云代表船东出席并致辞，他在讲话中特别提到建造这艘货轮所体现出的国际性，"充分表现出船东、船厂和租船人及钢铁供应人之间彼此如何密切地倾诚合作"，他更希望这种合作能够继续发扬光大，"我们的企业今后必将在互助互惠的条件下赓续无间"。①4月6日，"大西洋信仰"号首航，董浩云极为兴奋，他在日记中写道："从此我的事业又进入新的一页！"

在这之后董浩云又为购买日本浦贺船渠会社刚刚出厂的15000吨散装货轮多方接洽，虽原货主希腊船东提出的条件甚为苛刻，谈判几告破裂，董本人亦犹豫踌躇，但因价格尚属合适，更重要的是该轮在纽约还有二年半合约，最后还是决定买下，并将其易名为"东方宝舟"，因为他"大振事业于西半球之雄心未减也！"②这也成为董氏集团旗下的第三艘新轮。

"东亚巨人"乘风破浪

就在"大西洋信仰"号首航的同时，董浩云已经将目光投向了下一步，那就是在佐世保重工业株式会社建造一艘巨型油轮。1958年4月4日，董浩云与埃索石油公司驻日本的负责人George Peal洽谈有关建造大油轮之事，他在日记中透露，这"实为今年度建造七万吨油轮大计划之开始"。

董浩云审时度势，认为他在日本造船具有几大优势。佐世保造船厂原来是日本海军船厂，专为战争服务，战后转型，改建为民营企业，虽然技术力量雄厚，设备亦堪称优良，但在国内造船界的地位却尚未确立，因而

---

① 《航运》半月刊，第131期（1958年1月31日），页4。
② 《董浩云日记》（1958年11月18日），上册，页264。

急需订单造船；而"大西洋信仰"轮的建成与首航，不仅为董浩云赢得了声誉，同时也加深了彼此间合作的信任。更重要的原因则是日本造船的价格较低，而且日本政府为了扶植国内造船业，愿意提供船主低息贷款，条件相当吸引。

此时有一艘英国人计划建造和经营的大型油轮，图纸和计划有了，却找不到合适的造船厂承建，筹措资金更加困难，因而半途而废。董浩云得知此事，觉得这正是他梦寐以求的目标，于是大胆决定接手。然而决心是有了，但投资建造一艘巨型油轮，毕竟还是需要一笔数额庞大的资金。

为了筹集这笔资金，董浩云采取的方式是，先以金山轮船公司的名义接受利比里亚油轮公司的委托，向佐世保造船厂定造一艘七万吨的超巨型油轮，然后再由金山轮船公司代理，以15年的长期合约租给美孚石油公司及其联属机构的日本东亚燃油会社，将原油运往世界各地，最终以石油公司的租约承诺向美国的曼哈顿银行洽谈贷款。董浩云就是用这样一条资本链，将各方的利益串联在一起，因此这一阶段他最重要的任务就是四处筹措资金，过程非常艰苦。他不间断地往返日本、美国和香港，在船厂、石油公司和银行之间反复游说，最终银行方面要求由石油公司负责按期偿还贷款，而石油公司亦同意以租金作为还贷的货款，因此，董浩云的金山轮船公司就大大减轻承担偿还贷款的风险了。本来这时有家公司愿意出售旗下新建的四艘矿砂船，董浩云亦为之心动，但此时他的最大目标是筹建巨型油轮，头寸不够周转，按他自己的话就是"鱼与熊掌，不能兼得者也"，[①] 最后只能放弃收购矿砂船的计划。

1958年8月6日，这艘后来被命名为"东亚巨人"号（*Oriental Giant*）的7万吨巨型油轮终于在日本的东京银行签订合约，董浩云虽然是以保证人的名义签字，但他自己也承认他"实为主脑人"。他在日记中

---

① 《董浩云日记》（1958年5月14日），上册，页243。

激动地说"今天实为最可纪念之一日",因为"东亚巨人"历经"四月来努力,已获初步结果,能不欣喜若狂?"更重要的是,该轮"一旦落成,国人之光,我亦以自豪矣"。然而环顾自己,"白发又平添几许焉"。① 为了建造这艘巨轮,董浩云可以说是心力交瘁,心情更是复杂,用他的话就是"一则以喜,一则以惧"。喜的是若此轮建成即可成为当时世界上吨位第二大的油轮(希腊船王路德威克在此之前刚刚建造了一艘八万吨的油轮),惧的则是不知今后还要面临哪些困难需要克服,"真是白发添几许了"。②

1959年2月18日,"东亚巨人"举行安放龙骨典礼,董浩云以英文发表演讲,"自感尚称得体,惟稍形紧张耳"。8月31日,"东亚巨人"号在日本佐世保船厂建成下水,这艘七万吨的超级油轮全长849尺,时速16.5海里,装置石川岛重工会社所制造的22000匹马力双减速齿轮蒸汽透平机,这也是当时日本生产功率最大的发动机。董浩云从谈判到融资,从安放龙骨到建成下水,历时20多个月,多次往返于香港与日本,为建造巨轮费尽了心血。巨轮下水当日,佐世保船厂人山人海,喜气洋洋,来自世界各国的嘉宾应邀前来祝贺。上午8时,董浩云登上礼坛,宣布庆典开始,紧接着,他的次女董小平和东亚燃油会社社长降旗三七男之女由纪子、东京美孚公司副总经理诺克之女玛丽分别以中、日、英三种文字朗诵董浩云亲自为该轮下水撰写《"东亚巨人"号下水颂》:"今晨,今晨,宁馨儿诞生,取名叫'东亚巨人',是东亚人智慧和劳动的结晶,我们怎不能为她鼓舞欢欣!……东亚的巨人,让我们再为你祝福,祝你平安地航行在那七大海洋,为东亚放出万丈光芒!"董浩云还特地邀请他的好朋友、著名语言学家赵元任教授为这首词谱曲。伴随着优美动人的乐曲,锦绳被切断,巨轮顺流而下,在18艘拖轮的牵引下缓缓驶出船坞,顷刻间白鸽

---

① 《董浩云日记》(1958年8月6日),上册,页244。
② 《董浩云日记》(1958年9月3日),上册,页245。

齐飞，呼声雷动。董浩云更是心情激动，他在当天的日记中写道：为造此轮"心血费尽，眼见她诞生，为世界航业史上添上一页，为中国人争了多少光荣，眼看这巨人乘风破浪，能不喜极下泪？愿这'巨人'康宁无疆！"①

董浩云此举不仅为佐世保船厂的复业带来了巨大的动力，也推动了整个佐世保市经济的繁荣与发展，为此佐世保市市长山中辰一郎特别向董浩云颁该市荣誉市民的证书，赞扬他"给予佐世保船厂以新的生命，也使佐世保整个社会获得机会和经济繁荣"，并称他本人就是"东亚巨人"。无独有偶，"东亚巨人"下水后，台湾著名的航运专家王洸曾在《中央日报》上发表文章，盛赞董浩云的这一壮举，并将其与世界船王欧纳西斯相提并论，称董不愧为"东亚巨人"。②

"东亚巨人"是当时世界上最大的油轮之一，更是亚洲第一巨轮。世界上最具声誉的美国验船协会和英国劳氏验船协会都将其评为最优级油轮，1960年版的《大英百科全书》就称"1959年所造的'东亚巨人'是亚洲人所拥有、亚洲人所建造、亚洲人所经营和亚洲人所服务的最大船舶"。1960年1月13日出版的世界著名航业杂志 *The Shipping World* 亦以《亚洲最大油轮》为题，热情报导该轮下水的盛况。"东亚巨人"的建成落水，不仅标志着董氏集团航运发展的重要里程，同时它也为日后董浩云在日本造船创造了一个模式，即董氏每次在订船之前，他会先与可靠的用户签订中、长期租用合同，船舶造成后，由用户以租金还贷，这样他只要筹得20%的船价就可以与船厂订船，这对于董氏集团未来的发展可以说是至关重要的一步。

---

① 《董浩云日记》（1959年8月31日），上册，页288。
② 《中央日报》，1959年9月9日。

九 大展宏图

掌握机遇

判断一个从事现代航运事业的企业家的成功要素,必须要看他对于变化莫测的国际风云是否具有敏锐的洞察和分析能力,是否具有相应的预测和应变能力。以及广泛的国际人脉和融资渠道。应该说,董浩云就是具备这种能力的卓越企业家,因此他的事业可以在短短的数十年时间内,从无到有、从小到大,所从事的航线亦从国内沿海到遍布全球,最终成为举世闻名的船王。

董浩云利用抗战初期上海和香港的独特地位,白手起家,创立了他的航业公司,战后他又抓住国内急需燃料运输机会,公司不仅迅速复业,而且还赚到了高额利润。如果说这些还只是初步奠定了董浩云事业基础的话,那么50年代以后,董浩云敏锐观察世界局势的变化,不断调整公司的营业方向，不失时机地扩大自身的船队，这才使他的事业真正进入发展壮大的新阶段。

第二次世界大战之后国际间形成东西两大阵营，虽然没有出现全球性的战争，但局部性的冲突可以说是此起彼伏，连绵不断。50年代初爆发的朝鲜战争，其后出现的苏伊士运河危机，60年代的越南战争和中东战争，70年代的石油危机，导致国际间的政治与经济格局发生重大变化。面对这些重大事件，董浩云不但每每化险为夷，而且还能从这些"危"中寻找到发展的"机"，这不能不说是个奇迹。

董浩云相信，不论是发达国家或是发展中国家，远洋航运都是其推进工业化发展的重要动力，一个健全而有组织的远洋运输体系往往能使一个国家更快速更有效地发展本国经济，其中战后日本的飞速发展就是一个明显的事例。因此董浩云当年决定将自己的事业发展主要目标放在日本，就是因为他清楚地看到战后日本造船业的发展所具有的潜力。

然而随着中东局势转趋稳定，苏伊士运河重新开放，世界航运市场又逐渐转入萧条时期。1958年西方世界先后爆发经济危机，石油和工业原料的需要量大幅下降，"油轮热"开始降温。此时日本的造船业亦不大景气，1958—1962年船舶出口量徘徊在每年75—100万总吨之间。日本政府利用国内其他工业持续增长的局面，一方面将过剩的造船设备转用到陆用机械生产，但同时又预计到今后世界航运的发展趋势，加紧对船厂进行技术改造和更新，扩大船厂的生产规模，从而进一步推进船舶工业的现代化。1958—1965年，日本的造船业总投资达1717亿日元，较前八年增加了2.8倍。在此期间全国新建了两家年产50万总吨的大型船厂，即三井造船公司的千叶船厂和石川岛播磨重工业公司的横滨船厂。在科研方面日本也做了大量工作，减轻自重、加大载重、降低造价、节约成本，并实现驾驶、停泊、装卸自动化的功能。因此日本在世界造船业中的地位亦不断上升，1960年，日本船舶下水量占当时世界船舶下水量的20.7%，1965

年提高到 43.9%，1970 年上升到 48.3%，1974 年以后更超过 50%。①

经过一段时期的萧条后，日本经济自 1959 年以后又出现了一个更快速的发展时期。由于国际间贸易空前发展，造船与航运事业也随之活跃，而日本的造船工业经过前一时期的技术改造，生产规模进一步得到提高。1967 年 6 月，第二次中东战争爆发，苏伊士运河再次封闭，航程大大延长。由于这两个背景，世界航运的需求量大大增加，日本的造船厂订单也不断上升。1965 年船舶订货为 729.5 万总吨，1966 年上升到 1110.7 万总吨，1973 年竟高达 3496.5 万总吨。为了适应这一变化的趋势，日本拼命追加固定资本投资，急速扩大生产，投资兴建了一大批现代化造船厂，包括日立造船公司圳船厂（1965 年投产），川崎重工业公司坂出船厂（1967 年投产），日本钢管公司津船厂（1969 年投产），住友重型机械公司追滨船厂、三菱重工业公司香烧船厂（均为 1971 年投产），石川岛播磨重工业公司知多船厂（1973 年投产），佐野安船坞公司水岛船厂、名村造船公司伊万里船厂、日立有明船厂、大岛造船公司大岛船厂、金指造船公司丰桥船厂（均为 1974 年投产），波止滨造船公司多度津船厂（1975 年投产）。这些船厂都能建造 20 万总吨以上的大型油轮和超大型油轮，香烧、知多两厂甚至具有建造百万载重吨超巨型油轮的能力。②

董浩云十分关心国际局势的变化以及世界航运业发展的趋势，正因为如此，他才能够不断调整经营思路，跟得上时代前进的步伐。董浩云通过他多年来的观察所得出的结论是，日本造船工业具有两大特点，一是造船技术水平高，与欧洲国家不遑多让，但成本却要比传统造船大国低得多；二是因为日本政府为鼓励外国船东订购新船，往往给出的条件和待遇都相

---

① 任文侠等主编：《日本工业现代化概况》（北京：三联书店，1980 年），页 162—166。
② 任文侠等主编：《日本工业现代化概况》，页 166—167。

当优惠。这也就是为什么这一阶段董浩云旗下的新船大都是在日本建造的原因。

早在 50 年代中期，董浩云就预计世界能源的需求量必定大增，而他认为油轮容积越大、载油量越多，成本就越轻，也就越符合经济规则。因此他很早就开始筹备建造大型油轮，并一直坚持不断，1959 年建成的"东亚巨人"、1960—70 年代建造的"维"字型超级油轮，直至建造 56 万余吨的"海上巨人"，从而打破世界纪录。

汰旧换新

50 年代初，董浩云致力于拓展海外航运事业，虽然他有很长一段时间不能自由进出台湾，但因中国航运公司此时已迁往台湾，所以台湾仍是他发展航运事业的重要基地。

1949 年国民党丧失大陆政权，仓皇退守台湾，面临政治、军事和经济各方面的极大危机。就以航运来说，迁台初期 200 吨以上的船只仅有 143 艘，377000 余吨，而且大都为残破的旧船，船龄既长，速度又慢，根本无法与外国轮船竞争。尽管这些船只的数量和吨位还不及大陆时期的三分之一，但当时台湾一省进出口物资的数量更为有限，以致仍然出现船多货少的现象，各航商竞争激烈，许多公司因无法拓展业务而被迫停航。

朝鲜战争爆发后，美国开始恢复对国民党政权的援助，美国第七舰队开进台湾海峡，不仅拯救了国民党政权，也促使台湾经济有所好转；由于战争的扩大，船舶需要激增，运价随之高涨，因而航业亦开始回升。美国对台湾除了军事援助之外，还包括各种经济援助，其中航业方面亦是美援的一个重点。但由于美援的数额有限，无法添置新船，只能是资助招商局和台湾航业公司等国营企业，亦包括部分民营公司，对现有旧船进行必要的维修。

其后，随着《对日和约》的签订，台湾与日本又签订贸易条约，规定彼此间货物运输由双方各半承担。1954年12月，台湾与美国签订了《共同防御条约》，蒋介石认为，《共同防御条约》的签订标志着台湾已加入美国为首的"太平洋反共阵线"，而此举"不独能弥补太平洋阵线的空隙，且能强固我后方基地，更可使我今后反攻复国作战前途，立于不败之地，自将事半功倍之效"。[1]因此到了50年代的中期，台湾的局势大致得以稳定。

台湾的局势稳定之后，对外贸易数额呈上升趋势，相关部门亦开始关注经济的发展，希望扩大对外贸易，而航业正是一种无形输出，可以争取大量的外汇，为此政府决定给予航业各种优惠政策。对外贸易的增加自然刺激了远洋航运事业发展，然而此时台湾的航运业面临的最大问题就是船舶破旧，无法适应新的挑战。

为了推动对外贸易，增强航运的发展，有关部门制定了奖励汰旧换新之国策，规定凡建造新船的公司，可以得到船价15%的贷款以及70%的国家银行担保的分期付款；若购置新轮，则可以得到船价70%的贷款，或者是国家银行担保的五年分期付款。1953—1965年台湾的进出口贸易年增长率平均为9.67%，主要物品为蔗糖和大米；1966—1970年对外贸易平均年增长率更上升到24.47%，输出物品以纺织品占首位，此外还有玻璃、塑料和水泥等货物。而从60年代后半叶情形出现了转变，原来进出口贸易主要集中在日本和亚洲地区，此时出口物品则逐渐转向美国。

中国航运公司迁往台湾的船只多为第一次世界大战前后出厂的旧船，不仅速度慢，而且耗油大，运输成本高。对此董浩云心中当然十分清楚，但苦于资金短缺，一时无法改变，然而当事业发展到一定水平后，董浩

---

[1]《联合报》，1955年1月1日。

云便开始实施汰旧换新的计划。自 1954 年起，他先后将"天平"、"滦州"和"昌黎"几艘船龄超过 40 年的旧轮拆解出售，并相继购置多艘以"云"命名之系列油轮，以参加国际竞争的海外航线。1958 年 5 月，董浩云向巴拿马公司购入一艘一战后建成的货轮，改名为"瑞云"，这艘载重为 13200 吨的货轮虽然船龄较长，但质量仍属上乘，当年造价就达 85 万英镑，且船身坚固，速度甚快，与新船不遑多让，自此董氏集团便开始了船只更新的序幕。1959 年 9 月，董浩云又购买了原法国邓寇克船厂制造的 18511 载重吨的油轮 Salome，该轮虽然 1941 年就建成，但战后 1948 年又重新建造，船龄还是比较新，且全船装有冷气，船身坚固，他将其易名为"丽云"，并与中国石油公司订约，承运波斯湾至台湾的原油；1960 年 6 月和 1961 年 3 月，董浩云又先后购入两艘自由轮，分别命名为"庆云"和"锦云"，主要从事不定期航行业务。在这汰旧换新的过程中，1961 年底在日本新造的"如云"号快速货轮建成，是董氏集团历史性发展的重要里程碑。

此时台湾政府为了鼓励船东造船，特别实施一些优惠政策，如在贷款方面，政府制定的分期付款计划，规定 30% 付现，其余 70% 分七年摊还，由台湾银行保证，并于交船前还可以贷款造价的 15%。这也就是说，船东只要首付 15% 的资金就可以建造一艘新船了。董浩云发现这一重要商机，自然不会放过，立即指示台湾的同事加紧与有关部门研究磋商，最后终于获得政府的贷款。1960 年，交通部实施第一期航轮汰旧更新计划，其中一项重要的内容就是核准复兴航业公司与中国航运公司各自建造一艘 12500 吨货轮，由政府予以贷款或保证，这也是国民政府迁台后首次在海外投资建造的新船。

董浩云得到政府的扶持，立即与日本浦贺造船会社签订建造新船的合同，这艘命名为"如云"号的客货轮船长 158 米，载重吨级为 12500 长吨，船速平均每小时 20.5 海里，造价为 3096000 美元。订船合同由"中央信托局"驻日经理周贤颂代表政府签字,中国航运公司的主要领导人董浩云、朱世庆、俞丹骝出席了签字仪式。

1961年10月10日,正是辛亥革命爆发50周年的纪念日,"如云"轮举行下水典礼,由董浩云夫人顾丽真命名。为什么这艘船取名"如云"?董浩云在当天的日记中是这样解释的:"据《五帝本纪》所载:'就之如日,望之如云',以示德化广大之意;《诗经》亦有'齐子归云,其从如云',喻其美长也。"也就是说,董浩云将其命名为"如云",就是"形容其美、长而繁盛"。虽然"如云"下水典礼的一切工作都是董浩云一手操办,但表面上却是由董汉槎主持,这也没办法,他在日记中承认,因为毕竟董汉槎"名义上为'中航'董事长也"。

"如云"轮下水后,董浩云又以60万美元的价格购置了一艘胜利型AP3货轮,取名为"祥云",加入中美航线。这笔资金原拟向法国工商银行贷款,后因与法方洽商融资时发生变故,而轮船交船在即,不得有误,于是董浩云即向台湾的"交通部"递交呈文,决定由中国航运公司自筹20万美元,并承诺将该轮变更国籍,改挂国旗,要求其余40万美元比照复兴、益利公司成例,以"祥云"轮为抵押,向中国银行举借。由于中国航运公司抵押确实,还款财源亦有保障,因此交通部和中国银行予以应允。①

通过一系列的汰旧换新,中国航运公司的实力不断扩大,1965年12月,董浩云决定将公司的资本总额由原来的200万元新台币增加为新台币4000万元。而据当年台湾航业公司的统计,中国航运公司此时拥有大型轮船五艘,分别是"丽云"(大油轮)、"如云"(货船)、"祥云"(胜利型货船)、"锦云"(自由型货船)、"庆云"(自由型货船),总吨位46404.43吨,

---

① 《行政院外汇贸易审议委员会第349次会议记录》(1962年2月2日),台北中央研究院近代史研究所档案馆藏外汇贸易审议委员会档案:50—349—042。

载重吨 63268.40 吨,其中除了"如云"轮为新船外,其他均为二战时期的货船或油轮。

在这之后,根据 1966 年度建造新船计划及实施办法,由台湾的国家银行承担建造新船保证分期付款(或贷款)之比率,同意中国航运公司参加该计划,由日本浦贺船厂建造一艘航速 21 海里、12080 载重吨的货轮。这艘命名为"凌云"的新型货轮造价 4360000 美元,由中国航运公司自筹 20% 资金,分四次于签约、安放龙骨、下水及交船时分别支付,其余 80% 由政府银行(交通、中国和台湾银行)保证,于交船后分 8 年 16 期平均支付,年息 5 厘,由新船运费收入项下按期结汇清还。[①] 其后"亦云"轮列入 1968 年度计划,也完全依照这一模式进行。后来中国航运公司要求将该轮移转到董浩云新近成立的寿康公司承受,"中航"强调,这只是"对内调整财务结构,以利资金之调度",而对外业务仍由寿康公司委托"中航"全权营运。

与时俱进

董浩云在拓展航运事业、扩大船队的同时,还注意引用先进的科学技术,与时俱进,不断提高管理水平,降低成本,提高效率。早在 60 年代中期,董浩云就敏锐地意识到科学技术发展的巨大能量。他曾对记者表示,现代科学的发展已从原子时代转入太空时代,因此航运业必须跟随科学发展而进步,运用原子能为动力的理想已从理论而付诸实践,这是人类征服海洋的伟大成就;而"电子计算器的使用,无论对航业管理,或造船工程都有很大的贡献,可见人类在航业发展方面,现已面临一个新的时

---

① 《行政院外汇贸易审议委员会第 619 次会议记录》(1967 年 8 月 25 日),台北中央研究院近代史研究所档案馆藏外汇贸易审议委员会档案:50—619—032。

代"。他不光是这么说的,而且也正朝着这个方向努力。因为电子研究的成功,世界航运业已开始使用雷达和无线电远距离导航系统设备,推动航海的安全并确定船舶的位置。①

董浩云很早就注意到节能的问题,他曾在"太平洋光荣"轮上的烟囱内装置一个容积很大的锅炉,其原理是利用柴油机排出的废气(通常温度为摄氏400度)加热,然后用其产生的蒸汽来驱动透平发电机,这样便可供给船舶航行时所有油泵、水泵以及生活用水的用电。虽然实现这一设想需要花费额外的一笔投资,同时机器亦需经常维修和保养,从经济利益上考虑不一定划得来,但却可以体现董浩云所具有的节约能源的良苦用心。而在另一艘"大西洋巨星"的新船上,董浩云则安装了美国科学家发明的水槽体系平稳设备,这在日本船厂建造的油轮中属于首例;同时,他还决定在船身及油舱内外敷涂埃索公司Esso生产、闻名世界的Rustban剂,尽管代价高达70万美元,但为了确保钢板经久耐用,让船东和租船人都满意,他认为这样做还是值得的。②

1965年12月9日,董浩云委托浦贺船厂建造的"东方皇后"号(Oriental Queen)客货轮(载重量12500吨)在日本横须贺海军基地举行隆重的下水礼,该轮率先在全球首次采用留美华裔学者卞保琦博士设计的"半潜型船体",引起世界航运界的广泛注意。

卞保琦1916年出生于江苏省武进县,早年毕业于吴淞船校,1943年赴美国麻省理工学院留学,获得博士学位后即任美国海军船舶研究中心研究员,他是享誉国际的船舶专家和流体力学学者。1961年,卞保琦提出"应用兴波阻力理论设计船身线形"的理论,引起世界轰动。这个理论的主要内容就是打破传统的船型构造,充分利用船体航行时产生两个

---

① 《新生报》,1966年4月19日。
② 《航运》第278期(1964年5月15日),页1。

相反方向的波浪，从而减少船壳的阻力。这一设想虽然十分大胆，但是将理论付诸实践是需要勇气的，卞保琦提出这个理论后无人采纳，只有董浩云高瞻远瞩，慧眼独具，决定亲自予以实践。1961年日本方面邀请卞保琦到东京讲学，董浩云闻讯后先于5月在美国首都华盛顿主动与他取得联系，并专门设宴接待。董浩云与卞保琦的见面不单单是礼节性的，在细心听取卞保琦的介绍后，董浩云还与他共同研究这一理论的实用价值。当年10月底董浩云参观日本三菱造船厂，得知卞保琦刚于上周到三菱船厂指导工作，更加增添了信心，因为他认为这一举动"实可为吾人扬眉吐气"。虽然这种理论当时还只是经过实验室的船池拖拉试验，存在一定风险，而且船型设计的造价也较高，但董浩云具有敢为天下先的魄力。在这之后不久，卞保琦相继在美国和挪威的国际学术会议上宣读了《船舶抗波学理及实验的研究》和《波浪抗拒的实战》两篇论文，引起世界航运业和学术界的高度重视，董浩云更是受到他这一理念的感召，毅然向日本浦贺重工会社建议，由他旗下新造的"东方皇后"轮成为实践这一理论的第一艘船只。船厂接受了董浩云的意见，立即聘请本厂工程师石井博士和横滨大学的丸尾教授主持这一工作，他们依据卞保琦的理论，共同合作研究实践，终于生产出这一被称之为"半潜型"的极具革命性的船壳。

1966年4月，"东方皇后"正式落成下水，随即便加入华洋邮船公司（"东方海外"的前身）的远东与美国间的定期航线。试航那天正遇上狂风巨浪，但"东方皇后"性能良好，以每分钟123转12800匹马力，时速可达23海里（而一般轮船需要18000马力主机方能达到这一速度），使用四分之三马力时，时速仍达20海里。这样不仅提高了船速，而且还降低了耗油，经营费用大为减轻。

"东方皇后"的试航成功引起了国际航运界和学术界的极大兴趣，首航途经仁川、基隆、新加坡、槟城和香港等各大港口，董浩云都在当地举办盛大的酒会，特别邀请当地政经界重要宾客上船参观，并与各地学术机关合作，举办研讨会予以介绍，其中规模最大的就是在香港召开的学术讲座。

1966年5月4日，董浩云趁该轮首航途经香港的机会，在香港中文大学校长李卓敏教授和香港大学理学院院长麦开教授（Prof. S. Mackey）等人的支持下，联合香港工业专门学校、香港工程学会、香港航业协会和香港船东会等机构，假座九龙海运大厦会议厅，邀请300余位业内行家和专业人士举行"东方皇后"轮建造设计的座谈会，这在香港的历史上还是第一次。在先行召开的记者会上，公司的几位负责人先后发言，任家诚详细介绍了该轮建造经过及其特点，龚耀显等人认真回答了记者的提问，董氏集团总工程师黄次法并向与会人士提交了一篇学术论文。接着举行的研讨会上，主持会议的麦开教授首先致词，他认为卞保琦博士设计这种具革命性的船壳经证明已获得成功，同时他也指出："如果不是名闻国际航业界的董浩云先生的远见及其企业精神，这项新的学理恐怕短期内还不可能见诸实践。"

董浩云最后发表演讲，他先是回顾了近年来空运与陆运方面所取得的重大成就，但相对而言，海运目前完全解决动力方面的革新并不实际，然而未来人类所需要的大部分用品，包括燃料、原材料和大部分货物，仍然需要船舶装运。这也就是说，在动力问题尚未彻底解决之前，航运界应从其他方面积极予以改进。董浩云说，当他得知著名的流体力学专家卞保琦博士提出的以船壳设计来抗拒波浪的研究理论并已取得试验成功时，即敏锐地认为这是未来航运事业的方向，在得到卞保琦的同意后，董浩云立即通知日本浦贺重工会社，让他们在今后为董氏集团订造的新船中采用这项新的理论，而"东方皇后"正是其中的第一艘。浦贺重工亦立即委派石井和丸尾两位专家主持设计工作，他们根据卞保琦的理论，最终创造性地设计出这种革命性的船壳，也就是目前大家所看到的"半潜型"。因此，"东方皇后"号客货轮是世界上依据半潜型原理而设计制造的第一艘轮船，值得载入世界航运的史册。①英国劳氏验船协会首席验船师约翰·茂莱亦亲自对该轮进行试验，其后曾致函董浩云称，试验的结果"非常动人，的确比过去生产的各类船型更为进步"。

虽然"东方皇后"轮表面上属于马来亚航运公司所有，悬挂的是利比利亚的国旗，但业内人士都知道它真正的主人还是董氏集团，而且又完全由中国人驾驶。该轮造价约400万美元，很多行内人都称赞董浩云的眼光和魄力，极具冒险的企业家精神，敢于将这样大的资金投资于从未实验过的新船上，实在是了不起。1966年6月2日，"东方皇后"抵达纽约，"喷水船、直升机欢迎她进入世界巨港"，纽约市长代表致赠送纽约金钥匙以示欢迎，第二天的《纽约时报》更以巨幅版面刊登文章，介绍"东方皇后"号的到来。

在此之前董浩云委托日本三菱造船厂建造的"东亚巨龙"轮，其自动化机舱中最为突出的设备，就是采用美国通用公司设计制造的MST-13型包装式蒸汽透平机，功率达28000匹马力，船壳虽然较窄，但主机动力不减，其航速在当时同级油轮中称冠。这种将以往用传统人力操作的系统完全改为自动化遥控操纵，已接近理想之境地。

1968年以后董氏集团陆续建成的"维"字系列超级油轮，董浩云又率先采用美国通用公司生产的MST-14型再热蒸汽涡轮机。所谓"再热"，指的是进入高压涡轮膨胀作功之后的部分蒸汽，会再被引入锅炉加热，这样既可提高热效率，又能减少油耗。这在当时是世界上最先进、也是最省油的涡轮机，每分钟80转，功率达30000匹马力，但每小时每匹马力耗油还不到0.4磅，较一般的涡轮机省油量竟高达25%，时速则可达到15.7海里。董浩云正是看到了这一发展趋势，所以果断地决定将首批超级油

---

①《"东方皇后"轮在香港举行的盛会》，载《航运》半月刊第324期（香港：1966年5月15日），页1—4。

轮全部安装这种主机。航运界的同行都钦佩董浩云的勇气，美国通用公司涡轮部总经理贝纳德更是赞赏他的魄力，虽然这种发动机从未装置在任何类型的商船上，但他仍肯定地表示："这是一种成效卓越的再热动力机器，其经济优点超过任何其他轮机。将装置费用、运转费用及保养费用等详细分析之下，证明 MST-14 型机器比任何种类的柴油机和气涡轮都确实合算得多。"①

扩充船队

经历了苏伊士运河危机后，董浩云的航运事业有了很大的转机，旗下船队的数目亦与日俱增。董浩云有个习惯，就是几乎每年在除夕或元旦的日记上都会写下旗下船队本年度不断扩充的数字，这一方面是对自己一年的成绩作一总结，同时也为未来一年的工作制定新的计划和目标。1950—1960 年代正是董浩云旗下船队发展最为迅速的时代，这里简单摘抄他在这 10 多年日记的部分内容，从中既能看到董浩云船队不断增长的过程，也可以了解他坚持不懈的追求与奋发向上的志向。

1957 年元旦："今年航业仍形景气，新船计划正次第实现：法国第一艘新船已下水，第二艘正将订妥，'佐世保'新船亦盼其能顺利完成，则我之初步计划 Atlantic Bulk Carriers 与 Atlantic Far East Lines 配合，发展世界航业已告树有基础。"

1958 年元旦："航业自一九五七年五月突然开始走下坡，愈演愈烈，实使我一切计划成问题。目下我航业建设银团已掌握二十万吨之船只，面临如此不景气，能不忧惧？所幸法国第二艘新船已取消，虽然取消时颇感可惜。"

---

① 《航运》第 389 期（1969 年 3 月 15 日），页 4。

1959年元旦："一九五九年度计划,仍为充实ABC新船阵容与 *Atlantic Far East Lines* 之船只。"在这一年中董氏新购散装货轮"东方宝舟",而在法国新建的"东方巨人"油轮亦将于年底下水。然而"航运市况继续不佳,我之康健情形亦不宜做过多事,虽然东南亚银行计划与《三保》电影之摄制仍为我衷心所愿,以推进在本年内完成者,事在人为,有以俟之"。

1960年除夕,董浩云回顾当年计划时表示一切尚称顺利,旗下船队不断扩大,包括"四艘 *Oriental* 级,连同四艘 *Atlantic* 与 *Pacific* 级,加上四艘'云'级、四艘 *Hong Kong*,将为我人航业骨干,行见一九六一年完成组织划分成功。"

1961年元旦:"一九六一年伊始,感慨万千!就事业言,已突破船只卅万吨之目标,中国航业公司不仅未被击倒,且已站起来了!拥有自由轮两艘,油轮一艘,连新建三万吨纽约线之巨轮,亦达五万吨关口。"至于定期航线虽然目前尚未正式开办,但旗下船队已经拥有"东方贸易"和"东方宝舟"以及"东方之星"等轮,将来准备以香港为基地,创立香港邮船公司专门代理集团定期航线,因此"除已购胜利轮外,仍拟续购数艘,俾行使定期航班"。

1961年除夕之际他总结当年的成绩,旗下船队吨位接近40万吨,*Orient Overseas Line* 正式开业,"如云"在日本建成,又在法国建造新船。此外,复兴航业公司除了建成"复安"轮外,还要改造三艘T2及T3型船,另有49000吨新船的建造计划,"虽然大权旁落",但对于中国航运事业来讲总归还是一件喜事。

1963年元旦:虽然"1962年为经济上最困难一年,但亦为吨位扩充最多、最快之一年"。回顾这一年中,新购得一艘四万吨油轮 *World Integrity*,"如云"新船建成落成,并成为开辟中美航线的第一艘客货轮,此外又购买了五艘"胜利"轮。不算复兴航业公司,董氏集团旗下的船队数目已超过 40 万吨,"故亦足自慰"。董浩云的新年祝辞是"希望本年度人事能组织健全,经济能稳定,华侨航运公司能成立,OOLine 能站住"。

1963 年除夕,他总结自己这两年主要在日本活动,其间共造新船达 30 万吨,再加上法国新建的 27000 吨油轮亦快交船,"是为我事业成功史上最重要之一页!""一年来,为 Esso 造船未成,'三井'可恶,但因祸得福,吾人反而促成一千四百万元大借款,又因而可造油轮卅万吨,亦大喜事也。"

1966 年元旦:"1965 年顺利度过,下水船只,此一年中达五艘",超过 20 万吨。"今年计划为十万吨浮坞安放日本,五年后必须拖返高雄,建立造船厂。""二十万吨油轮一租予 Shell,一给 Gulf Oil。""OO Line 必须完成开辟驳欧洲定期航线之新任务,打破英国垄断。"

1967 年元旦:"1966 年年底,我们已有一百廿万吨船在海上行驶。《东亚巨龙》电影到处大受欢迎,'东方皇后'亦引起世人多少注意。今年希望在头寸上克服困难,因四艘二十二万吨油轮将造,欧洲航线又将开辟。艰辛必多,收获亦大,愿为国人航运史开一纪元。""国内正闹文化革命,愿我人在海阔天空、自由天地中,能发扬光大!"

1968 年元旦:"一九六七年殊为幸运一年。六月 Suez 运河封闭,虽不像 Naess 等船东获利达千万美金以上,我人唯一油轮能抢到好市面者为 Pacific Satellite,亦属不错。加上'东燃'预付吾人运费达一百五十余万,干货船亦不差,故而 1967 年稳稳可以度过。"

"一九六八年不拟再订造新船或补购旧船,良以迄今我人已有大小新船十一艘之多在建造中,吨位达一百卅万吨,连同已有吨位,将达二百六十万吨之巨,亦足自豪。""今后端在整理内部,充实财务,组织各小组 Committee,完成总管理处分组管制之制度,一面充实东南亚业务,如印度尼西亚、泰国、马来亚,开辟美/澳航线;六艘二十一万吨大油轮建造必求优良,人事配备更需准备充分,奠定吾人航运之基础,是为一九六八年之计划。"

1970年除夕:"这一年算是顺利一年,尤其油轮涨价,我人六艘大油轮计划,幸亏留下了 *P. Satellite* 一艘四万五千吨小船,以及偷偷地掉出 Energy Resource,赚了一笔。又为了有这笔钱,才买了 *Queen Elizabeth*,创办了惊天动地的'海上大学'计划。一年容易过,明年将有更多成就!"

……

董浩云大举造船的同时,也十分注意其他地区的发展态势。60年代末至70年代初,韩国的经济刚刚开始崛起,董浩云即敏锐地注意到这一点,并积极采取措施予以接应。1972年9月17日,董浩云与现代集团董事长郑周永见面,洽谈建造25万吨油轮之事,同时又接待大韩海运会社的董事长朱耀翰,讨论日后货柜轮合作运输事宜。

9月18日,韩国汉城货柜码头正式启用,董浩云应邀主持剪彩仪式,旗下"东方海外"OOCL第一艘货柜船亦同时抵达汉城,董浩云眼看着OOCL的货柜由火车牵引在路轨上慢慢前行,不禁心潮澎湃。41年前的今天,正是日本发动九一八事变、入侵东北的日子,而汉城"为日人侵入东南亚陆上运输要道";如今OOCL的釜山—神户货柜轮航线正式开通,他旗下的货柜则"从韩国半岛陆上运输可远届欧陆",由此他真的感到"吾人货柜之重要性"。

发展契机

60—70年代是董浩云事业发展的黄金时代,这段时间他的事业之所以能够大展宏图,除了他善于捕捉时机、与时俱进等条件外,也与其他发展的契机有关。

首先是海员队伍的扩大。

从事远洋航运必然需要大批第一线的船员。英国与美国等西方大国原来都拥有世界上最庞大的船队，但战后因船员工资大幅上升，船东不堪重负，同时这些国家的工会力量强大，不允许船东以低薪雇用第三世界的船工，或与资方谈判，或诉诸法律，要求改善工作条件，增加工资，并动辄以罢工相威胁，导致欧美船东不得不削减船队规模。50年代初董浩云搭乘邮轮远行时，途中曾询问船上一位华裔水手的工资，知道他服务时间很短，"但收入甚丰，每月约美金三百元，另有工作额外工二百元，其美金五百元，亦一巨数也"。①到了60年代，美国船员的月薪更是普遍维持在2000美元左右，而香港的船员工资仅有300港元，按当时的汇率（1∶6）计算，两者薪酬相差几达40倍！而且香港独立工会势单力薄，缺乏与资方谈判的砝码，再加上从内地和东南亚来港的移民源源不断，更成为船东固守低薪的有利因素。董浩云船队的崛起自然也与这一有利的条件相关。

然而随着世界经济的发展，香港船东也面临船员不足的困难，其中最令他们感到威胁的是国际运输工人联盟（ITF）的存在和扩充。以往香港船东最乐于招聘主要来自于香港和台湾的中国籍船员，因为他们工资较低，又能吃苦，更重要的是很少有工会组织发动的罢工。进入70年代以后，香港的经济开始起飞，各种工业机构广为招聘工人，特别是地铁工程全面展开，以高薪聘请工人，吸引许多有经验的船员上岸工作。据香港船东协会估计，香港登记在册的海员大约有8.5万人，而真正想上船的只有不到四分之一，他们的目的很简单，就是为了赚取那点额外出海酬劳而抛家离子、离乡背井。尽管船东屡次提高待遇，但效果并不理想，因此只能从其他地区如泰国、菲律宾、韩国、印度尼西亚等国家去招聘海员，而这些国家的海员遍布全球，多数成员均已加入ITF，他们为了提高工资、增加福利，随时都可以向船东发起攻击，而这些举动必定会得到ITF的全力

---

① 《董浩云日记》（1953年4月17日），上册，页102。

支持。董氏集团未雨绸缪，早就开设船员训练班，培养出一批批自己的船员，并不断提高待遇，吸引船员长期服务，此外还注意从台湾海军退役的官兵中去招聘船员，从而基本上解决了这一难题。

其次就是抓住一切有利时机购船。

第二次世界大战期间，大量的轮船毁于战火，为了完成海上运输，美国特别赶造出一大批船只应急，被称为"胜利轮"。这批超过10000载重吨的货轮配置8500匹马力的蒸汽透平机，航速达16.5海里。由于造价低廉，设备简陋，主要适宜战时运输。战后这批船曾改装成C3型货船，一度成为美国货运业的主力，但到了60年代，这批20多年船龄的旧船已接近报废，而且追求享受和舒适的美国海员根本就不能忍受船上的简陋设备，因此美国决定将其廉价出售。董浩云立即抓住这一机会，以100万美元购买了12艘胜利轮，按当时的汇率大约为600万港币，也就是说董浩云以每艘船50万港币的价格迅速扩充了他的船队。董浩云将这批船略加改造，编为"香港"系列，加入行驶欧美的定期航线，如"香港公平"、"香港荣耀"、"香港商人"等，其中"香港旗帜"、"香港代表"等胜利轮，后来再改装为货柜船。董浩云当然知道这批船的缺点是耗油率高，设备简陋，但因当时国际油价便宜（每吨不到20美元），上涨的运费足以弥补多耗的油料，而且香港的海员工资低廉，又能吃苦耐劳，为了养家活口，并不大计较船上过时的设备。这批船只董浩云差不多用了将近10年，其间所赚的利润足以购买数十艘同样吨位的新船，回报率极高。

战后西德航运业的发展速度也很快，到了60年代中期，西德船东已经普遍采用自动化或半自动化的先进货船。船东的目的其实说起来很简单，首先是要提高效率，需要建造新型船只；而为了降低日益上升的船员工资，则必须减少船员的数量，但这样一来一大批50年代建成的14000吨双柴油机、双轴客货轮便面临淘汰的境地。董浩云立即抓住这一机遇,从德国船厂 Bremer Vulkan 手上商洽购置这批轮船。原先德国船东每艘船的要价为 155 万美元,后来减到 125 万美元,但董浩云反复压价,最终以每艘 100 万美元的价格成交。不过德国方面还是提出一个附带条件,就是这批船不能行驶于欧洲航线,以免对德国的航商造成威胁。后来董浩云将这批新购的船只纳入"东方"系列,命名为"东方学士"、"东方艺人"等船名,行走于远东至北美的航线。

第三就是融资。

航商手中必须掌握充裕的流动资金,因此每隔一段时间在购船或造船的同时,必须出售一批船只。一般来讲,船舶自出厂交船后使用时间大约为八年,而一支船队的平均船龄以三至四年为最佳,因此从订船到租期结束,七年为最远时期,超过七年就需要有累进条款,具有猜测的成份,因此五年为期而有保证的现金流通,可以减偿船价的 45%(全部折旧期为 11 年)。原先造价中有 80% 来自于银行贷款,到五年期满时未清偿的贷款不过是该船市价的 35%,所以不论是让售还是出租,一定会得到不菲的利润,同时更可将此款用于订造新船。

从事远洋航运不论是购船或是造船,所动用的资金都是极为庞大的,一般船东手头不可能有那么多的现金周转,因此急需得到银行的融资。然而早年船东向银行寻求贷款非常困难,而且利息很高,因为银行界普遍认为船东收入不固定,贷款给他们风险实在太大。存在这种想法的重要原因就是银行只注意船只本身的价值,却忽视了它所具有的赢利能力。据香港著名船东曹文锦回忆,早年香港只有汇丰银行一家经营有关航运业务,但是香港船东若想向汇丰融资,就必须通过英资的会德丰船运公司或者是挪威的华伦公司代为替华商贷款,这样不仅利息高,手续费昂贵,同时华商还得被迫向外资公司雇员送礼,讨好求情。

董浩云早年造船也曾遇到这种情形,融资极为困难,但他并不气馁,而是想尽一切办法,不断在金融界、造船厂和用家几个方面四处周旋,终于取得银行界的信任,这里只列举他融资造船的一个实例予以说明。

早在1955年,董浩云就利用战后日本经济发展以及美国和日本政府的政策,确定了在日本造船的大计。通过他的游说,美国银行同意承做山下公司与董氏集团合作的贷款,前后几达一亿美元之多。[①]其后董浩云更将重点放在日本的佐世保船厂,因为该厂战时是日本重要的海军基地,战后虽然得以恢复生产,但长期以来未曾向国外建造新船。1958年董浩云委托该厂建造的石油/矿砂两用船"大西洋信仰"就是董氏集团在日本建造的第一艘货轮,也是该厂为外商提供的第一艘大型船只,自此之后董浩云便成为佐世保船厂的最大客户,同时,他的热情和诚意也为他赢得了信誉。其后不久,董浩云又向该厂提出建造一艘七万吨的油轮,但他并没有足够的资金建造。于是他先到美国找到当时最大的炼油公司VNOOO,经过反复游说,该公司终于同意租用该油轮,董浩云再拿着这份租用协议与美国的曼哈顿银行谈判,要求其贷款造船,银行提出贷款的前提是必须由炼油公司允诺按期还款,于是董浩云再与炼油公司商洽,最后得到其同意,几经周折,终获成功,这就是"东亚巨人"建成的背景。

60年代以来,香港船东如董浩云、包玉刚、赵从衍等,都习惯采取与日本航商建立所谓"仕组船"(Shikumisen,亦即英文的tie-in)的方法融资造船。这是因为香港不仅是一个自由港,还是世界金融中心之一,资金出入绝少受到管制,所以许多日本财团都愿意和香港船东订立"仕组船"的协议,他们的目的就是为了避免日本政府在日本境内对造船及管理方面进行约束。在这个协议之下,香港船东负责融资并在日本造船,完工后即以光船长期租给日本的轮船公司,再由日本的轮船公司负责配置船员、投资保险并洽理船舶的租佣关系,所有盈亏得失,均由日本船东负

[①]《董浩云日记》(1973年12月7日),中册,页1004。

责。香港船东利用日本航商较易取得船厂的船台,而向日本船厂签订造船合同后,新船造成后仍租给日本航商,日本航商因为易于揽到货源,也愿意租用新船。而贷款银行(大多为美国的银行)则认为贷款成本以外的一分利息有利可图,故积极向香港船东贷款。这样,香港船东不断建造新船,燃料消耗较低,减轻营运成本,便于租给外商,同时再在恰当的时机,以较合理的价格出售本集团较为陈旧的船只而获利,集团则永远保持一支年资新颖的优秀船队。后来香港船东亦将这一方法援引到欧洲,将他们在欧洲新建的船舶长期租给欧洲航商。台湾中国农民银行董事长金克木是董浩云的老朋友,对他经营的方式极为欣赏,按他的话说就是董浩云左手造船,右手即将船租出去,因而他的船公司就像滚雪球一样,越滚越大。1965年1月30日,董氏旗下的"大西洋宏愿"由法国地中海造船公司建成下水,董浩云便完成了他的夙愿,成为第一位拥有100万吨商船的中国商人。

由于航运业日益发达,香港的银行也开始改变以往不热衷提供贷款的先例,到了70年代,银行不仅主动向船东敞开大门,而且提出的条件亦极为优惠。时任香港汇丰银行副主席的沈弼(Michael Sandberg)曾在1975年11月召开的海洋贸易会议上指出,香港金融业地位的上升与香港航运业的发展关系密不可分。一方面,香港的银行为船东购船与造船提供有利的贷款,同时也为香港的港口建设提供信用贷款,从过去10年来的贷款数字就可以看出这一变化,1965年本港银行对航运业的贷款只有港币17000万元,可是到了1975年已增至接近港币50亿元,这还没有计算以外币为单位的贷款。因此航业的增长不仅对香港的经济带来发展,对于香港的金融制度更为有利,因为银行家都认为提供给航业的贷款是一项有利可图的业务。①

---

① 《航运》第494期(1975年11月31日),页6。

由于香港船东力主谨慎的租船政策，现金流畅，银行信用良好，因而当 1977—1979 年欧洲船东因资金短绌不得不大举卖船时，香港船东则买进 500 多万吨现成的船舶，成为世界上重要的航运基地，而董氏集团的发展正是其中最明显的事例。

十　重返台湾

仓皇离台

抗战胜利,台湾光复,台湾与大陆之间、特别是与上海之间的贸易日渐密切,对于航运的需求亦与日俱增。董浩云自然不会放过这一极好的商机,1948年6月,他就在台湾的基隆设立中国航运公司台湾办事处,同年11月又亲自乘飞机前往台湾视察业务,这很可能是他第一次到台湾。从其后日记的记载中可以得知,这段时间董浩云经常往返于台湾、香港、日本之间。然而1950年8月的台湾之行却是一次临时安排的计划,事先没有任何准备;更加令人感到奇怪的是,在这之后的很长时间里,董浩云竟再也没有去过台湾。

关于此次台湾之行董浩云没有留下任何记载,只是在1950年12月24日的日记中这样补记道:"民国三十九年八月十四日,乘CAT飞机回台北，距上次离台日期达九个月之久。此次飞台仅在二十四小时前决定，站在自己岗位上，自不得不有此一行。毁誉得失，亦无从计及了。旅台达三个月之久，日为复兴航业公司事奔走折冲，其间将中国航运公司总公司迁台有所布置。……完成了使命一部份，我则于 11 月 15 日乘 Northwest 飞机返抵香港，亲友均来接。丽真尤喜出望外，所谓不能出境之流言，均一扫而光。"他在第二天的日记中又接着记载："旅台期间，承新雨旧知予以协助，甚为感谢，使各事得逐一顺利推进。"由此可以得知董浩云是 8 月 14 日到的台湾，来之前非常仓促，没有思想准备，似为被迫而来，即日记中所说"不得不有此一行"，为此任何"毁誉得失，亦无从计及"。到台湾后他竟然居住了整整三个月，对于一个视时间为生命的企业家来说，这简直是无法理解的，直至 11 月 15 日方匆匆离开，甚至可以说是仓皇而逃。日记并未对台湾的活动予以细述，文字亦相当含蓄，但有一点可以肯定，那就是董浩云在台湾的活动并不是完全自由的，特别是进出台湾是受到控制的；从日记中所写亲友均到香港机场迎接、夫人见他回来更是"喜出望外"的情形来看，所谓"不能出境"肯定是事出有因，并非什么"流言"，只不过通过各方"新雨旧知"的协助，最后才让这一危机"一扫而光"罢了。

这三个月在台湾董浩云究竟做了哪些事无人知晓，我们所知道的结果是，中国航运公司在这期间正式迁往台北，当时公司共有货轮六艘，拖轮一艘，资本额为新台币 200 万元，其规模位居台湾民营轮船公司之首，很可能这就是董浩云得以离台的先决条件。而另一个后果则是，在这之后董浩云竟长达 14 年之久未能踏足台湾！

到底是什么原因让董浩云临时决定去台湾？又是什么事让他在台北滞留三个月，并有"不能出境"的传言？他的公司迁到台湾后，为什么自己又长达十多年未曾踏足台湾？

叶纲杰是中国航运公司的一位老员工，也是最早到台湾设立中航分公司的元老，长期担任中国航运公司总务处处长、行政处处长，他也证实董浩云自1950年离开台湾之后十几年间确实未曾重返总公司，但究竟是什么原因他并不清楚。据他回忆，当年董浩云在台湾时，公司旗下的"慈航"号拖轮不幸遇难，死亡人数高达30余人，公司下属怕出事，劝他赶快离台。① 但"慈航"轮遇难是11月间的事，董浩云不可能提前两个多月就到台湾处理后事。

另一种说法比较可信，那就是所谓"通匪"。

此时新中国刚刚成立，百废待兴，急需大量船只从事运输；而朝鲜战争爆发后，西方国家对中国实施禁运，国民党更是严密控制台湾海峡，禁止任何船只前往大陆的口岸。几乎就是在董浩云抵达台北的同时，"行政院"公布了《投匪资匪之轮船公司及船只紧急处置办法》，严厉惩处为大陆运送物资的船东，这应该不是时间上的巧合。

种种迹象表明，正当西方国家对中国大陆实施禁运之时，董浩云的公司曾将旗下货轮租赁给外商，经营与大陆之间的贸易，因而受到台湾当局的注意。② 董浩云的好友、当年率船北归的刘浩良也曾回忆说，1950—1951年董浩云旗下的船队曾常常开往大陆。③

蔡孟坚曾是国民党中统系统的重要特工，他早年留学日本，与日本政界人物多有来往，因此50年代初受蒋介石委派，长期在日本从事秘密外交活动。据他回忆，董浩云当时确实因违反台湾的有关禁运法令，私自进行沪港两地的航运贸易，后被国民党驻香港的特工人员查获，并报送台湾主管情报的蒋经国，因此董浩云长期不敢赴台。台湾中国航运公司的负责人董汉槎、陈公亮在官场上关系众多，与蔡孟坚也是熟人，他们曾多次请蔡代为说项，蔡、董二人因此得以在东京相识。但董浩云从未正式向蔡孟

---

① 《叶纲杰访谈记录》（2004年11月30日，香港）。
② 《彭荫刚访谈记录》（2005年3月11日，台北）。
③ 刘浩清：《我与董浩云的交往》，《董浩云的世界》，页308。

坚提出赴台的要求。因为他知道蒋经国亲自负责情报工作，而且蒋素以大义灭亲的姿态示人，所以没有人敢在他面前缓颊。① 这应该是董浩云长期不敢到台湾的重要原因。

若即若离

50年代初，中国航运公司与复兴航业公司相继迁台，然而作为公司的创办人和股东的董浩云却长期不能到台湾视事，这对他航运事业的发展自然会带来许多困难。特别是复兴航业公司，因为董浩云只是一名常务董事，拥有的股份并不足以左右公司的运作，因此日后眼见公司改组增资，他却没有任何管制权。相比之下，中国航运公司是董浩云亲手创立的公司，一切业务均在他的掌控之中。公司迁台后董事长董汉槎、副董事长龚耀显是他的多年好友，总经理陈公亮是原台湾省主席陈仪的胞弟，本人则长期在财政部出任要职，在政界也有很多关系，后来的总经理朱世庆更是董的连襟，因此董浩云虽然长期不能到台视事，名义上只是一名常务董事，但却是公司的实际负责人。然而不管怎么说，因为董浩云本人长期不能亲临视事，对于公司的长远发展毕竟还是会有很大影响。

此时台湾当局对董浩云的态度，可以说是既怀疑控制，又利用拉拢。

台湾"国史馆"典藏的情治部门档案中曾为董浩云设有专档，起始年代正是在董浩云离台之后不久。尽管这些所谓情报多为各个时期有关董浩云活动的报刊资料，并未发现有什么对其不利的传言；尽管人事调查表上对他的生平记载错误百出（如将他学历填为上海沪江大学、日本早稻田大学毕业，实际上董浩云根本就没有上过大学，更没有出国留学，这就说明情治机关的调查也不一定全都正确），但这至少说明此时国民党的情报机

---

① 蔡孟坚：《已故董浩云的"船王世界"追怀》，《传记文学》第68卷第5期（1996年5月），页37。

关已对董浩云的行动高度重视。①

1952年12月30日,"中华民国"轮船商业同业公会全国联合会在台北召开第14次常务理事会,这是该会迁台后召开的第一次会议。因原联合会理事长杜月笙、卢作孚先后去世,理事会的人选急需改组,鉴于董浩云在航运业中的影响举足轻重,常务理事会决定将原担任理事的董浩云增补为常务理事。不料该决议却遭到"内政部"的驳回,其理由是"常务理事缺额应由该会先就在台理事推选二人递补报备,其余一名应依整顿办法第一条规定办理后再议",②最终否决了轮船业公会的建议。

虽然情报部门对董浩云的行动极为关注,但因董浩云在航运业的地位日渐重要,台湾当局对他也采取利用的态度。譬如1952年"交通部"组织访日航业代表团,鉴于董浩云在航运界的影响以及在日本的关系,代表团团长俞飞鹏就力主邀请他参加,并委托他负责起草访日报告;董浩云虽然不能去台湾,表面上看,他也不是中国航运公司的董事长或总经理,但他实际上是公司负责人却是众人皆知的事实。尽管如此,中国航运公司仍可以金山轮船公司代理的身份在台湾从事国际航运,这样既可享受政府救济航运事业的津贴,亦可申请政府办理的航业贷款,这也可以说明台湾当局对待董浩云的态度。

相比之下,董浩云对待台湾政府的态度也是这样,一方面小心翼翼,不敢得罪,但同时为了得到当局的支持,当然更希望弥补和加强彼此间的关系。因此他在国外,特别是在东京,经常要与台湾的官方人士接触,向台湾银行申请贷款,在日本建造巨轮。然而此前被困台湾的经历成了他心中的一个梦魇,使他长期不敢踏足台湾。1952年10月10日董浩云在东京应邀参加"驻日大使"董显光举办的国庆酒会,遇到一位来自台湾的

---

① 台北国史馆藏:总统府侍从室档案(人事登记)100700。
② 《中华民国轮船商业同业公会全国联合会四十二年度工作报告》(1953年12月),《航运》杂志第46期(1954年5月31日),页25。

四星上将，董在日记中居然写下他究竟"是砥柱，是魔王？"1960年3月23日，董浩云到菲律宾公干，受到大使馆官员的热情款待，正好来自台湾的一个考察团也到访马尼拉，董浩云与他们相见后便在日记写道："今日我与凶手握手，这一批倒行逆施的东西"！这两段令人猜疑的文字虽然没有提及具体的人名，但却说明董浩云对台湾某些官员心存恐惧，这很可能与他当年在台湾的经历有关。

1957年，台湾当局为了密切联系香港及海外华侨之间的关系，特以"全国商船联合会"杨管北等七位元老的名义邀请香港航运业的代表访问台湾。这原本是港台两地之间合作的一次极好机会，但是董浩云却没有去，只是委派其连襟张翊栋（中国商船企业公司经理）以及他的部下于寿椿（中国航运公司经理）及宋心冷（《航运》杂志总编辑）赴台参观。这说明董浩云是非常希望加强与台湾官方之间的联系，但他本人对赴台仍心存恐惧。

董浩云心中其实真的很想去台湾，1958年1月7日他在东京与蔡孟坚相聚，回来后即在日记中写道，蔡孟坚对他讲，"大千、浩云为国宝，尚未返台一行为憾云云"。董浩云记下这番话一方面说明他以"国宝"而自喜，恐怕更多的还是表达了重返台湾的愿望。

1961年台湾的"行政院"准备在阳明山召开会议，目的和形式都有点仿照抗战初期召开的庐山会议，就是邀请各行各业的代表"共商国是"，其中经济方面的代表，包括海内外航运界、外贸界、财经界巨子。此时董浩云在世界航运界已颇有名气，特别是他在日本投资建造的"东亚巨人"刚刚下水，赢得世人赞赏。因此蔡孟坚就向负责筹备会议的国民党中央常委袁守谦（后任"交通部长"）提议邀请董浩云出席会议。[①]

在各方朋友的游说下，最终大会向董浩云发出正式邀请，并将入境证

---

① 蔡孟坚：《已故董浩云的"船王世界"追怀》，《传记文学》第68卷第5期（1996年5月），页37—44。

明同时寄出。阳明山会议的第一次会议即财经会议于当年7月召开,到底是去还是不去？在这段时期董浩云的日记中可以看出他的矛盾心理。董浩云曾向各方朋友咨询意见,总的来讲,反对的意见超过支持的声音,夫人顾丽真坚决反对他去台湾,在台湾的老朋友龚耀显也多次劝他不要来。董浩云心中犹豫不决,甚至"为是否去台问题几夜无眠"(6月17日日记),"是否去台,仍感困扰"(7月3日日记)。最终董浩云还是以在欧美造船签约为由未能与会,只是为即将在台北召开的航业会议提交了一份报告,后来他亦在电话中向蔡孟坚表示因事不能赴台出席会议而致歉,但蔡为此极为不满。

很可能是因为董浩云未出席航业会议和阳明山谈话会,引起台湾某些人士的反感,1961年9月,具有台湾背景的香港杂志《新闻天地》发表了一篇署名文章,对董浩云公开进行人身攻击,说他是国内的"油虫",长久以来就是"靠着两件法宝来哄骗政府的高级官员,吓迫政府的中级主管",其结果是"油轮大亨们肥了,老百姓瘦了"。[1]董浩云读到此文后极为恼火,他在日记中写道:"《新闻天地》污言蔑人,可恶异常。今后不能示弱,必须加以反击!"不过随后他又想到,就是"总统、主席亦有被人蔑污者,遂平心静气矣"。

虽然董浩云没有赴台湾参加阳明山会议,但因他的事业蓬勃发展以及在全球航运界地位的上升,台湾当局对他亦越来越重视。1961年7月召开的航业会议通过动议,同意筹设成立航运学会,学会于次年正式宣告成立,董浩云众望所归,被推选担任理事。在此之前,中国航运公司向台湾政府申请贷款获得批准,由日本船厂建造"如云"。这就说明董浩云与台湾当局的关系已相当密切。一方面,董浩云事业如日中天,已在全球航运中崭露头角,台湾航运业的发展不能没有董浩云;同时,中国航运公司地

---

[1] 公孙啸:《痛话国内"油虫"》,《新闻天地》第708期(1961年9月9日),页17—18。

处台湾，不单在政治上，同时在经济上也都需要得到政府的支持。

由政府提供贷款、中国航运公司筹资建造的"如云"号客货轮于1961年10月10日在日本浦贺船厂建成下水，选择这一日期举行庆典，按董浩云自己说是纪念他50岁的生日，但其中含义不言而喻；"如云"轮下水后，即以台湾"中华民国"的身份，正式开辟中美航线，自然蕴藏着更深刻的政治意义。

奉若上宾

随着董浩云的国际地位越来越高，台湾当局极希望与他合作，而董浩云此刻事业的发展也同样离不开政治的支持，其实彼此间只是隔着一层纸，一捅就破，历史造成的长期隔阂，更是急需解决。

1964年，这个时机终于成熟了。

董浩云年轻时就有记日记的习惯，早年的日记因战争动乱，可能遗失在大陆而不可寻，目前保存的1948—1982年的日记中，恰恰就缺少1964年的全年日记，这就为我们解开他如何重返台湾这个谜团带来了困难，但还是可以从其他方面予以破解。

1964年7月，董浩云次女董小平与彭孟缉长子彭荫刚在美国结婚。彭孟缉（1907—1997），字明熙，早年毕业于黄埔军校，国军高级将领。抗战胜利后彭孟缉奉命赴台出任高雄要塞司令，后历任参谋次长、总长、陆军总司令、陆军一级上将。此时彭孟缉担任国军参谋总长，是蒋介石的心腹和亲信，而他正是让董浩云重返台湾的关键人物。

虽然彭孟缉因有其他事务未能赴美参加长子的婚礼，但这并不妨碍彭、董二人之间的联系，董浩云曾于7月20日的信中向彭孟缉详细介绍了婚礼的盛况。10月4日，董浩云再次向彭致函，这次则是由衷感谢由他出面斡旋，收到由台湾正式发出的参加双十节国庆的邀请。董浩云并在信中提及，已决定于10月8日乘飞机前往台北，① 这是他离开台北14年后第一次赴台。

为了促成董浩云返台，在台湾的中国航运公司也积极对外进行公关和宣传，譬如公司指派专人撰文，高度赞扬董浩云是中国远洋航业的先驱者，早在抗战胜利后就相继派遣"天龙"、"通平"二轮横渡大西洋和太平洋，从而"高瞻远瞩完成了中国航业有史以来的创举"；"三十余年来以不屈不挠之意志，排除万难，发展航业，现在美国、日本、台湾等地拥有各类船舶已逾六十万载重吨"；并在"法国、日本等地屡造新船，声誉弥满国际"。②

彭荫刚也回忆说，50年代初期台湾情报当局一直关注董浩云的动向，以致他长期不敢赴台。直到他与董小平订婚之后才多次向父亲谈到董浩云想来台湾的意愿，彭孟缉便亲自向蒋介石说项，说董浩云现在是世界船王、航运巨子，建议请他来台湾访问，蒋介石当即表示同意，这样蒋经国就没有办法阻止了。据彭荫刚讲，就是为了这件事，更加扩大了彭孟缉和蒋经国之间的嫌隙，因为他毕竟是绕过蒋经国直接和蒋介石联络的。③ 但不管怎么说，此后董浩云就可以经常到台湾来了。

据叶钢杰回忆，董浩云一行是1964年10月8日以参加双十节的名义由香港飞往台北的，并于庆典后获蒋介石的亲自接见与合影。蒋介石10月14日的日记曾说他于前日下午4时举行茶会，招待来自世界各地的一千余名华侨，董浩云自然应在其中。

董浩云此次来台可以说是风光无限，与十多年前仓皇离台相比那简直是天壤之别。台湾各大报纸连篇累牍地报导他的行踪，正如台湾报刊说董浩云此次台湾之行不仅受到最高当局的重视，而且也得到政府官员和

---

① 董浩云资料室藏：C2—13。
②《董浩云先生事绩节略》（1964年10月），董浩云资料室藏：A2—14。
③《彭荫刚接受笔者访谈记录》（2005年3月11日，台北）。

工商各界的热烈欢迎,"真所谓'惊动公卿',不同凡响",甚至是"掀起了一阵'旋风'"。① 所有这一切当然与他在航运界卓越的地位有关,台湾的《联合报》专门发表题为《航业巨子董浩云》的文章说,目前董浩云旗下的船队吨位高达 70 余万吨,超过国营招商局现有吨位的两倍半,比台湾所有商船的总吨位还要多 20 余万吨,预计他的船队明年将超过 100 万吨,② 这也称得上是"富可敌国"了吧。

此次来台董浩云不仅参加"双十节庆典",考察基隆外港扩建工程、参观海洋学院,并与台湾航运界人士就发展航运事业交换意见。10 月 12 日,董浩云应邀在台湾航运学会举行的会议上发表演讲,交通部和台湾航运界 100 多名重要人物出席会议。董浩云在演讲中特别指出,由于世界贸易的形势在变,而造船技术的进步,以致船的使用价值和效用价值亦与以往出现很大的不同,而且船的运营方式也将随之发生改变。他强调,航业现已成为工业的一部分,因为工业的繁荣已与航业的发展紧密地联系在一起,他最后的结论是:要发展航业的新观念,必须准备接受时代的挑战!

10 月 13 日,总统蒋介石和副总统陈诚分别接见了董浩云,蒋介石还与董浩云单独合影,这就更加显示出他所享有的重要地位。

董浩云此次重返台湾,很重要的工作就是加强他在台湾航运事业的投资。其一,创立寿康轮船公司。寿康轮船公司原是战前上海一家航运公司,抗战之初公司受到战争的严重破坏,后来董浩云以极低的价格收购了公司的股权,此次重返台湾的第一件事就是将寿康公司予以复业,将其业务规定为经营航运业务及买卖船舶,以及经营运输有关之代理业务。这样新公司不仅能够享受五年免税的待遇,而且还可以向"交通部"申请建造新船的贷款配额。其后公司通过增资改组,董浩云家族占据公司的绝

---

① 《联合周刊》,1964 年 10 月 24 日,第 3 版。
② 《联合报》,1964 年 10 月 16 日,第 2 版。

对控制权，在 6000 万元新台币的资本中，董浩云夫妇及董建华兄弟拥有的资金为 5560 万元，占公司股份的 92.7%。①其二，对中国航运公司进行增资和改组。1950 年中国航运公司迁到台湾时资本仅为新台币 200 万元，经过十多年的发展，公司实力大增，资本亦须扩充。经 1964 年 12 月和 1967 年 3 月两次增资，公司资本增加到 6500 万新台币，虽然董事长仍由董汉槎出任，董浩云还是常务董事，但董氏家族在公司的股份却大幅增加，在全公司 6500000 股份中占据 3270000 股（其中董浩云 600000 股，董建华 400000 股，顾丽真 2270000 股，②从而掌握了公司的绝对控股权。

声誉鹊起

在这之后，董浩云与台湾高层的关系越来越密切，1966 年 6 月 2 日，董氏集团的"东方皇后"号客货轮在喷水船、直升机的护送下首航抵达美国的纽约港，市长代表向董浩云致送纽约市的金钥匙，下午 5 时，正在美国访问的宋美龄登船访问，董浩云伉俪亲自前往迎接，并全程陪同她四处参观，著名华裔科学家袁家骝、吴健雄夫妇亦一同参观。宋美龄对记者表示，中国早应在世界航运大国中占有其相适应的位置，而"董浩云先生的创业精神，使我们更接近这个目标"。③在这期间，董浩云正积极申请加入远东运费同盟，他的这一计划也得到台湾交通、外交等部门的大力支持

1967 年 8 月中旬，董浩云到高雄视察中国造船公司，当时他的公司有一艘船正在那里制造。董浩云的夫人顾丽真陪同一起前来，这也是她第一次来台湾，因此视察完毕后，董浩云就和夫人顺便到日月潭游览观光。当晚在日月潭涵碧楼吃饭时，蒋介石的随身侍卫汪希苓武官特地前

---

① 《寿康轮船公司董事会决议录》(1969 年 1 月 22 日)，董浩云资料室：A2—5。
② 《中国航运公司增资变更登记事项表及股东名册》(1967 年 3 月)，董浩云资料室：A2—5。
③ 任家诚：《万国衣冠瞻后仪》，《航运》第 329 期 (1966 年 7 月 31 日)，页 3。

来传话,说"蒋总统"正在这里休息,听说你也在日月潭,特别邀请你和夫人明天一起共进午餐。董浩云闻讯后受宠若惊,连忙说他太太第一次到台湾,就蒙蒋公亲自接见,实乃不胜荣幸云云。原本董浩云夫妇是计划第二天就回香港的,听到这个消息后赶紧退票,因为这是"元首赐宴,不能退却"。

关于这次见面,蒋介石和董浩云都在当天(8月21日)的日记中有所记载。蒋介石日记的记载就一句话:"正午约董浩云与及家属便餐。"并没有记录谈话的内容。董浩云的记载略为详细,但也只是说席间二人"谈谈航业,谈谈外交,谈谈船坞与奖学金事"。蒋介石和董浩云都是宁波人,说起家乡话尤为亲切,"与吾人谈乡情家常,殊难得"。

董浩云的女婿彭荫刚当时也在场,而且还说其实这次见面就是他安排的,因为他与汪希苓很熟。彭荫刚至今还记得当时一些谈话的内容,席间蒋介石问董浩云:"你的航运发展很快,船员都是哪些人?"董回答说:"我的船员很多,其中不少人就来自你们的海军。"蒋介石听了很恼火,但当时并没有表示出来,宴会结束后就指示海军要好好整顿,以后不准随意让海军官兵转业到董浩云的航运公司任职。[①]

董浩云回到香港后不久就将其新近摄制的两部纪录片《东方巨龙》和《东方皇后》寄呈给蒋介石夫妇观赏,为此总统府秘书长张群特地回函致谢,说这两部电影都收到了,"两轮之壮丽宛然在目,此在我国航业界洵属空前",他还说蒋介石夫妇甚表欣慰,并嘱代为复谢云云。[②]

在两岸关系处于极端对立的局势之下,董浩云站在台湾一边,自然会引起大陆政府的反感。譬如中国航运公司是以台湾的"中华民国"名义加入远东运费同盟的,这势必引起北京政府的不满,并在舆论上予以攻击。

---

① 《彭荫刚接受笔者访谈记录》(2005年3月11日,台北)。
② 《张群致董浩云函》(1967年12月14日),董浩云资料室:C1—17。

对此董浩云心中虽然早就有思想准备,认为这"似为例行公事";但他又觉得,若站在"中国人立场似大错,令人愤慨"。①而当"东方丽华"首航抵达香港时,港台报刊都曾隆重报导,并刊有社论,而大陆在香港的重要报刊《大公报》却未登载任何消息,《新晚报》则骂了几句。虽然文章并未公开提及董浩云及其公司的名字,但他仍以为"我是替中华民族作扬眉吐气事,问心无愧!"②

由于中国航运公司无论是在融资、揽货,或是经营、造船诸方面均须得到台湾有关部门的合作,因此董浩云与台湾政经界的来往相当频繁,这从他的日记和大量保留下来的书信中就可以看出这种关系,其中政府部门包括行政院以及属下相关部门,如财政、外交、经济、交通、美援会等各部门首脑,金融机构包括中央银行、台湾银行、中央合作金库等巨头,相关的企业如招商局、中国钢铁公司、中国造船公司、中国石油公司等企业领导,董浩云与他们均保持着十分密切的联系。台湾航运界早就有人写信告诉董浩云,他不仅将"交通部"尚未报批的发展航业计划书寄给董浩云,而且还透露政府"即于本年度内准备美金一千九百余万元,作为各公司建造新船之保证或贷款,对于中国航运公司方面,至少可分配一艘中美定期班轮"。③果然不久之后,"交通部"正式公布第一期造船计划,核准中国航业公司建造 12500 吨快速轮一艘,但中航申报之造价为美金 450 万元,较同业为高。④

60 年代正是台湾经济开始起飞的重要时期,因此特别重视促进对外贸易的发展,而航运业的进步则与此密切相关。1968 年 5 月 24 日上午蒋

---

① 《董浩云日记》(1968 年 5 月 29 日),中册,页 679。
② 《董浩云日记》(1969 年 1 月 17 日),中册,页 716。
③ 《张恩骏致董浩云函》(1966 年 7 月 5 日),董浩云资料室:A2—7。
④ 《中国航运公司财务处致吴长赋、任家诚函》(1967 年 5 月 4 日),董浩云资料室:A2—14。

介石主持财经会议，第二天他曾在日记中记道："对经济与外贸方针予以重要指示"，因为他"甚以行政当局太过保守为虑"。1969年8月，董浩云亦曾亲自上书蒋介石，向他报告有关中国航运公司奉命开辟中南美洲定期航线的经过。9月17日，"总统府"秘书长张群致函董浩云，赞扬他"仰承总统意旨，精心擘划，不避艰难，拓展中南美洲之航运，对于促进此一地区之贸易及吸引观光旅客多所裨益"。张群在信中还透露，在涉及航运政策方面蒋介石曾特别做出批示："航运方面，交通部研究扩展国际航运，增辟南美航线，如有困难，可与董浩云先生商办（三或四个月一班）。"①

由于董浩云在世界航运领域中享有崇高的声望，再加上他多年在日本工作，具有广泛的人脉关系，因而被台湾政府推选为"中日合作策进委员会"成员。1970年7月，严家淦"副总统"访问日本，佐藤首相设晚宴招待访问团全体成员，成员包括"财政部长"李国鼎、"经济部长"孙运璇等高级官员，董浩云也在邀请名单之列，②这使他有些受宠若惊。他在当天的日记中写道："今晚日本佐藤首相宴请严副总统一行，我竟被邀作陪，是平生第一次参加国宴，佐藤恭送如仪。"

1971年3月15日出版的《航运》半月刊（第435期）上登载董浩云的一篇长文《七十年代话航业》。这篇文字详细地回顾了中国被列强欺辱的历史、从他个人的惨淡经营谈到中国远洋航运事业发展的艰辛道路，特别是他个人的船队如何从无到有、从零开始发展到如今拥有数以百万吨轮船的过程。董浩云认为，航运除了可以配合进出口贸易的发展外，同时也能提高和促进国家工业化前进的步伐，只要"自己振作，凭自己的力量，迎头赶上，诚能如此，则从三百万吨船的短期目标，到将来三千万吨的远大目标，我们自信应该绝对做得到"。此文的刊登引起航运界人士的极

---

① 转引《董浩云日记》下册，页1497。
②《中日合作策进委员会常务委员谷正纲等致董浩云邀请函》（1970年6月9日），董浩云资料室：A3—31。

大关注,就在该文发表一个星期后,第三届世界华商航业联谊会在台北开幕,与会代表会上会下都在谈论董浩云的这篇文章,台湾的《大华晚报》为此发表题为《建立一支强大的中国商船队》的社论,"经济部"次长刘师诚在出席会议致辞中更特别提到:"我对董浩云先生最近发表的《七十年代话航业》曾经仔细研读,对我国航业界数十年来的艰苦奋斗非常敬佩。"同年8月18—22日,董浩云的这篇文章又在《中央日报》上连载五天,从而他的名字以及他创建的事业更为台湾民众及海外侨胞所熟知。

在与政府的交往中,董浩云从中得到巨大的利益,如早期的"如云"轮的建造即完全由台湾政府提供贷款;1967年,董浩云在政府的支持下,中国航运公司代表中国参加远东运费同盟,从而打破西方航运业的垄断;为了迅速发展旗下船队,董浩云急需得到政府贷款购置新船。中国航运公司总经理陈士金向他透露,"行政院"刚刚公布核定第五期购建船舶计划,政府拟购买新船82500载重吨,其中航商自筹50%,其余50%由银行贷款或保证分期付款,贷款总额为美金1300万元。为此陈士金建议董浩云努力争取这笔贷款,或者直接以特案为由,向政府申请政策性之贷款。陈还告诉董,"财政部"部长张继正最近将到日本和韩国访问,希望董浩云"最好趁张部长在日本时当面商谈原则问题,其他细节以后再商酌办理"。①

从台湾官方的立场上来看,此时也正需要利用董浩云在国际社会中的重要影响,同时更需要得到他的合作,这应该是董浩云与台湾关系最为亲密的一段时期。当然,这一时期董浩云也得到台湾政府政治上与财政上的支持,董氏家族在台湾的实力亦急速扩张。载至1968年10月30日,集团下的中国航运公司下有"丽云"、"祥云"、"吉云"、"翠云"、"如云"、"凌云"和"东方丽娃"等六艘船,合计87349载重吨,此外还有"中山"

---

① 《陈士金致董浩云函》(1970年4月4日),董浩云资料室:A3—31。

号浮动船坞一座；华侨航业公司有"东方皇后"号客轮，12759 载重吨；寿康轮船公司有"意云"、"霭云"、"亦云"等三轮，共 37245 载重吨。[①] 董氏集团成为华人航运业中的龙头老大，同时在世界航运业的地位也占据极为重要的地位。

国轮国造

航业不仅能为国家节省外汇，还能赚取外汇，因而是一种无形输出即劳务输出，台湾当局自站稳脚跟后即订定各种办法，对于发展航业予以奖励和保护。譬如有关部门规定，对国际贸易中的输出货物尽量照 CIF 成交，输入货物则按 FOB 结算，目的就是要使国轮增加揽货的机会。自 1956 年起，财政部门规定，在税捐方面除运费收入视为外销、减免全部营业税外，对营利事业所得税亦可减免 10%，此外船舶所增加的营运量超过原有三分之一时，新增船舶的营运盈余可以免税五年；自 1961 年始，在奖励汰旧换新方面，对建造新船者可得到船价 15% 的贷款，以及 70% 国家银行的保证，以便分期付款；对购买好的现成船者，可得到船价 70% 的贷款，或国家银行保证五年内分期付款。

1959 年，交通部核准复兴航业公司与中国航运公司各造一艘 125000 吨货轮（即"复安"和"如云"），就是由政府予以贷款或保证，二轮分别于次年建成，这也是政府迁台后首次建造新船之纪录。

为了配合经济起飞的形势和提升台湾的造船水平，台湾政府提出"国轮国造"的口号，董浩云亦积极予以响应。董氏集团曾向欧美银行贷款，委托基隆的台湾造船厂为旗下金山轮船公司建造接近 10 万吨的矿砂/石油两用船，造价为 2000 万美元，打破了台湾造船史上的记录，这也是董

[①] 董浩云资料室：A2—5。

浩云在台湾订造的第一艘大型船舶。台湾《中华日报》为此特别发表社论《从董氏船团看我国海上事业发展》，称赞董浩云的成功是因为他具有"旺盛的企业精神，远见先见，与惊人的魄力"，因而"无论在设备上、营运技术上、管理方法上及企业精神上，都以崭新的面貌纵横于海上，成为国际海运界最进步的队伍之一，亦为中国人在海上放射了万丈的光芒"。1977年2月15日，这艘命名为"巴西友谊"号的矿砂/石油多用途船下水，并长期租给巴西国营石油公司。

1977—1979年度交通部将制定的造船计划纳入六年经建计划第一期，计划建造28500吨多用途货船9艘，24000吨货柜船6艘，28000吨散装货船6艘，共计21艘，568500载重吨。其中中国航运公司建造一艘30000载重吨的全货柜船，造价28000000美元。根据有关部门规定，国内造船之船价不得超过同时间同性能国际最低新船造价的5%，新船造价包括净船价及分期付款利息等之总价。其实额由船东直接与船厂议订，合约签订后承造方应将合约副本呈送经济部参办。

第一期造船计划内由中国造船公司建造"中华货柜"号全货柜轮，时速达25海里，可装载标准货柜箱1750只。1976年4月1日，中国航运公司与中国造船公司签订合约，这也是台湾自行建造的第一艘全货柜轮，其付款条件为：交船前订金为净船价20%，由船东自筹；其余部分分8年16期平均偿还，由财政部指定之公营银行一家或数家融资及保证；1977年度利率为年息8.5%，利随本减，1977及1978年度利率亦暂定为年息8.5%，但可视国内外市场利率变化情形，由双方互相议订及调整。其后第二期计划又与中船公司签约建造66000吨散装货轮，其后四年经建计划中再委托中船公司建造一艘全货柜轮，响应国轮国造的政策。这是由中国人自行建造的吨位最大、速度最快的全货柜轮，同时也奠定了中国造船公司建造货柜轮的技术基础。

十一　通向世界船王之路

开辟国际航线

中国是一个文明古国，也是一个航运大国，不论在内河或沿海，甚至远洋航海方面都具有悠久的历史，但到了近代，中国的远洋航运却远远落在西方国家之后。在董浩云眼中看来，"秦始皇遣徐福访海上三山，其目的为求长生不老之药；南晋宗悫愿乘长风，破万里浪，其志甚壮，而为寻个人一时之快意；即元、明两朝之东征南下，亦只在夸耀武功，对于海洋与人类之关系，究嫌认识不足"。因此到了晚清，才会遭到列强的侵略，他认为这才是近代中国远洋航业落后的根本原因。[①]

早年董浩云在天津工作时，就目睹列强侵占中国航权的事实。1934

---

① 董浩云：《世界航业鸟瞰》，载《国营招商局75周年纪念刊》，1947年，页111。

年，他在代表公司向铁道部要求收回航权的呈文中称，由于"中国航业能量薄弱，远洋货运不得已假手于人"，导致"我内河航行权之丧失，为洋商轮船公司所垄断包办"，以致"外商挟其巨大资金，联合远洋轮船、贸易、金融、保险等关系各方，本蹂躏航权、垄断运输，实施其经济侵略之一贯政策，相互勾结，多方破坏"。[①] 至少从这时起董浩云就立志维护国家的航权，希望有朝一日，中国的船舶能够自由遨游于全球的海面。他在1936年制定的整理全国航运的计划书中曾建议开辟定期和不定期航线，虽然那时还只是一个设想，但他却从未放弃这一追求。

据中国航运公司董事长董汉槎回忆，早在50年代中期，董浩云就有意开辟中美之间的定期航线，但因当时中国航运公司还缺乏相应的实力，无法独自承担，因此他希望能够与招商局和复兴航业公司合作，协力开创中美之间的定期航线。然而各方经过多次洽谈后，招商局和复兴公司的反应极为冷淡，当时社会各界人士亦对此事能否成功多持怀疑态度，但董浩云对这一信念却坚定不移，他不顾外界的反对，四处游说，并决意让中国航运公司率先承担。经过董浩云多年的坚持和努力，终于让中美航线的开辟成为现实，从而"一新外界和同业之耳目"。[②]

1961年新年伊始，回顾过去，寄望未来，董浩云在日记中感慨地写道："就事业言，已突破船只卅万吨之目标，中国航业公司不仅未被击倒，且已站起来了！拥有自由轮两艘，油轮一艘，连新建三万吨纽约线之巨轮，亦达五万吨关口。"他的下一个目标，就是尽快开辟中美定期航线，从而让他的船队进入世界航运的大家庭之中。

1840年鸦片战争爆发，列强通过一系列不平等条约，垄断了中国的沿海及内河航运权。100年之后，虽然中国废除了不平等条约，国际地位

---

① 天津市档案馆藏天津航业公司档案：J168—72。
②《董汉槎在中国航运公司董事会上的发言》(1967年10月3日)，董浩云资料室：A2—7。

有所提高，跻身所谓"四强"，但实力的对比才是最重要的因素。第二次世界大战胜利后中美两国签订的《友好通商航海条约》，从条约的内容上来看双方似乎是相互通航，平等互惠，但因中美"两国经济实力悬殊过甚，商约实行后，两方所获取之利益势难均等"。[①]事实也是如此，《中美商约》签订后，美国千樯成队，如排山倒海而来；中国则一苇皆无，只能望洋兴叹。

1960年4月13日，董氏集团在亚丁的拍卖会上购得"太平洋先锋"轮，这是一艘日本浦贺船渠会社1956年建成的载重量达15000吨的散装货轮。董浩云购下后立即决定将其易名为"东方贸易"，成为旗下金山轮船公司开辟远东至美国纽约航线的第一艘船，董浩云认为这"将为定期航线之重要措施，可喜亦可忧耳"。购买此船是由美国银行提供的信用证，9月9日，"东方贸易"轮抵达纽约，董浩云亲自前往第49号码头迎候，但此刻在他心目中更为关注的，则是中国航运公司此时正在日本建造的"如云"号新船。

1962年12月，12500吨的"如云"号客货轮正式交付使用。董浩云即将其投入中美航线。他在1962年元旦的日记中自豪地记载：刚刚下水的客货轮"如云"号正以每小时19海里的速度驶往洛杉矶，而另一艘新购置的"祥云"号也正在开往台北的途中，因此他说："1962年为试验年，将证明我之中/美定期航线能否成功"。

董浩云十分重视"如云"轮的这次处女航，虽然因为工作繁忙，不能跟随船一起航行，但他还是乘搭飞机，亲自主持"如云"轮抵达各地的庆典。1962年1月16日"如云"轮在神户启航前举行招待会，"盛况空前"，"中外宾客数百人"；"如云"轮抵达美国后，董浩云又先后在该轮停泊的

[①]《"中美商约"谈判过程文件》(1945—1946年)，中国第二历史档案馆藏国民政府外交部档案：十八/3034。

城市洛杉矶、纽约、费城、巴尔的摩和新奥尔良等重要港口主持欢迎仪式，接受各地的祝贺。"如云"轮此次美国之行，可谓风光无限，董浩云的形象亦为美国舆论所熟悉，美联社还引用《纽约前锋论坛报》的社论，称"如云"轮为中国第一艘华贵轮船。

随着经济的发展，战后台湾与欧洲之间的贸易额亦稳步上升，其中进口商品主要是矿石和肥料，出口货物则以糖、茶叶、水泥和水果等为主。这些货物的数额虽然不算多，但一直为外轮所控制，为了进一步促进台湾与欧洲国家间的贸易发展，开辟中欧航线就显得格外重要。

营运定期航班的重要条件，就是要得到区域间经济的合作。一方面，为争取货源，必须与经营同一航线的各国航商相互协调。各国航商为了彼此间的共同利益，往往成立相关同盟、协约之类的组织，内部规定运费，以减少相互间的竞争，共同对抗同盟之外的对手。在这些同盟中，历史最久、规模和影响最大的，应该就是经营远东至欧洲定期航线的远东运费同盟了。

远东运费同盟（Far Eastern Freight Conference，简称 FEFC）的历史悠久，涵盖国家极广，是世界航运界中影响力最大、组织最为健全的运费同盟，在航运业中完全可与欧洲共同市场（EEC）或关税与贸易总协议（GATT）等国际组织相提并论。EEC 和 GATT 都是国与国之间的国际组织，有国际条约的约束力及其权利和义务，对于世界贸易和经济发展具有重大的影响。相比之下，FEFC 虽然只是私营航业中的民间组织，但因其背后都有国家和政府为后盾，在远东和欧洲间的贸易和经济发展中扮演极为重要的角色，因此从某种意义上来说，它对整个世界的贸易和经济影响并不亚于 EEC 和 GATT 的作用。

当年创立同盟的目的表面上看是为了维持运费的合理与稳定，提高区域内的航运事业，实际上则是要维护欧洲各大船东的利益，对远东至欧洲航线的航运加以垄断。同盟成立 100 多年以来，其领导人几乎都由欧洲、特别是英国和北欧等主要航运大国的船东担任,因此要想加入同盟十分困难。长期以来,参加同盟的除了日本之外,其余都是欧洲国家,19个成员亦多为规模大且声望高的著名船公司。

董浩云早就有参加同盟的计划,虽然困难重重,但因旗下船队数量不断扩大,参加同盟已成为迫在眉睫的目标。自1965年开始,他就开始四处活动,不断向各国船东以及政府高层游说,积极争取加入同盟。因为若能加入同盟不仅能赢得巨大的商机,同时也意味他的公司获得国际航运业的肯定。董浩云在1966年元旦的日记中对前一年的工作加以总结说:"1965年顺利度过,下水船只,此一年中达五艘",总载重量超过20万吨;与此同时,他又定出下一年争取达到的目标,那就是"OOLine必须完成开辟欧洲航线之新任务,打破英国垄断"。

1966年5月16日和7月17日,中国航运公司曾两次上书台湾的"交通部",表示决定开辟中欧航线,并制定了初步计划。然而中欧航线长期以来都处于英国等传统国家的垄断之下,主要由运费同盟所控制,盟外船只很难插足。因此要想开辟这一航线,必须先加入远东运费同盟,然而仅凭中国航运公司的力量是不行的。董浩云认为,此事必须通过外交渠道,先取得日本政府的同意,让盟方成员感到压力,这样才会考虑其申请。于是中国航运公司恳请"交通部""转咨外交部转向日本政府阐明我国立场,请以公平互惠之立场与原则,协助我加入欧洲定期航线"。董浩云并保证,本公司"必排除万难,克底于成,然后刻意经营,以昭信于国际"。

随即"交通部"将呈文转往"外交部",说明中国航运公司"为我国具有规模之航业公司,经营中美定期航线卓著成效,该公司实际负责人董浩云君近年致力于远洋航业之发展,并以最新设计建造快速客货船,颇博得国外航业界好评",因而要求"外交部""循外交途径洽请日本政府予以支持"。① 其后外交部亦致电各相关国家使领馆,要求他们对于中国航运公司加入运费同盟一事予以必要的支持。

对于董浩云提出的这些计划,他的朋友和同事董汉槎、陈公亮、俞丹榴虽然都表示"莫不赞同,并站在同一战线向前奋斗",但实际上却缺乏信心,害怕战线拉得太长,劝他还是要"保留余地"。② 董浩云仍坚持他的意见,要求正式加入同盟,为此动用了他所掌握的国际重要人脉,与该同盟主要成员反复折冲,阐明立场,要求他们以公平互惠的原则,支持其公司加入运费同盟。历经多年的努力,同时董氏集团在国际航运业地位日趋重要,运费同盟终于同意接纳其入盟。董浩云在1967年元旦的日记中描述今年的奋斗目标时这样写道:"欧洲航线又将开辟,艰辛必多,收获亦大",因为他的目的就是"愿为国人航运史开一纪元!"

1967年5月5日上午11时,董浩云在伦敦与欧洲远东运费同盟主席Andrew Crichton签字,董氏集团正式加入同盟,成为当时除日本之外唯一入盟的亚洲航运公司,从而打破了欧洲国家长期以来垄断亚欧航运市场的局面。至此中国的轮船可与世界上其他海权国家处于平等的地位,早于20多年前取消的不平等条约也由形式上的平等转为实质上的平等,这在当年可算得上是外交方面的一个重大突破,因而董浩云将其视为"创办航业一划时代大事"。自此"东方海外"OOL作为中国航运公司的附属机构开始经营远东至北美间的定期航线,成为代表中国(台湾)参加国际航运同盟的第一家航运公司。6月6日,董浩云代表中国航运公司在瑞典正式参加远东运费同盟召开的大会,此刻他意气风发,因为"除日本外,我人为战后第一亚洲国家,百年来第一次,亦足以自豪矣"。

1967年7月19日,中欧航线首航,中国航运公司旗下的"如云"号

---

① 《交通部致外交部咨文》(1966年9月6日),台北国史馆藏外交部档案:172—8/0905。
② 《董汉槎、陈公亮、俞丹榴致董浩云函》(1966年7月19日),董浩云资料室:C2—13。

客货轮驶出台湾的基隆港，满载货物开往欧洲。9月18日，"如云"轮抵达伦敦，董浩云特意在船上举行盛大的招待酒会，"工商界人士，新知故友百余人"应邀参加，其盛况"诚为百年来大事所仅见"。董浩云在当天的日记中还记道："中英不平等条约取消后，'如云'是第一艘中国船以定期航线姿态驶入泰晤士河畔，是诚值得大书特书。"台湾的《征信新闻报》特别为此发表社论，赞扬董浩云此举"起数百年之衰，直承郑和勋功伟业，此非仅董氏个人之光辉，亦吾国家主宰海洋宏毅力量之复苏与创建"。《联合报》则以《"如云"征服了英伦》为题，发表了董浩云的好友、著名记者周榆瑞的报导，他还特地为"如云"轮首航撰写"点绛唇"一词以为纪念：

> 海上浮宫，翠涛万顷，频飞渡，汉家声誉，载到天边处。泰晤河干，乍见旌旗舞，如云侣，喜生眉宇，欣履炎黄土。

随着董氏集团航运力量的日益发展，其新开辟的航线亦不断扩充，除了中美、中欧航线外，董浩云还先后开辟了澳洲、南美洲和非洲等多条远洋航线，为促进国际贸易和航运事业的发展做出重要贡献，同时也说明董氏集团的航运事业已登上一个重要的里程碑。

建造大油轮

第二次世界大战胜利之后，世界经济进入一个高速发展的阶段，随着石油产量的增长以及工业化的提升，各国对于石油的需求与依赖也就越来越高，油轮运输便成为增长最为迅速的行业之一。对于远洋航运业这种发展的大趋势董浩云早就深有体会，并且他还一直怀有建造大油轮的计划。早在50年代中期，他就预计世界能源的需求量必定大增，因此油轮的作用也会越来越重要。1956年9月，董浩云应香港国际扶轮社的邀请发表了一篇阐述当今世界航运事业的演讲，深入浅出地介绍了油轮在当今世界经济发展中的作用。董浩云认为，油轮容积越大、载油量越多，相对而言成本就会越低，也就越符合经济规则。因此他很早就开始筹备建造大型油轮，并一直坚持不懈。

1958年1月，董氏集团在日本佐世保船厂建造第一艘散装货轮"大西洋信仰"号下水，这是董浩云在日本建造的第一艘货轮。其后董浩云又与美国石油公司埃索的负责人商讨关于建造大油轮的细节，他在日记中写道，这"实为今年度建造七万吨油轮大计划之开始"。1959年8月6日，七万吨油轮合约签订仪式在日本的东京银行举行，这是当时世界上名列第三的巨型油轮，董浩云心情无比激动，因为这艘巨轮"一旦落成，国人之光，我亦以自豪"。董浩云将这艘油轮命名为"东亚巨人"，他在9月3日的日记中又写道："四月四日起五个月来，日在心力交瘁中。为建造巨型油轮，实感一则以喜，一则以惧。喜的是全世界最大油轮中算第二名，愁则是今后艰巨尚待克服。五个月来，真是'白发添几许'了。"

到了60年代，各个国家所需的能源日益增加，但当时产油国的技术和经济还十分落后，石油消费国必须从中东和其他产油地区将原油运回本国进行加工和提炼。各大石油公司为了降低成本，同时更因苏伊士运河的关闭，因此他们用来运载石油的船只越来越大。1967年4月，在墨西哥首都召开的第七届世界石油学会上董浩云发表了一篇英文论文，后全文刊于伦敦出版的 *Shipping World & Ship Builder* 1967年6月号上。董浩云认为，运输成本愈便宜、燃料价格愈低廉，从而确保石油企业的盈利扶摇直上。他并在文中预测，今后20万吨左右的油轮、也就是航运界所称的极大型油轮VLCC是最合理、最经济的油轮。而就在这篇演讲发表的同时，董浩云已经开始在日本的佐世保船厂订造一系列极大型油轮了，从此揭开VLCC历史上新的一页。

董浩云很早就开始与日本的佐世保船厂合作建造大油轮，最初先是协商建造两艘175000吨的油轮，其后为了扩大船队，董浩云又在此基础上增加了四艘，而且吨位都是20万吨以上的超级油轮，采用美国通用公司最新研制的MST—14型"重热"发电机装置。整个计划所需费用达一亿美元，六艘油轮总吨位达125万吨，预计于1971年底全部下水，建成后全部租给欧洲和美国各大石油公司。董浩云将这六艘油轮顺序以他所拟的一句口号"运动产生力量"（前面再加上"维"字，英文为Energy）命名。1968年10月26日，董氏集团旗下第一艘超级油轮"维运"号（载重量213000吨）在佐世保举行下水命名仪式，董浩云在致辞中祝福："在金山公司的旗帜下，这六艘姊妹轮中的长姊，必能致力于国际的合作，谋求改善全人类的生活"。

当第一批六艘油轮建成后，董浩云又接着以"交通增进繁荣"命名，继续建造六艘新的超级油轮。而建造第三批油轮的口号是"立志开发能源"，此时级别则已上升到30万吨超巨型油轮ULCC的级别，造船的厂家亦不仅限于日本，而遍布世界各地了。譬如第一艘32万吨的"维立号"，就是由西德不莱梅的福尔根船厂所造，该轮于1976年8月7日举行命名礼。这些油轮建成后，即分别长期租给世界上几家著名的石油公司如日本东亚燃料会社和英国石油公司、蚬壳石油公司及美国的卡拉克石油公司等。这些油轮从协商贷款到与厂家洽谈承造，以至油轮的保险及承租给石油公司，在当时经济危机的困境下仍可以做到步步成功，最终一帆风顺，足以证明董氏集团的声誉、能力和经营管理的理念确实高人一等。

后来形势的发展证明董浩云的设想完全正确，60年代中期相继爆发的苏伊士运河与中东战争，70年代出现的石油危机，导致国际上对石油的需求急剧增加，而董浩云未雨绸缪，他所订造的这一系列极大型油轮在国际运输中发挥了重大作用，而他旗下的船队也日益壮大，董浩云本人终于成为名副其实的世界船王。

应付能源危机

战后长达近20年的廉价石油供应，直接推动着战后各国社会经济的飞速发展，成为西方世界经济发展的黄金时代，然而低廉的油价却严重地损害了石油输出国的利益。70年代初，由于美国的经济实力相对下降，特别是石油输出国组织（OPEC）的成立以及中东地区石油国有化的运动，这才打破了西方石油公司生产的垄断，同时它也影响着国际市场石油的价格。由于世界石油生产和贸易的主导权此刻已逐渐转移到石油输出国家的手中，终于在1973年10月爆发了全球性的石油危机。

与石油危机先后出现的还有欧美国家货币政策的变化。在此之前先是1967年欧洲发生英镑贬值，数年后美国总统尼克松又突然宣布美元防卫政策，停止美元兑换，实行浮动汇率制，这就是历史上所谓的"尼克松冲击"。世界主要国家随之也采用浮动汇率制，致使二战期间形成的布雷顿森林货币体系彻底动摇。

在这种大背景之下，世界经济先是石油价格猛涨，随后是以原材料为中心的各种物价高涨，最终陷入了"滞涨局面"，给世界贸易带来极为不利的影响，导致一次性产品（如工业原料、食品等）贸易不振，先进国家的工业品贸易缩小，石油危机也就是在这样的形势下爆发的。

董浩云对于石油危机具有精深的见解，他曾不止一次参加世界性的石油大会，并在会上发言。1971年11月董浩云在纽约中国工程师学会上的演讲，曾提及石油在世界经济发展中所发挥的巨大作用，他特别指出，拥有丰富石油资源的中东国家，它们石油输出的数额对于国际社会和世界航运的兴衰具有至为关键的作用。这就说明，董浩云早就对能源危机的爆发有所预感，而且也进行了相应的准备。

早在这场风暴爆发之前，董浩云就已经意识到石油危机很可能会爆发，并预计到它将对世界经济造成严重影响。1973年6月11日，他在致美国 Chapman College 董事长 Victor Andrews 的一封信中就对美元疲弱而引起全球经济不安的问题发表了个人的意见。董浩云认为，只有国际间互相谅解与合作，并促进中东地区永久和平，才能解决能源危机，并有助于美元的稳定。

董浩云建议有关方面需要提供和担保不少于 500 亿美元，交给独立的机构进行管理，这笔款项应足以保障欧洲和亚洲地区货币的稳定。如果美国能够说服阿拉伯国家在未来 10 年以一个固定的美元价格供应原油，同时又在未来 10 年将购油资金按比例提存并成立一个特别基金，这必将有助于解决西方国家的石油危机和货币危机。

为了达到这个目的，董浩云认为，首先，美国政府必须向阿拉伯国家保证美元不会再进一步贬值，同时美元的购买力也不会被降低，这是因为阿拉伯国家目前拥有大量美元，必须让他们感到放心；其次，美国政府应该向阿拉伯国家提供一些可行的投资计划，保证投资者的利润至少不低于市场利率；第三，所有国家应共同寻找出一个可以让中东地区长久和平的方案，而且必须要能兼顾石油供应和美元利用的整体协议。[①]

7 月 20 日，Andrews 曾将董浩云的建议转达给美国财政部长舒尔茨 George P. Shultz 参考，但据董浩云日记上的记载，他的这一先见之明竟"不幸无人注意"，舒尔茨只是礼貌性地予以简要答复，却"仍无具体方案"。然而就在董浩云提出这个建议之后不到四个月，席卷全球的石油危机即告爆发，直到 1974 年元旦美国国务卿基辛格才提醒世界，石油危机将会对世界经济产生重要的影响。[②] 后来一位著名的油轮船东来函告诉董浩云，说他曾经看过董浩云写给尼克松总统关于美元问题与能源危机建议的副本。这位船东在信中极力称赞董浩云早就"意识到中东地区所发生的

---

① "C. Y. Tung to Victor Andrews"（June 11，1973）董浩云资料室：C2—2。
②《董浩云日记》（1974 年 1 月 1 日），中册，页 1011。

事情，并将美元与石油联系在一起，指出其可能发展的趋势"。对于董浩云这种远见卓识他是由衷地感到敬佩，然而"十分遗憾的是，我们的政府对于上述问题并没有认真地去关注和思考，更没有采取正确及有效的行动去加以防范，只是在不得已时采用一些政治性的权宜之计进行应付"。①

在石油危机中，全世界经济受到严重打击，特别是航运业的损失尤为沉重。但相对而言，香港的船东所受的影响还没有那么严重，这主要是因为香港船东筹款较为谨慎，而且在造船前大都先与石油公司订有长期租约，这样所赚取的利润虽然没有外国船东那么高，但却保险得多，以致一旦遇到危机还能站稳脚跟。

在世界油轮市场上，董浩云被认为是一位稳健的保守派人物，他的这一作风使他安全避过了第一次石油危机的打击。1973年的石油危机使超级油轮丧失了它的优势，全球有3000多万吨油轮闲置，但董氏旗下75%的油轮因持有长期租约而不致停航，而他还利用这一机会有所扩张。董浩云的生意除了与日本各界占有相当大的比例外，也与世界主要石油公司保持长期合作的关系，后来更注重与新开发国家（如巴西、韩国等）加强联系。当然，董氏集团在危机中亦并非丝毫无损，至少有七艘新船的建造合约被取消或将其改造为散装货轮。

董浩云对于未来充满信心，他最看好的也正是石油市场，因此多年来致力发展油轮运输。当1973年石油危机爆发、极大型VLCC油轮失去以往魅力之时，董浩云则趁机扩充他的实力。1974年，他向出现财政困难的英国Court Line公司购买了"大翠鸟"（*Halcyon the Great*）超级油轮，并将其易名为"维荣"。这艘1971年由瑞典船厂制造、接近23万吨载重吨的油轮，董浩云只花了2300万美元（平均每吨100美元）就买到手了，这在当时的油轮市场上是一极便宜的价格。不仅如此，董浩云购船的绝大

---

① "Ole Skaarup to C. Y. Tung"（January 25, 1974），董浩云资料室：C2—2。

部分款项来自于英国银行提供的贷款，并享有还款期长达15年以及4年延期偿还本金、2年延期偿还利息的优惠条件。

有"危"即有"机"，另一为董浩云引以为傲的是他1976年购入"巴西宏愿"号油轮的成功之举。在石油危机仍旧十分严重之际，以实力和威望闻名于世的董浩云以极大的信心和勇气向西德不莱梅的A.G. Weser船厂购买了载重量达39万吨的油轮。这是当时世界上最大的油轮之一，原为希腊船王尼亚可斯订造，并已支付了部分建造费用，最终由于石油危机而被迫放弃。董浩云则以2800万美元（即每吨平均72.5美元）的低价购入，并将其长期租给巴西的国营石油公司，专门运输石油。1976年1月12日，董浩云在该轮命名典礼致词时指出，目前世界经济衰退仍在继续，因此他希望"石油生产国与石油消费国之间，船东、船厂与全体机构之间，都应彼此协调，共谋解决之道"。① 因此在此次能源危机中，董浩云与其他船东相比不但损失较轻，而且他还能抓住机会，趁机吸纳，旗下船队更是不断发展壮大。

如果说董浩云在第一次能源危机能够沉稳应对，并于"危"中寻找"机"，以致旗下船队数目不断壮大的话，那么在第二次能源危机中他的判断却出现失误。他原以为此次危机周期不会太长，可以利用这一时机进一步扩张船只，以实现他梦寐以求的理想。没想到这次危机不仅周期漫长，而且来势凶猛，后患严重。

1980年9月22日，两伊战争全面爆发，石油危机更加严重，中东与欧洲各国对航运的需求随之增加。董浩云在这种假象面前判断失误，他认为这是世界航运市道复苏的象征，因此仍大规模地扩充船队，其中建造"海上巨人"就是最明显的事例。

这艘巨型油轮原来是一位希腊船东在日本订造的，后因能源危机的爆

---

① 《航运》第496期（1976年2月29日），页2。

发，资金周转出现问题而不得不放弃。董浩云觉得这正是一个机会，关键是价格相当便宜，因而就承接下来。原本这艘巨轮已经基本造好，但因其载重量只有 41 万多吨，还算不上是油轮中的老大。为了将它建成世界第一大油轮，董浩云决定在原厂将其加长扩大，具体做法是将原已建成的油轮分割为两部分，让它浮升在海面并加以固定，再将新增加长达 80 多米、14 万载重吨的中间部分与两边连接，形成一体，终于建成了世界上最大的一艘油轮。

1980 年 12 月 19 日，新的"海上巨人"号（*Seawise Giant*）在日本钢管 NKK Tsu Shipyard 进行加长并举行下水庆典。新船总载重吨位达 564763 吨，船长 400 余米，光是螺旋桨就有 50 吨重。该油轮采用 5 万匹马力的汽轮机驱动，满载时最高航速可达 15.5 海里。"海上巨人"虽然是世界上载重量最大的油轮，但吃水线却只有 24.611 米，因此可以驶入世界众多的港口。在董浩云的坚持下，他终于成为拥有世界上最大吨位油轮的船东，圆了他称霸世界第一的梦想。正如董浩云在他编导、摄制的电影中所强调的那样，这艘巨轮是人类在海洋上最伟大的杰作，她足以与陆地上的另一杰作、中国的万里长城相媲美。"长城在起伏的山峦中蜿蜒万里，护卫着神州大地；'海上巨人'乘风破浪航驶大洋间，轮送着工业的食粮——原油。"

当世界航运市场发生危机，别的船东都尽量缩小船队规模时，董浩云却还坚持扩大船队，这在旁人看来很难理解。然而他的老朋友陈公亮却对他的行为作出这样的评价："一般人所容易满足的，他永不满足；而一般人最不容易满足的，他随时满足。"这也就是说，董浩云是把远洋航运当作他终生追求的事业，其他的毁誉得失都不予计较，这就可以理解他的想法和作为。

"迎接大时代"

60年代中后期，随着新兴海运国家的成长壮大，以及油轮大型化、不定期船各种专用船的发展，对航运界带来许多新的挑战，其中最明显的特征就是货柜运输的出现。

1966年春，世界货柜运输业务首先在大西洋航线上出现，最先投入运营的是美国的海陆联运公司（Sea-Land），近代航运史上一场伟大的革命由此开始。1967年，美新航业公司（Matson）与日本邮船（NYK）及昭和海运（Showa Kaiun）联合，将它们经加利福尼亚和檀香山的货柜运输航线延伸到远东，从而将美国与日本和东南亚连接起来，亦包括台湾和香港在内。1968年，货柜运输开始由美国本土伸展到欧洲，其后，货柜化运输的速度和数量激增，航线也不断扩展，从美国延伸到太平洋各地，以致远东至美国及欧洲航线的运输业务基本都货柜化了。

相对于传统的运输方式，货柜运输具有许多特殊的优点。首先，货柜运输可以节省货物的航运和装卸时间，这样便能提高效率，节约成本；其次，由于货柜船的空间大，容量多，可装载货物约为同样吨位散装货轮的三倍半，而且还可以减少货物的包装成本；第三，除了矿砂、粮食、煤炭等农矿产品外，其他工业产品大多适用于货柜运输，一方面可以减少货物运输和装卸途中的损坏和损失，降低货运成本，亦可以减少在途时间，准确估计运输日期，这样既节省了仓储费用，又避免资金积压，必将成为日后远洋航运的发展趋势。

正当全球货柜业运输刚刚兴起之际，董浩云即敏锐地觉察到这是航运业划时代的一个巨大转变，他曾在日记中表示要竭尽全力"迎接这伟大的新时代"。董浩云认真研究了国际贸易及世界航运现状，他曾多次前往纽约港务局实地考察货柜码头作业的情形，并发起组织讨论会，详细了解和介绍世界各国货柜化作业的发展趋势。

1969年5月13日，董浩云正式与法国的地中海船厂洽谈建造四艘货柜船，航速达22.5海里，每艘船可载750只货柜，总价值为3000万美金。合约签订后董浩云即致电建华、建成兄弟，并在当天日记中写下"准备迎接大时代，建立货柜船队"的誓言。当然他也深知，从事货柜运输并不是一件容易的事，"意义重大，但风险更大"。两个月后，董浩云又在台湾的商船联合会上提出关于筹建和合作经营货柜船的建议。他认为，货柜化运输乃为今后航运的大方向，目前美国等地航运业掀起的货柜化运输动作极为迅速，相信很快就会波及全球，面对这一现实，我们本来已经慢人一步，而今必须予以正视，方能奋起赶上。

　　董浩云预感到今后货柜运输势必将成为全球航运的发展方向，早就指派得力人员研修先进国家有关这方面的技术和管理经验，并着手进行集团货柜化运输的实践。他认为目前策略应分两步走，不能单纯等待建造新船，因为建新船周期长、投资大，眼下尚缺乏经验，因此他果断地决定，先将旗下几艘战时生产的胜利轮改装成能够装载300个TEU标准货柜的货柜船，边实践、边发展，这样投资规模较小，又能积累经验，同样可以进入海运货柜运输的新时代。

　　在改装旧式货轮的同时，董浩云更注意的是建造新型的全货柜轮。自1969年开始，董氏集团就与法国地中海造船公司La Seyne-sur-Mer签约，先后定造了八艘全货柜船（每艘载标准货柜1060只），其中四艘使用柴油主机，另外四艘则采用蒸汽涡轮主机，这批货柜船分别于1971—1972年度交付。① 其中第一艘"东方领袖"号（*Oriental Leader*）（载重20700吨）于1971年4月3日在法国下水，该船装置29000马力的柴油机，航速21.7海里，可装载1000只20呎标准货柜，为当时世界上最新式的高速货柜轮。董浩云在下水典礼上致辞时强调："过去一百年来，海洋运输除

---

① 黄关耀：《中国航运公司船队的发展历史》，载《董浩云的世界》，页318。

了船舶的容积和动力大为扩张外，其他可说没有什么改变。但今天却进入货柜船的时代，在我们这一行业中起了一场革命。"他并将货柜轮运输与法国大革命相提并论，认为这场革命势必对"欧洲和世界带来新形态的政府和政治"；他预言，"全货柜船时代即将主宰全世界的海洋运输"，"货柜船将使世界货物和财富更为密迩相接而加快了经济的发展"。[①]一个多月后，可以装载1200只标准货柜的"太平"号全货柜轮，亦在意大利的Italcantieri船厂举行命名典礼，董浩云在典礼上致辞时强调，这是标志着全货柜轮新纪元的形成。董浩云的这一预言很快就得到证实，他的船队更因此与国际航运业先进国家并驾齐驱，奠定了董氏集团日后实现全球货柜化运输的强大基础。

70年代开始，世界航运业已进入货柜运输的时代，这是一个划时代的革命性转变。董浩云对此早就有所准备，台湾的货柜运输也是由他率先提倡并亲自实践的。台湾的中国航运公司属于集团成员之一，并成为集团在台湾地区的总代理，负责承揽台湾地区输出输入的全部货源。为此，董浩云决定同意将中国航运公司的"吉云"、"翠云"两轮改装为全货柜轮，参与中美航线的运输，与其他国家进行竞争。[②]4月20日，中国航运公司第一艘经改装的全货柜轮"吉云"号首次以中国籍的身份投入中美航线的货柜运营，这是中国航运史上的一个里程碑，这一历史性的伟大创举甚至要比航运大国日本的起步还要早。与此同时，另一艘改装的"翠云"号全货柜轮也加入东方海外货柜轮运输，行驶于中美货柜轮航线，董氏集团成为亚洲航运界最早从事货柜运输业的先驱。

---

①《航运》半月刊第437期（1971年4月15日），页1。
②《中国航运公司董监联席会议记录》（1970年7月1日，台北），董浩云资料室：A3—24。

"东方海外"成功上市

在迎接货柜运输新时代到来的过程中，对于董浩云航运事业发展最为重要的一个举措就是他创办专门运营远洋货柜业务的东方海外货柜运输公司。后来，当公司业务蒸蒸日上之际，他又将公司在香港上市，从而成为香港证券市场上第一家经营远东与欧美间货柜运输的远洋航运公司。

自50年代中后期开始，董浩云通过一系列汰旧换新计划，除了新造客货轮有"如云"、"亦云"、"凌云"、"东方皇后"等，还相继购入多艘新船，计有油轮"丽云"、"翠云"、"祥云"、"霭云"、"香港全善"等，客货轮"东方友华"、"东方丽华"等。1961年，董氏集团旗下船队的总吨位已接近40万吨，就在这一年，董浩云正式在香港注册成立东方海外航运公司（Orient Overseas Line，简称OOL），并在旗下每艘轮船的烟囱上画有鲜艳的梅花，梅花既是中国的国花，亦成为公司的标志。

1967年9月26日，为了适应全球性货柜定期航线运输的发展，董在原OOL的基础上，改组成立东方海外货柜航运公司（Oriental Overseas Container Line，简称OOCL），在香港正式营运，并取得良好业绩。[1]70年代初，香港经济发展态势良好，尤其是进出口行业的业务有增无减，导致航运业也得到迅速的发展。董氏集团也想利用这一千载难逢的大好机会，将旗下轮船分拆打包上市，首选对象就是专营货柜运输的"东方海外"。公司股票上市委托花旗银行的附属机构负责销售，并邀请渣打银行会同承销。此时董浩云长子董建华已从美国调回香港总公司任职，董浩云就让他负责公司上市的筹备工作。董建华在致其父的信中称："吾公司在航业界之信誉，远近皆知，倘一旦公开发售股票，投资者之踊跃认购，势必数倍于安邦矣。"董建华以为："发行股票有利有弊，好在将来如有新船发展计

---

[1] 1968年4月1日至1969年3月31日，OOLine之33艘船全年运费收入为3200万美元。参见《乐嘉年致董浩云函》(1970年3月3日)，董浩云资料室：A3—11。

划，Public Fund 大量的 Available，帮助发展"；但他同时又指出，"香港经济及工业发展今后是否能够维持今天的生长率，对股市有很大的影响"。①这说明董氏父子对于发行股票的认识还是比较全面的。

1973年，董浩云将旗下经营远东至北美航线上的五艘货柜轮（均为1971—1972年所造的新船，即"东方领袖"、"东方骑士"、"太平"、"太和"及"太平洋凤凰"，据有关专家评估，其总值应超过港币五亿元），再将一些附属的货柜及货柜拖车合并在一起，作为"东方海外"（OOCL）的资产。4月27日，公司在香港发行的股票正式上市，这是在香港证券市场上市的第一家经营远东与欧美间货柜运输的远洋航运公司，影响至为深远。②

"东方海外"的船只吨位虽然只占董氏集团船队总数的3%，但其业绩却非常突出，在香港航运界中也名列前茅，远胜于将船租出的利润。公司上市后，连续多年盈利均达20%以上。根据货柜运输杂志 *Intermodal World* 委派记者对全世界各大轮船公司、港务局、船厂等机构经过一年的调查，1975年全球经营货柜运输业务的轮船公司共有88家，位居第一的为美商海陆货柜运输公司（拥有货柜船58艘，货柜11万只），第二是荷兰的 Scan Dutch 公司（货柜船36艘，货柜2.7万只），而董氏集团的"东方海外"则位居第三，共拥有全货柜船30艘，使用标准货柜3万余只。③正是由于董氏集团起步早，开风气之先，在亚洲航商中率先引进货柜运输，并且稳扎稳打，不断发展，从而很快便在世界远洋航运的领域内占据重要的地位。

---

① 《董建华致董浩云函》（1972年10月23日），董浩云资料室：A3—10。
② 《董建华、乐嘉年致董浩云函》（1973年5月23日），董浩云资料室：A3—20。
③ 《航运》离志第487期（1975年3月31日），页4—6。

晋身世界船王

第二次世界大战以后，随着国际贸易的蓬勃发展，特别是西方国家对石油的迫切需求，远洋运输事业的规模亦随之增长。在船只越造越多、越造越大的同时，船舶的主权人日益集中。在这中间，除了一些著名的石油公司控制众多油轮外，还出现了几个闻名于世的航业巨子，其中最著名的包括希腊船王奥纳西斯（130万吨）、尼亚科斯（200万吨）、尼华洛斯（120万吨）和美国船王路德威克（150万吨），而尼华洛斯又是奥纳西斯和尼亚科斯的岳父。

董浩云在世界航运业中虽属后起之辈，早年旗下船队数目自然无法和那些航业巨子相提并论，但在心目中却一直将他们视为自己奋斗的目标，并早已暗中立下决心，希望于不久的将来能与他们并驾齐驱。1960年5月10日董浩云在伦敦见到奥纳西斯，他虽然只比董浩云年长六岁，但看上去却"已老态龙钟"，而此刻年富力强的董浩云刚刚在日本造出七万吨"东亚巨人"，正踌躇满志，准备大干一场。1961年元旦董浩云在日记中总结，过去的一年在世界航运界激烈竞争中，中国航运公司不但没有被击倒，反而站立起来，旗下船队吨位已突破30万吨之目标。就在这时，董浩云悄悄透露了他今后的愿望："但求在哀乐中年阶段，能有安静生活耳！岂敢欲与Onassis一比高下？"

1966年5月22日，伦敦的《星期观察报》(*The Observer*)发表一篇《英国船东》的文章，首次将中国的董浩云与希腊的船王奥纳西斯、尼亚科斯以及美国的船王路德威哥相提并论，充分肯定了董浩云在世界航运事业中的建树。

1972年初，董浩云购下的"伊莉萨白"号邮轮在香港装修即将完成，为了扩大宣传，他准备邀请世界著名人物前来参加剪彩，包括船王奥纳西斯、吉克·肯尼迪和英国皇太后亲自出席。1月4日晚，董浩云在英国的一家旅馆中见到奥纳西斯,然而两人并没有交谈。第二天他在日记中写道:"未与Onassis谈话,颇为可惜,两雄相遇,失诸交臂。"这就说明此时董浩云在心目中认为所谓世界船王并非遥不可及的目标,他已将自己与船王视为竞争的对象,甚至相提并论了。他的这种认识并非妄自尊大,而是具有强大的事业基础。事实也是这样,长江后浪推前浪,经过60年代国际风云的激荡变化,面对着更强劲的竞争者,老一代船王有的落伍,有的被淘汰,董浩云则利用这一时机稳扎稳打,不断扩充,终于成为公认的世界船王。

1970年8月号的《福布斯》(*Forbes*)刊载一篇《亿万富翁的海上霸主》,介绍了当今世界上最著名的七位船东的致富之道,按其排列的次序为:董浩云、D. K. Ludwig、S. Niarchos、C. Lemos、包玉刚、A. Onassis、G. Livanos等。文中对董氏可谓推崇备至,说他至少在账面上已经是一个亿万富翁,而包玉刚今后几年也可能晋身为亿万富翁,目前已进入半亿万之列。纽约的花旗银行尤为敬佩董浩云,称赞他谦恭有礼,精明能干,40年前在中国大陆只以一艘小型不定期船起家,如今却成为拥有亿万资产的船王。另一家公司的总裁则表示:"如果我是租船人,在许多船东中我将更愿与董先生做生意,而不会选择别人,因为他比其他船东更富有同情心,善于聆听和接纳别人的意见。"① 董浩云读到这篇文章当然感到十分自豪,但同时觉得这也是对他的一种激励。他在8月17日的日记中这样写道:"*Forbes*杂志八月号在纽约出版,以'世界船大王'为题,以我列入首名,尤使人惶惑。今后将如何?今后将如何?"

在这之后,董浩云旗下的航运事业发展速度更是越来越快,1972年,董氏集团与日本山下新日本轮船公司联合组成CYS Tanker Transport Inc.,被人誉为世界上发展速度最为迅速的航运公司;继而又收购欧洲大德货

---

① 《航运》半月刊第425期(1970年9月30日),页28。

柜航业公司 Dart-Container Line 大部股份，从而成为公司的大股东；1980年9月30日，董氏集团以9650万英镑（相当于港币108000万元）收购了具有90多年历史的英国第三大航运公司富纳斯·惠实轮船公司 Furness Withy，该公司拥有各类船只50余艘，总吨位达90万吨。收购富纳斯·惠实公司不仅使董氏集团的船队数目大为增加，更重要的是有利于集团今后参与海底石油的钻探和开采。海达掘油公司 Houlder Marine Drilling Ltd. 原是英国一家历史悠久的深海掘油公司，1975年为富纳斯·惠实公司全资收购，现在也就成为董氏旗下的一个部门。1981年7月9日，海达公司已获得兰开夏对海摩利甘比油田的钻探合约，其价值高达5000万英镑。

经过这一系列收购行动，"东方海外"已拥有近60艘船舶，其中货柜轮26艘，油轮20艘，散装货船12艘，总吨位达250万吨，营运航线遍及全球。而董氏集团原有船舶110余艘，自从集团收购了英国的富纳斯·惠实轮船公司全部股份以及美国海铁（太平洋）部分股份之后，截至1980年底，公司目前共有船舶160余艘。由于董氏集团并无任何银行合伙投资，而且所有船舶均由董氏集团自行管理及经营，所以，董浩云可谓世界上名副其实的最大独立船东。

1971年1月，香港的《星岛日晚报·新年特刊》发表了一篇题为《世界船王，港有其二》的文章，主要讲述历史上香港航运市场外资与华资的势力消长，香港葵涌货柜码头的兴建以及董浩云与包玉刚两大世界船王航运事业的发展。世界七大船王是20世纪70年代美国的《纽约时报》从全世界众多独立船东中评选出来的，他们是：包玉刚、董浩云、利瓦诺斯、奥纳西斯、贝格森、沙兰、尼亚科斯。其中两位华人船王分别名列第一和第二。按照《纽约时报》的统计，包玉刚拥有的船只吨位1300余万吨，而董浩云则拥有800余万吨的船队。暂宜不论这个统计数字正确与否，董、包二位都被确认为世界船王则是不争的事实。令世人感到诧异的是,香港这块被借来的地方,怎么能同时出现两位享誉全球的船王呢?

1840年鸦片战争之际,香港还是一个人口稀少的小渔村,当时的英国外交大臣巴麦尊曾将香港形容为"一个荒凉的岛屿,很难找到一所房子",然而100多年之后,香港竟成为世界贸易和航运的重要港口。首先,这自然与它具有重要的天然资源分不开,香港被视为世界上最完善的港口之一;其次,自从英国宣布香港为自由港之后,航业便成为维持其生命的血液,而制造、进出口、金融以及旅游等各个行业亦因航运业的发展而受惠。然而长时期以来,香港的航运业主要控制在外资,特别是英国的太古、怡和和美商的旗昌轮船公司手中,根本没有华商的立足之地。

第二次世界大战胜利后,这种情况出现了变化,香港这个弹丸之地竟然成为世界航运中心,截至1981年年底,香港船东共拥有各类船舶1604艘,合计61531839载重吨,与英国、西班牙和葡萄牙这些具有悠久航运历史的传统国家相比亦毫不逊色。与此同时,香港还出现了多位享誉全球的世界船王,更重要的是,他们都是华人,而且还多是1949年前后由上海移居香港的企业家和航业家。经过20多年的刻苦奋斗,这些华资船东以香港为基地,以世界为舞台,大力发展旗下船队,到70年代末,香港华资船东在香港的航运业已占据绝对的统治地位。据香港船东协会的统计,1970年,香港船东拥有和代管的船舶有311艘、709万载重吨;而1975年,这个数字已分别上升到700艘、2288万载重吨;到了1980年,这个数字更上升到1400艘、5543万载重吨。[1]这些船舶,绝大多数都属于中国籍的船东所有,而"环球"的包玉刚、"东方海外"的董浩

---

[1] 董建华:《香港作为海运中心的前途》,载《迈向97——香港经济发展研讨会》(香港:香港明天更好基金、香港贸易发展局,1996年),页38。

云、"万邦"的曹文锦和"华光"的赵从衍等人正是其中的佼佼者。

被称为世界船王和华资船东中的领军人物，董浩云与包玉刚二人都当之无愧，但是他们两人究竟谁是第一，却常常成为业内与业外人士议论的话题。按吉普逊船舶公司的统计，1977年世界十大船王的座次包玉刚稳坐第一，董浩云则排名第七。到了1980年，由于世界航运界经历了第二次石油危机的强烈冲击，各大船商遭到严重伤害，整个航运世界开始重新洗牌，但是这一年3月公布的全球航运船队一览表中，包玉刚的环球航运旗下共拥有各类船舶210艘，总载重吨高达2079万吨；而董氏集团则拥有149艘船，总载重吨为1200万吨，包玉刚仍排在董浩云的前面。

究竟谁是世界船王，这还要看对船东所下的定义是什么。按照董浩云的理解，真正的独立船东应该是像传统的希腊船王奥纳西斯、尼亚科斯和美国船王路德威克那样，不但自己拥有庞大的船队，而且还应负责对这些船只进行经营和管理，包括招募和训练船员、维护船只以及为船只投保等。显然，董浩云是将自己看成是这一类型的船东。虽然广义上讲，董氏集团旗下的船只吨数并非最多，但是作为独立船东，董浩云被称为世界船王应该是名副其实。而航运业普遍实施的"空船租用"，即船东只负责融资造船，而将新船完全租给营运者的方式，在董浩云眼中，"这种经营一点意思都没有"，因为他们从事的只是一些金融活动。

美国时百利公司总裁杰里·普罗斯特曾这样形容董浩云："他是一位先驱者，他是世界上第一批把巨型油轮引入商业的船东之一，他是经营国际客轮航线的第一位中国船东，而且也是在亚洲开拓集装箱运输的第一人。"而包玉刚则长期与汇丰银行合作，他与英国的关系良好，曾获英国女皇颁赠爵士勋衔，享有崇高的声望。为了表彰和肯定包玉刚、董浩云两位船王在世界航运界中的地位，特别是对日本造船业所作出的贡献，1981年6月16日，日本造船工业会会长西村恒三郎向日本运输大臣盐川正十郎提交了一份推荐书,建议为他们颁授勋章。[①]

董浩云和包玉刚二人经营航运的理念或许不同,他们之间的竞争更是君子之争。因为大家都是中国人,还是宁波同乡,彼此惺惺相惜,相互尊重,而且大家都有一个共同的心愿,那就是要给自己的国家争光,因此他们都是当之无愧的世界船王。

[①] 董浩云资料室:B1—11。

浩雲先生：別來數年，想引上均好。中況托龔兄代告，并促駕返國參於建設大屋至切，盼其同擔責鐘兄亦可來京敘晤以上並候

近安

章伯鈞上 有芳

中國農工民主黨中央委員會

新中国首任交通部长章伯钧亲笔致函董浩云，动员他率船北归

1964年董浩云与蒋介石在台北合影

1966年宋美龄在纽约参观"东方皇后"号

1968年"凌云"号处女航抵伦敦,伦敦市长 Gilbert Inglefield 爵士把伦敦市钥匙献给董浩云,右为"凌云"号船长黄筱寅

1969年贝淞荪夫人（左）、顾维钧伉俪在"东方学士"号上

20世纪60年代董浩云与环球轮船公司主席包玉刚

1976年美亚银行在洛杉矶比华利山分行开业，
左起：张公权、余经侃夫人、刘广斌

1979年董浩云在巴西受到总统菲格瑞多的热烈欢迎

1980年2月26日在波士顿第一银行举行的电影招待会上,董浩云与该行主席希尔(右二)、麻省省长金氏(右三)等合影

1980年董浩云与著名作家曹禺在美国见面

1982年4月2日,香港总督麦理浩(右)主持香港理工学院智海实验室揭幕典礼,中为董浩云,左为香港理工学院校董会主席钟士元

董浩云在英国剑桥大学与著名学者李约瑟博士(右一)、他的夫人(左一)及助手鲁桂珍博士(右二)合影

香岛小筑花园

书法家溥儒手书香岛小筑匾额。香岛小筑是董浩云招待贵宾的场所

1969年张大千绘赠的《峨眉金顶》，悬挂在董浩云集团香港办事处董事会议室中

在新船下水礼上与友人合影

十二 "海上学府"

教育为本

除了世界船王这顶桂冠之外,董浩云为世人所熟知的另一个重要原因,就是他坚持不懈地倡导海上教育,并身体力行,不计成本,亲自实践这一壮举。

董浩云倡导海上教育并不是一个突如其来的举动,这同他个人的成长背景以及时代发展的要求密切相关,更是他一生追求和奋斗的目标。董浩云年幼时因家境并不宽裕,年仅16岁便步入社会,未曾接受过正规的高等教育,但他从实践中深知知识的重要,因此他踏入社会后特别热爱学习,不论什么时间,一有空闲便抓紧时间读书阅报,了解国际间的大事。他的外语水平相当高,尤其是有关远洋航运的专业知识更加渊博,所有这一切都是他平时积累时间,自学而成。董浩云从个人的经验中更是坚信

"读万卷书，不如行万里路"，应该从实践中学习真知，他不仅要求部属不断学习先进的知识，而且还为他们创造学习的条件。

第二次世界大战以后，特别是进入60年代，随着全球经济的发展，交通与通讯工具日新月异，大大缩短了地域之间的距离，同时也增进了人与人之间的联系，然而战后冷战格局的形成以及东西方两大阵营的对峙，又给世界和平带来了威胁。董浩云认为，为了人类的和平与福祉，更需要彼此间的交流，来达到互相认识和互相信任。董浩云本人以航业起家，对海洋充满了感情，因此他早就有计划创办一所流动的海上教育机构，在环绕世界的巨轮上，在浩瀚的海洋上，加深各国年轻人之间的了解和友谊，培养真正具有国际眼光的人才。

其实在此之前世界上曾经有一所"海上大学"。1963年10月，由欧加轮船公司和荷美轮船公司联合经营的12574吨"七海"号轮船（*M. S. Seven Seas*）每年两度环绕世界，每次可载1000名行将毕业的大学生，行经太平洋、印度洋和大西洋的17个国家和地区，船上有来自世界各地著名学府的35名教授，为他们讲授人文、社会及自然科学的各种课程。这本是实践美国前总统艾森豪威尔威尔所批准的"人民对人民"教育计划的一环。1965年1月，这艘海上大学曾经到访过台湾，船上的300多名学生与台湾大学的学生举行联谊会，并参观台北的艺术博物馆，欣赏中国悠久的历史和文化。董浩云十分欣赏这一创意，然而由于经营成本实在太高，最后这所海上大学还是不得不宣告停办。

董浩云很早就有创办海上教育的雄心，之前因为实力不够，只能将这个夙愿长期埋在心底。自从中国航运公司开辟欧洲、北美和中南美航线以来，董浩云已经充分掌握国际客轮运作的管理经验，在世界航运业中亦占有一席之地。当然他也十分清楚，如果单从航运业务上来讲，公司内人才济济，管理并操作一艘海上学府环航世界自非难事；但若要真正从事高等教育，诸如设置系科、安排课程、吸引学生报名以及招聘教授等事项，那就不是航运公司之所长,而必须聘请有经验的学者加入。为了达到这个目的,董浩云出资创立"董氏基金会"(Seawise Foundation),延揽那些不曾参与兴办"七海大学"的国际知名人士参加,并在美国设立海上教育研究院(Institute for Shipboard Education, ISE),负责统筹兴办海上大学的具体事宜。

在不断扩大自身船队的同时,董浩云还利用一切机会,频繁与国际间领袖及教育界人士见面,游说他们支持创办海上大学的计划,这些人物中包括联合国秘书长吴丹(缅甸人)以及他的高级助手明石康(日本人),还有美国众多著名大学的校长。董浩云以自己丰富的航海经验向他们介绍国际教育的理念,他认为没有其他形式比一面在海上遨游、一面接受教育更为理想,因为这既可以广泛接触世界,同时又可以在实践中获得真知。更重要的是,这所大学可以让那些来自全球不同国家具有不同文化背景、不同价值观念、不同意识形态、不同政治制度的学生集中在一起,彼此加强了解、相互学习,认识到先进国家与落后国家之间的差距,这本身就是一种彼此融和与消除隔阂的机会。

董浩云不单是这样想的,更重要的是他将其计划付诸行动,其中最为世人惊讶的,就是他斥资收购世界上最大的"伊丽莎白皇后"号邮轮,并将其改装成海上大学的伟大壮举。

"伊丽莎白"邮轮的昔日风采

"伊丽莎白皇后"号邮轮(*RMS Queen Elizabeth*)是20世纪中期全世界最大也是最豪华的一艘邮轮,她全长1031英尺,宽118英尺,深66英尺,共有14层甲板,排水量83600吨,当时的造价就高达600万英镑。这艘世上最豪华的邮轮由英国著名船厂John & Brown承建,船东为英国的克纳德轮船公司。1938年9月在苏格兰船厂建成时,英国女皇伊丽莎白一世曾亲自主持下水仪式和命名典礼，并祝福她"在纠纷中终能产生秩序，在骚动中终能产生和平"，其声势真可谓风华绝代，成为轰动世界的一件大事。

然而这艘邮轮真是生不逢时，下水不到一年还未正式启程，第二次世界大战即告爆发，战火改变了邮轮的命运。1940年3月2日，邮轮匆匆赶工完成，为了逃避德军的轰炸，在没有任何军舰护航的情况下仅涂上一层浅灰的战舰油漆，就秘密地穿过德军潜水艇的重重封锁，从英国克莱德港横渡大西洋直达纽约，完成了她的处女航。到达目的地之后不久，"伊丽莎白"轮便被美国政府征用，略加改装后成为一艘运输船，并于当年11月由纽约驶往新加坡，装载作战部队和军事物资。太平洋战争爆发后，"伊丽莎白皇后"号邮轮连续行驶于美国与澳洲及澳洲与中东之间，她曾运载大批美国军队前往欧洲开辟第二战场。据统计，整个二战期间，"伊丽莎白"轮先后运送盟军80余万人次，航行距离约50万海里。其间虽曾多番遭到德军潜水艇的攻击，好在每次都能逢凶化吉，化险为夷。当初建这艘豪华邮轮的设想是为了让旅客们能圆上海上遨游的梦想，没想到她刚刚下水就成为运载士兵的战船，然而"伊丽莎白"轮为战胜法西斯所作出的巨大贡献，却赢得全世界人民的崇仰。

第二次世界大战胜利后，"伊丽莎白皇后"号邮轮恢复原貌，1946年重返英国克莱德港，重新被改装成豪华邮轮。新船上装有4部蒸汽涡轮机，共计246000匹马力，船速可达32海里，而供电设备所产生的电力，可以为13万人口的城市提供生活用电。经过几个月的改装，焕然一新的"伊丽莎白皇后"号邮轮于当年10月16日开始了她的处女航，由英国的南安普敦港驶往纽约，顿时成了当时的头条新闻。这艘号称全球最豪华的邮轮有2000个舷窗，光是船上的铆钉就多达1000万只，可乘载旅客2300余名，而船上的船员和各类服务人员则有1200余名。邮轮正式启航便轰动世界，一时间欧美各国名流云集，均以搭乘此轮为荣。在这之后，

"伊丽莎白"轮便不间断地在大西洋间穿梭横渡，定期往返于纽约和南安普敦，时间极为准确，速度又快，横渡大西洋3091海里，只需要四个昼夜。一直到邮轮退役时，她总共907次横渡大西洋，航行距离达347万海里、搭乘的游客多达237万人次，被誉为"大西洋第一夫人"。在喷气式飞机尚未普及前，众多旅客对它趋之若鹜，曾经为公司赚回大笔利润，每次往返所得收入高达130万美元。多年来，世界上各个国家的众多政客要员、富商大贾、影星名媛都乘搭过此轮，1954年，英国皇太后伊丽莎白也曾乘该轮横渡大西洋前往美国，成为一时佳话。

董浩云亦与"伊丽莎白皇后"号邮轮有着不解之缘。1948年3月董浩云奉命前往美国购船，任务完成后他自己还计划到英国和欧洲考察各国航运。6月16日，董浩云离开美国前往英国访问时，就是在纽约第80号码头首次乘搭该轮横渡大西洋，并于6月22日抵达英伦半岛，7月30日他再次乘搭"伊丽莎白"轮返回美国，这可以说是董浩云与"伊丽莎白皇后"号邮轮的初次结缘。他曾在日记中写下对她的景仰，又在船上拍摄了很多照片，留下了许多美好的回忆。在这之后董浩云还曾多次乘搭过这艘邮轮航行于欧美之间，但他当时却怎么也没有想到，20多年后自己竟能成为这艘昔日豪华邮轮的主人。

50年代中后期，喷气式飞机日益普及，来往欧美之间的时间大大缩短，因此获得众多往返大西洋两岸旅客的青睐，原来负责大西洋客运服务的英国克纳德公司旗下豪华邮轮的经营业务每况愈下。1968年11月29日，"伊丽莎白皇后"号邮轮在完成她最后一次载客班次后正式宣布退役，成为那一时代一个美好的历史记忆。

岁月流逝，当年辉煌无比的邮轮已风光不再，最终克纳德公司将"伊丽莎白皇后"轮以860万美元的价格出售给美国的一家财团。新船主原先打算将其改装成一家海上旅馆或是海上博物院，但筹款的结果不甚理想，虽然花费了巨额的改装费，却很难在短期内收回成本，更遑论得益了。再加上新船东对于管理邮轮又完全是外行，并不知道如何对邮轮进行保养，任其船身及内部机件腐蚀锈损，舱内污水积存，机舱部分更是毁损严重，似已无法重新修复。1970年5月，"伊丽莎白"轮最后的船主美国纳克轮船公司宣告破产，决定将该轮进行公开拍卖。

此时"伊丽莎白皇后"号邮轮静静地停泊在美国佛罗里达州的埃佛格来斯港，据该港管理委员会宣称，"伊丽莎白皇后"轮必须要在当年年底前驶离本港。当地税务局更是落井下石，以该轮并非流动船舶为由，认定其久泊于此应视为一幢大厦，需按估价为570万美元的资产征收税款。

当"伊丽莎白"轮第一次出售时董浩云就曾参与竞投，他在日记中曾透露准备将其"作海上经纬大学，并作载客业务"，因为"举办海上大学是我夙愿，望实现之"。然而最终董氏以略低于800万美元的次高价投标而未获成功，他曾为此事懊恼不已。没想到新船东因经营不善，该轮又将再次拍卖，董浩云认为对他来说这实在是一个绝好机会，绝不能再次错过。为此他要求属下做好各种准备，积极参与投标，而且志在必得。1970年9月8日，董浩云飞抵迈阿密，亲自参加竞拍，刚一抵埠他就立即前往码头视察，眼见这艘邮轮满目疮痍，不禁令人睹物思情。董浩云回忆起22年前第一次乘搭该轮横渡大西洋时的情形，"于今怀念往事，不禁感慨系之"。为了确保投得"伊丽莎白"轮，董浩云"临行颇多商量，满怀希望与热诚"，他计划一旦投标成功，便将该轮易名为"海上学府"，并将其视为自己退休后所要筹办的头等大事，他还在日记中为他的举动祈祷："愿上苍祝我成功！"

第二天上午，"伊丽莎白"轮开始拍卖，由于轮船损伤严重，更因前买家经营不善，导致其他商家望而却步。上午11时开标，董浩云竟然以320万美元的价格中标，最终如愿以偿，遂其初衷，而且价格还不到前次投标的一半。此时的董浩云真可以说是春风得意，他在下午4时召开的记者招待会上正式向外界公布这一消息，各方友好纷纷致电向他祝贺。他曾对记者表示，中国航业界拥有这样的大船，可以纵横全球七大洋，恢复昔日郑和下西洋的盛名，因此对于所有中国人来说，这都是一件值得自豪的大事。董浩云踌躇满志地在日记中写道，此举"轰动全世界，浩云又做了一件大事"。在此之前不久，希腊船王奥纳西斯与美国前总统肯尼迪遗孀结婚的消息曾震惊世界，而他认为收购"伊丽莎白"轮之举才是更加惊天动地的大事。对于董浩云来说，办好"海上学府"意又非凡，若能达到这一目的，"于愿足矣"。

理想与实践

董浩云深知，收购"伊丽莎白"号邮轮这一举措对他的事业来讲无疑是一个重大的挑战。从经济原则上说，这肯定是极不明智之举，因为航空业的飞速发展，今后客轮业务将无法与之抗争，前途艰难自然可以想象。但董浩云考虑的是利用这艘韶华已逝的邮轮对世界文化作出应有的贡献，因为这艘邮轮不仅是世界上前所未有的最大客轮，眼下和未来一段时间都不可能再建造如此规模的豪华邮轮。董浩云希望通过改建这艘凝聚西方物质文化的邮轮，让她与中国五千年传统义化相结合而获得新生，这也有利于促进和加强世界各民族之间的了解以及东西方文化的融合。他的这种承担博得世人的赞扬，英国航运信托公会（Maritime Trust）主席威斯敏斯特公爵（The Duke of Westminster）代表公会同仁向他致函，并对他这一壮举"感佩无量"，因为这就可以保全这艘优异的轮船免遭拆解。香港《快报》在报导这一消息时特别选用这样的标题："改作黉宫，惠嘉众学子；未遭拆骨，还谢董浩云"。话虽平白，却言简意赅，倒是说了一句实话。

针对有人说他是想通过海上教育来补助旗下航业运营的传言，董浩云断然予以否认，但他仍认为，为了巩固海上教育的基础，必须要有一个健全的经济结构。因为目前尚无类似福特基金会那样庞大的机构予以扶持，只能依靠这艘巨轮以资挹注，所以必须组织一个基金会专门负责此事，一切工作均须慎重。目前的首要任务是要争取海上学府在营运上做到自给自足，同时要造出声势，争取各国著名大学参与计划，招揽更多的学生，这样就可以让世界各大石油公司及财团对它产生兴趣，从而予以投资或开设奖学金。①

董浩云的这一壮举确实引起世界广泛注意。1970年9月10日美联社报道，"伊丽莎白皇后"号邮轮被董浩云以320万美元拍得，董氏并表示再投资450万美元进行全面的装修，将邮轮在新加坡或香港加以改装，成为他计划中未来海上国际大学的校舍。《纽约时报》9月13日也为此专门发表评论，盛赞他的计划。评论说董浩云购买到"伊丽莎白"轮之后即公开宣布要将其建成一所海上国际大学，将来必能成为联合国教育的最高学府。评论引述董浩云的话说，他创建海上大学的目的就是希望"这样的大学将使世界在冲突中的敌对国家人民能藉此机会增进彼此间的了解"。联合国秘书长吴丹亦曾对记者表示，成立一所国际大学是他梦寐以求的事情，而董浩云的这一计划正是一项极有意义的理想。②

董浩云得知这一消息后非常兴奋，因为这正与他的目标相一致。10月22日他亲自致函联合国秘书长吴丹，对他的支持和理解表示感谢。③与此同时，董浩云还积极与美国多家大学以及台湾、香港等地的大学校长联系，希望他们支持这一壮举。

1970年的除夕，董浩云回顾一年来的工作，甚为满意，他在日记中写道："这一年算是顺利一年，尤其油轮涨价，我人六艘大油轮计划，幸亏留下了 *P. Satellite* 一艘四万五千吨小船，以及偷偷地掉出 *Energy*

---

① 《董浩云致陈公亮函》（1971年1月20日），董浩云资料室：C1—24。
② 《航运》第425期（1970年9月30日），页1。
③ 董浩云资料室：C1—24。

Resource，赚了一笔。又为了有这笔钱，才买了 *Queen Elizabeth*，创办了惊天动地的'海上大学'计划。一年容易过，明年将有更多成就！"

1970年12月30日，由卓牟来代表董浩云为主席的航运事业基金会与美国加州的却普敦大学（Chapman University）校长戴维斯在洛杉矶签订合约，双方同意共同开办海上大学。却普敦大学富有海上教育的经验，早在1965年就设置海上学术营的机构，其后有14家美国著名大学加入这个计划。根据双方协议，董氏集团同意将刚购置的"伊丽莎白"号邮轮进行改装，并易名为"海上学府"（Seawise University），作为承担日后海上大学教育的场所，却普敦大学则将其创办多年的海上教育计划纳入其中，并负责有关师资招募及制定教学计划。按照预定的计划，"海上学府"将于1971年开始，每年9月自洛杉矶启航，西行环绕世界，先后经南非、东非、南美而到纽约，次年春季再由纽约出发，途经南非、东非、马尼拉、香港、台湾、日本，最后抵达洛杉矶，此外还将开设暑期的短期课程。首批600名学生来自美国各所大学，待日后教学计划逐步完善后，大学本科及研究院的学生人数将增加到1800人，生源亦将扩大到世界各国。[①] 海上大学的课程以人文及社会科学为主，学生们将在旅途中深入研习课程，并可造访世界各重要港口，一面邀游四海，一面潜心学术，观察各地的社会和文化经济，正所谓"开拓万古之胸怀，研讨并时之学术"。除了美国本土之外，海上大学还欢迎各国高等院校参与，罗马教皇曾表示，愿在世界各国天主教大学中选拔一两百名优秀的学生入学，夏威夷大学的东西文化中心业已考虑加入。董浩云还积极在台湾、日本、香港和东南亚等地活动，希望更多的学校加入这一大家庭。

---

① 董浩云资料室：C1—18。

巨轮莅港

"海上学府"正常运营不仅需要大批专业的高级船员和水手，还需要更多的各种服务生和厨师，因此董浩云购得"伊丽莎白"轮后即开始进行这方面的准备。他在台北曾与公司同事商讨有关轮船上各种服务人员的训练，希望原则上在台北训练新人并物色已有工作经验、不必经过训练的服务人员，至于厨师则拟委托香港的美丽华集团代为训练，同时也在香港招聘一批具有经验的熟练厨师。董浩云还计划自1971年开始，分别在台北和香港大批训练水手、服务生和厨工，以便将来海上学府正式运行时使用。①

董浩云购得"伊丽莎白"号邮轮后曾亲自登船查勘，并和多位专家一起商量维修的措施，最后决定先对该轮进行局部修理，让其启动，再到香港进行全面整修。于是董浩云任命宣伟为船长，由唐秋福、周家正等工程师负责邮轮的维修，并调派集团内大批有经验的船员随船航行。原来计划一两个月后即启航，但因该轮已停航多时，久未修缮，内部机件损耗严重，经清理污水，多番检修发动机、锅炉、电力及其他设备，直至1971年2月才勉强完成简单的维修，将这艘已经停靠两年的巨型邮船驶出港口。没想到出航后不久，又因锅炉水管漏水，引起一场虚惊，不得已只好停泊在加勒比海的阿鲁巴港进行比较彻底的维修，因为只有这样才能横越大西洋，绕道好望角，经印度洋，航行到目的地。其间董浩云还亲自飞往阿鲁巴，再搭乘小轮登船视察。然而即便邮轮重新启航，随船工程人员沿途还需要密切关注船况，不断进行维修和保养。

1971年7月14日，"伊丽莎白皇后"号邮轮经过漫长的航行，终于抵达香港的海域，准备在这里进行全面的修缮工程。那一天对香港来说可

---

① 《任家诚致董建华、俞自强函》（1970年12月28日），董浩云资料室：A3—31。

算是一个大日子,因为这艘世界最大的邮轮不仅是英国制造的,更是由英国女皇亲自主持下水礼,港英政府对她的感情之深自然可以理解,所以接待的仪式特别隆重,港府不仅委派海事处和新闻处的主要官员前去迎接,还安排直升机在空中盘旋、灭火轮在海面上喷水以示欢迎。

15日上午7时,"伊丽莎白"轮碇泊在青衣岛和大屿山之间的海面上。"伊丽莎白"轮的抵港也吸引了众多民众在岸边观望,因为这不仅是有史以来最大的邮轮驶入香港水域,其硕大的规模和豪华的设备令人仰慕,更让香港人感到自豪的是,这艘巨轮的主人竟是一位中国人。董浩云完全能够理解香港民众的这种感情,他决定将邮轮对外开放,让香港的记者和民众不仅可以亲身目睹她的雄姿,还可以实地参观船内的设施,同时他也想利用这一机会,宣布将"伊丽莎白皇后"号邮轮进行大修,改建为海上大学,并正式将其命名为"海上学府"。

从资金上来看,此时的开支已超出了董浩云的预算,因为除了购买该轮的费用外,沿途维修即已花了300万美元,预计在香港的维修费至少还需400万美元。据负责该轮维修的总工程师周家正表示,改装大致分为三部分进行,首先要保持她精美富丽的原貌,让其成为名副其实的"海上学府";其次必须添置各种设备,保证符合世界安全标准;最重要的则是需要恢复和改善所有客房,并将部分舱房改建为大学教室、实验室和图书馆以及餐厅,预计在香港的装修时间需要四个多月。

原来的计划是邮轮到达香港后先进行内部装修,将东西方文化融于一身,以期成为美轮美奂的海上簧宫;然后再开往日本的神户进行船舶的外部维修,并于夏末秋初驶往洛杉矶迎候第一批师生。

香港中英文各大报纸连续多日在头版以最大的篇幅撰文并刊登图片,详细报道"伊丽莎白"轮抵港及改建之事。《香港工商日报》更发表社评《"海上学府"与中国人荣誉》,这篇社评指出,世界上的富人不少,船王也有数名,但他们多数人只是沉迷于纸醉金迷的奢侈生活,满足个人的私欲，对人类社会毫无裨益；然而董浩云却能"将其财富投资于文化教育方面，把'伊利沙白皇后'号办成一所大学，为传播文化的工作力尽贡献"，从而为"中国人增添无限的荣誉"。社评说，"据说该轮每天的燃料费即达八、九千美元，相信从商业利益的立场去计较，是注定亏本的生意"；但董浩云"甘心承受损失，支持教育事业，比较时下唯利是图、不顾公益的富豪远胜一筹"。

9月18日上午，香港总督戴麟趾乘搭直升飞机降落在海上学府的甲板上，随同港督一起访问的还有冯秉芬爵士、海事处处长梅礼彬及其他政府高级官员。董浩云、董建华父子亲自前往迎接，随后带领一行贵宾在船上各处进行参观，并向他们详细介绍了该轮维修进展以及今后办学的计划。戴麟趾在离去前表示，对于此次访问至感高兴，并衷心祝愿"海上学府"改装顺利。

冲天大火

已经易名为"海上学府"的"伊丽莎白皇后"号邮轮抵达香港后，即停泊在青衣附近的海面上，在对公众开放后不久便开始进行紧张的大规模装修。原来的计划是，1971年9月初"海上学府"离开洛杉矶正式开学，途经十多个国家和城市，每个港口停留两三天，整个航程船上时间为74天，岸上逗留36天，翌年2月底抵达纽约。但因该轮破损严重，从美国开出沿途又不断修整，竟用了大半年的时间才抵达香港，而且维修的工作量实在太大，工程时间一拖再拖。然而万万没有想到的是，就在"海上学府"全面装修即将完成之际，一场无名大火竟将这艘曾风光无限的巨型邮轮焚烧殆尽，沉没于香港的海底。这一消息传出后，立即轰动全球，并成为当年世界十大新闻之一。

根据后来香港海事法庭的调查报告，我们可以大致勾勒出当天失火的经过。1972年1月9日,"海上学府"正在进行最后的装修工程,当时船上的工作人员和装修工人大约有1000人左右,董建华等公司负责人也同往常一样,亲自在船上监督和视察工作。上午11时半,大部分工人都离开轮船上岸吃午饭,负责清除垃圾的三名客舱服务员突然发现堆放在甲板上的一堆垃圾冒出浓烟,他们赶快上前察看,只见有一团火在垃圾中燃烧,他们立即上前扑救。然而着火地点正是通风口,当时船上舷门大开,火焰借着风势迅速蔓延,转眼间就连成一片。这几名工人赶紧转身向横巷奔跑,口中大叫救火。船上几名救火员正在附近巡逻,听到呼救声立即赶到现场,然而火势太大,而且几乎同时,船上多处也出现火警,已经来不及扑灭了。当时董建华作为公司主要负责人正在和承包商视察工程,听到发生火警后立即由人带领亲自登上上层的甲板查看火情,只看见一片浓烟,却无法看到火源,只能由原路退回,最后由船上的大副带领,从轮船的舷门撤回到驳船上。

香港的海上消防队于火警发生后不久即抵达现场,但参与救援的人数不多,未能及时实施救援,等到消防船到来时已经错过了最佳的灭火时间。"海上学府"进行装修时为了方便作业,所有舷门洞开,因此当消防船射水灭火时,船身很快注水并向一旁倾斜。大火足足燃烧了几个小时,等到火势减弱时,高达14层楼房的轮船已经完全向右舷倾覆,最终沉入大海。好在火灾发生时正值午膳,船上的工作人员不是很多,再加上陈景岩船长、王松荣轮机长等沉着冷静,指挥应变,全船人都及时下船,无人伤亡,这也算是不幸中之大幸了。

后来担任金山轮船公司总经理的梁敏行当时也在船上,据他后来回忆,当时"海上学府"已经大致装修结束,船上雇佣的工人甚多,约有千余人。起火时间是当天午饭时间,船上绝大多数工人都下船就餐,由于起火的地方很多,因此他认为是有人故意纵火。后来他曾参与香港海事法庭的调查,结论亦差不多。据他估计,因为当时香港的就业率不高,船上工人可能害怕失业，有人故意纵火，目的就是想延长就业时间，但没想到该轮陈旧，缺乏先进的灭火设备，而且装饰材料极易燃烧，纵火者恐怕也没有想到会发生如此严重的后果。而且消防灭火也存在问题，由于消防队员集中向一个方向的舱门射水，导致船舱进水过多，迅速负重，以致很快就沉没了。对于外间所谓中共故意派人纵火的传闻，他认为这是毫无根据的。①

关于失火的原因大多数人都认为是有人故意纵火，董浩云曾在日记中披露："一月九日在港发生惊天动地大事，我所有'海上学府'Seawise University，即旧日名震世界之 Queen Elizabeth 轮被人纵火沉毁，建华幸免于难"；"吾之教育计划因而受挫，世界失此人类唯一巨轮，损失实无可弥补，为之痛心疾首。"（1月10日）后来董浩云亦曾收到告密信，说是"油漆工人暗藏火药于夹缝舱，故引起燃烧"，董浩云闻之后"恼甚"。（1月27日）

这场大火确实存在着很多疑点，尤其是火势蔓延之快更是令人震惊。据参加灭火的消防官员称，他们接到火警报告后不到一个小时，熊熊烈火已经燃遍这艘长达1300多呎的船身，火势之猛，根本无法彻底扑灭。"伊丽莎白"轮最后一任船长是英国人马尔，他对于邮轮的焚毁感到十分伤心。马尔对轮船的结构非常熟悉，他对记者说，"伊丽莎白"轮至少有七个防火隔舱，除了机房，每个舱房都有灭火器。以往轮船上也曾发生过火灾，但都限于局部，而且很快就被扑灭，除非是几个舱房同时着火，否则不可能燃烧得那么快。因此他表示，"这艘巨轮一定是遭人破坏的"。

"海上学府"焚毁之后传闻甚多，有的说是香港的左派所为，董浩云的姻亲、曾任台湾联勤总司令的温哈熊将军就说，"伊丽莎白"号就是

---

① 《梁敏行接受作者采访》（2010年3月25日，香港）。

"被中共以阴谋弄沉",并称董浩云对此事一直耿耿于怀。①《航运》杂志主编宋训伦也为董浩云寄去许多剪报,谈及"伊丽莎白皇后"轮的失火案,并暗指此为中共方面所为。②甚至有人恶意中伤,说是董氏为了骗取保险而有意纵火。对这些传言董氏集团均不予回应,只是将其称为"失慎焚毁",并对外宣称"香港政府已组织特别海事法庭,连日正在研询本案,希望能查出这次起火的原因"。③

对于外界诸多猜测董浩云心中"至为不安",为此他曾多次致电美籍华裔学者赵浩生,请他出面撰写文章说明情况,"说明我的中国人立场"。同时他本人也准备立即返回香港"解释误会",并让舆论"了解我中国人心情"。因为在他心目中,"此船被损,正如'北京人'被窃一样"(1月19日日记)。赵浩生的回忆亦证实董浩云当时希望由他出面撰写文章进行辟谣,为此他很快就写出《船王与后船》一文,后刊于香港的《星岛日报》。④

为调查"海上学府"遭焚毁一案,香港政府先是任命香港验船师马太成立一个调查小组,对此案进行初步调查。其后又特别组织海事法庭,自2月至4月在立法局进行了六次审讯,先后有92人出庭作证,除了大部分为金山轮船公司各级职员以及"海上学府"上的船员和装修工人外,还有当日参与救火的消防员、政府海事处、水警等相关部门的主管与属员,英国著名的劳氏验船协会和法国验船协会的验船师也应邀出席聆讯。最终的调查报告书于7月29日发表,其中列有法庭问答63条,内容附录181节。

根据法庭的调查所得出的结论是,"确信这次大火最近似的原因是有

---

① 《温哈熊先生访问纪录》(台北:中央研究院近代史研究所,1997年),页251。
② 《宋训伦致董浩云函》(1972年1月12日),董浩云资料室:B2—32。
③ 见《航运》451期(1972年2月29日),页1。
④ 赵浩生:《八十年来家国:赵浩生回忆录》(天津:百花文艺出版社,2001年),页157。

人一连串周密布置的行为所致",也就是说这应是一次故意纵火案。作出这一结论的依据是:

首先,起火地点有多处,且不在一个地点,相距较远。调查报告认定,当日海上学府"至少有三个主要的火头,每个都在几分钟内发生的",而且自起火后即迅速蔓延,很快便无法控制,说明可能使用的是某种高度燃烧性的剂料。

其次,起火的时间正是中午,大部分工作人员不是在餐厅就是上岸午膳,原先会受到影响的各处没有什么人往来,因此火灾出现的时间堪可玩味。

至于起火的火源可以排除电焊、吸烟和电线短路等原因,因为所有起火地点在火灾出现前都没有人进行烧焊,当日烧焊地点在出事前半个多小时就已经有专人检查过,而且"海上学府"的大部分装修工作已完成,没有什么烧焊任务,而在此之前船上因烧焊曾发生多次火警,但邮船的防火设备相当完备,一经发现火源即可迅速扑灭,从未引起后患。基于同样的理由,火灾的发生也可以排除香烟及电线短路的可能,因为"三处单独的大火差不多同一时间发生,而完全出于同一原因的意外或疏忽,实在难以想象"。

但是这场大火究竟是怎么发生的,海事法庭却无法得出最终的结论。虽然法庭认定火灾"有人一连串周密布置的行为所致",但到底是什么人做的,法庭"没有任何证据支持对这件事的各种猜测,亦不相信目前在法庭中对任何方面的追究会获致具体的结果"。[①] 最终这场大火的真相也没有查明,只能随着"伊丽莎白"轮的遗骸永远沉入香港的海底了。

[①]《香港海事法庭公布禁毁案调查报告书》(1972年7月19日),转引自《航运》457期(1972年8月31日),页6—10。

不气馁，不放弃

1972年1月9日"伊丽莎白皇后"号邮轮在香港焚毁时，董浩云正在法国参加旗下全货柜船"东方统帅"号的下水典礼。当他在电话中听到董建华哭泣着报告这一噩耗时真是欲哭无泪，他在当天的日记中痛心地写道："天耶！此将为香港、新加坡、台湾、海外民族基地与帮助大陆经济与和平共存阶梯，竟就此完了？"第二天董浩云飞回纽约，在机场就被大批记者包围，但他谢绝一切采访，内心仍陷于悲痛之中，因为"吾之教育计划因而受挫，世界失此人类唯一巨轮，损失实无可弥补，为之痛心疾首"。

"海上学府"惨遭焚毁后，英国皇太后、联合国新任秘书长瓦尔德海姆等各方人士纷纷向董浩云发来函电表示慰问，并鼓励他继续奋斗，不要泄气，这对他是一个鼓舞。董浩云在给他好朋友费曼尔的信中透露了他此刻的心情："曼尔：如晴天霹雳，海上学府遭纵【火】，数星期来无宁日，幸各地友人慰问，给我温暖与力量，得使我有无限勇气，继续努力善后。在法国时，您与Gino安慰我，帮助我，尤为感谢。英国女皇母亲亦来函致慰，联合国新任秘书长亦来电慰问，可见公道尚在人心。"①

关于"海上学府"的价值到底是多少，外间对此一直是众说纷纭。据外刊 *Fairplay* 1972年5月4日报导，当年"伊丽莎白皇后"轮仅仅光是造价就高达600万英镑，战争期间该轮充作运兵船，战后又在原厂重新装修。1956年公司斥资在船上装置电视机，成为全世界第一艘配备电视机的远洋轮船。1966年克纳德公司又花费了250万英镑装置空调设备及修建第二个游泳池。董浩云当年以320万美元购买后，为出航做了大量

---

① 《董浩云致费曼尔函》(1972年2月5日)，董浩云资料室：C2—13。

准备，时间长达五个多月，因该轮已停航多时，故耗资巨大，后虽驶离美国，但沿途又不断维修保养，才航行至香港。在港期间，董氏集团招募上千工人，经过重新装修，耗资数以百万，所有机器完全修复如初，仅英国船厂安装的铆钉即有1000余万只。据劳氏验船协会检验，装修后的"伊丽莎白"轮堪与船龄五年的新轮情形相比。因此有人估计这艘经改装的"海上学府"号市价当超过4000万美元。董氏集团已对该轮投保船厂修造险，根据全值条款，船东经说明其价值为1190万美元，而在完成全部维修后会将保值调整到3000万美元，但没想到竟在试车前五天被一场大火所焚毁。① 最后根据董氏集团与保险公司的协商，保险公司一次性付给董氏集团美金10600000元，而董氏集团则负责打捞沉船及清理港口。②

董浩云购买"伊丽莎白皇后"号邮轮并大举装修，他的真正动机不是为了牟利，而是要抢救她，不想让这艘世界上最大的邮轮就这样被拆卸，而是要给予她新的生命，并让她承担起海上教育的重要使命。虽然她不幸遭到焚毁，但她的使命并没有结束，为此董浩云曾采用了各种方式对她表示纪念。

1973年12月20日，庄严而又隆重的"海上学府"纪念碑揭幕式在纽约松街的东方海外大厦的广场上举行，联合国副秘书长和美国金融、航运等各界200余人应邀出席，纽约市长林赛为纪念碑揭幕。这块名为"东西门"的纪念碑是由著名的艺术家杨英风设计的，蕴含着现代意义中的中国传统精神。他以一个大正方形和两个长方形组成一面曲折的墙，在墙面之中再挖出一个圆洞，形成优美的"月门"，而从月门中取出的圆形面竖立在对面，又成为一面屏风。这样"东西门"有方有圆，方圆中

---

① 《航运》第454期（1972年5月31日），页1—2。
② 董浩云资料室：C1—23。

有阴有阳，方象征着中国人方正的性格和顶天立地的正气，圆意味着中国人追求圆熟和完满的理想。杨英风别出心裁，除了在碑的上半部刻有"海上学府"轮中英文的简介外，还将原"伊丽莎白"号船头上巨大的Q、E两个铜字拆下焊在一块钢碑上，再将英国皇太后和联合国秘书长瓦尔德海姆及纽约市长林赛为该轮沉没而撰写的函电分别镌刻在Q的内部和E字的上下方。这块钢碑平放在一个不锈钢的月洞门旁边，而在月洞门的对面则另立一个光可鉴人的不锈钢圆镜，所有来往行人，都可以从镜子中看见碑上的文字，在气势上亦正与这座由著名建筑大师贝聿铭所设计的大厦相映成辉，成为华尔街一道亮丽的风景。

其后董浩云亲自撰文悼念这艘未及成功的"海上学府"：①

> "伊丽莎白皇后"轮曾载运百万自由战士，并创无数光荣业绩，为历史上空前绝后之宏丽巨轮，方冀再接再厉，担任"海上学府"，为国际教育及世界和平做出贡献，不幸于一九七二年一月九日在香港焚毁，举世轸惜。海天留影，怅惋何极！

1977年7月20日，另一个"海上学府"纪念碑的揭幕仪式在美国西岸举行。为了纪念"伊丽莎白皇后"号邮轮战时及战后对人类的贡献，为了弘扬他所提倡的海上教育的信念，同时也为了今后继续推动和促进国际间文化交流，董浩云特地将打捞"伊丽莎白"轮后硕果仅存的巨锚建成一个纪念碑，并将其设立在洛杉矶市区附近的庇佛利山市的中心区。这个简约朴素而又庄重大方的纪念碑就坐落在整个大洛杉矶区的通衢之地，它也正在董浩云所创办的美国亚洲银行附近，成为西岸洛杉矶一处重要的观光之处。

---

① 《中国报导》第34期（台北：1974年3月），页6。

"海上学府"的焚毁成了董浩云的心中之痛,在美国东西两岸分别设立纪念碑既是对他的奉献精神的表彰,更是对这未竟事业的永久怀念。董浩云不放弃,不气馁,继续为推动海上教育而奋斗。

"宇宙学府"启航

在此之前,以美国却普曼大学为首的15家高校所组成的"海上学府营"(World Campus Afloat)已与董氏航运事业基金会签订合同,正式开办海上大学。原计划老师和学生1971年秋季就要登轮授课,但因"伊丽莎白"号维修改建工作浩繁,开学时间不得不一再向后顺延。董浩云为贯彻其办学的初衷及信守承诺,决定将已购得另一艘18000总吨的"大西洋"号邮轮(s/s Atlantic)改名为"宇宙学府"号(s/s Universe Campus),先行替代"海上学府",承担海上教育的任务,董浩云自己则义不容辞地出任校董会主席。"大西洋"号邮轮系1958年由美国殷格尔船厂制造,当年造价及装修费用高达2490万美元,因美国客运事业不景气已停航一段时间,董氏集团即将其收购并进行修葺和改装,成为一艘完全符合海上教学的校舍,船长顾应时以及船员都来自台湾及香港。"宇宙学府"按原计划于1971年9月4日由洛杉矶起航,途经夏威夷、萨摩亚群岛、新几内亚、澳洲、印度尼西亚、新加坡、锡兰、莫桑比克、南非、塞拉利昂,然后沿着非洲西海岸西行,于圣诞节前安全抵达东岸的纽约,完成了为期100多天的秋季环球教学课程。[①] 这所具有历史意义的海上大学就此诞生,它的成立,得到联合国秘书长以及美国政界领袖、学术界人士的普遍赞扬。

---

① 著名航运专家王洸的儿子王煊曾以事务员的身份全程随船,并撰写长篇文字记载这次航行,连载于《航运》第449及450期。

董浩云原来是将"海上学府"作为实现自己海上教育理想的最佳平台，没想到"伊丽莎白"轮却被一场大火焚毁，但这并没有打击董浩云创办海上大学的决心，他在日记中鼓励自己"打起勇气，再接再厉，展开新的一页"。就在"海上学府"焚毁的 20 天后，董浩云即在各大报章发表书面讲话，他首先对于"海上学府"这一具有历史意义的巨轮惨遭焚毁感到极为痛心，同时对于各界给予他的关心和支持表示衷心的感谢。董浩云坚定地表示，决不因为"海上学府"的焚毁而中断兴办海上教育的信念，原定的教学课程仍按计划照常进行，因此"宇宙学府"便承担了"海上学府"未竟的事业。

沉船两月后即 3 月 15 日，董浩云又来到纽约，与联合国教科文组织的负责人洽谈与联合国合作在"宇宙学府"上兴办教育之事。董浩云在日记中披露彼间的会谈"经过良好"，而且他还听说北京方面对此设想亦不予反对，为此感到非常高兴，因为他的目的就是"吾人华侨去海外经办国际性航运事业，使两方面均有了解，而得到祖国支持"。他在 3 月 18 日的日记中也这样写道："旅港期间，为了救助'海上学府'，为了头寸，为了使两个祖国更多了解华侨航业，每日辛劳，不知何时方罢休？"

1972 年 2 月 3 日，载有 57 名教授和 420 名学生的"宇宙学府"按照原订计划由纽约出发，开始了她的春季课程，并于 4 月 23 日抵达香港。在香港期间，全体师生除了参观香港的各项社会设施，访问香港大学和中文大学并与该校师生座谈外，还专程前往"海上学府"遇难处，向这艘具有历史意义的船舶凭吊致敬。"宇宙学府"的到来，亦向香港的市民展示出董浩云实践海上教育不折不挠的决心和意志。

"海上学府"于 1972 年 1 月初遭遇火灾，这一年各大报章都将此事列为当年世界大事，更是香港的大事之一。面对如此重大的挫折，董浩云并没有动摇推动海上教育的决心。他在这一年 12 月 14 日的日记中写下明年的计划："一九七三年我人继办'海上学府'，希望联合国参加，并成为东西桥梁，亦即两个中国合一之嚆矢欤？是则馨香以待。"

"宇宙学府"的船务管理和经营均由中国航运公司负责，海上大学每年分春秋两个学期，每学期作环球一百天的航行，除了实际体验世界各地风俗文化，并与各国不同民族进行文化交流外，船上的教学则由海上进修学院与美国各大学合作推行，先后由却普曼、匹茨堡等著名大学负责这一重任。学员主要来自美国各大学中的二、三年级学生，每学期大约500名，同时董氏集团还对台湾、香港、新加坡、菲律宾、印度尼西亚等亚洲地区的学生提供奖学金，免费提供学习的机会。从1971年秋季开始，多年来作育英才，培养出大批人才，对于促进东西方文化交流贡献至深且大。

实行海上教育的理念很好，但它的成本却十分高昂，一个航次仅燃料就需要8700吨柴油。按照实际运作的经费计算，每名学生在船上的学费、膳费和住宿费每学期大约需要3000余美元，这个数字相当庞大，一般亚洲地区的学生很难承担。因此董浩云在创办"海上学府"的同时，为了推动海上教育事业的进行和发展，特别是为了减轻亚洲学生的负担，他还专门成立董氏航运事业基金会。基金会自1971年成立后即开始办理"宇宙学府"轮的奖学金，为亚洲学生设置25名奖学金学额（香港、台湾、新加坡、日本、马来西亚各5名），分别成立甄选委员会，由各地知名硕学之士担任委员，保送品学兼优的同学入学，所有学、膳、宿费一律豁免。首批亚洲区共有21学生获选，此时"宇宙学府"已驶离美国西岸，董氏基金会赞助他们乘飞机到新加坡登船，在这中间香港有5名学生，曾任香港特别行政区政府财政司司长的梁锦松就是其中之一，著名记者林和立后来亦成为这一奖学金的获得者。截至1979年底，经各地甄选委员会推荐，先后有67名亚裔同学获此奖学金，而登上这艘海上大学进行学习。①

"宇宙学府"经过十多年的成长，学术地位和影响不断提高，曾在船上接受过教育的学生不下万人，除了少部分亚洲国家和地区的学生外，大部分学生来自于美国各州数百家大学，包括哈佛、耶鲁、芝加哥和斯坦福等世界名校。与海上学府合作院校的排名也不断上升，从却普顿学院到科罗拉多州立大学，再到美东享有盛名的匹兹堡大学，层次经过三级跳。

1979年10月7日，"宇宙学府"在全球第12次科学航程中由基隆驶抵香港，董氏集团发出通稿："世界唯一海上大学'宇宙'号今抵港"，并称董浩云"希望透过这项意义深长的高等教育计划，来促进国际文化交流及增进了解"。② 香港和台湾各大报章纷纷刊载文章并配以大幅图片。

1980年1月，美国验船协会的刊物 *Surveyor* 刊登了一篇人物专访，题目即为《董浩云从事航运不忘教育》，对董浩云积极推动海上教育予以赞扬。董浩云认为轮船与教育之间是有关联的，他对记者说："轮船不但可以运送石油，满足能源的需要，而且还可以成为学习中心，促进国际间的了解。"尽管每年的航行要亏损35万美元，但他表示，一定要将海上教育的伟大事业坚持下去。他对记者说："如果这项目标能予达成而裨益于学生，我总算不负自己一片苦心，我将继续努力于此，只要我能够保持我的业务，目前纵或不见其利，将来终必有其成效。"

2月26日，董浩云应邀在美国著名的常春藤大学达特茅斯学院演讲时曾这样描述他创设海上学府的目的："在这所海上大学的海上课程内，整个世界便是学生的校园，藉此可透视国际问题及国际矛盾的前因后果，让学生可以放开眼界，看看先进国家与落后国家的历史背景及其现状，

---

① 《宋训伦报告》（1979年12月31日），董浩云资料室：C1—28。
② 董浩云资料室：C1—21。

使学生能将自己的文化与别国文化相互交流沟通，并透过对世界问题的观察和了解，而扩伸其思想的领域"。他说："如果这目标能予达成而裨益于学生，我总算不负自己一番苦心。"[1] 这番话铿锵有力，它让世人看到了一位船王比海洋还要壮阔的内心世界。

---

[1] 董浩云：《从航业说到教育》，《航运》月刊，第 541 期（1980 年 4 月 30 日），页 28。

十三　难忘的中国情结

"为国人航运史开一纪元"

董浩云的事业遍布全球，因此他每年多半时间都在国外奔波。虽然在入境时经常遇到签证上的麻烦，有时甚至受到长时间的阻挠和盘诘，但是他却从不申请外国护照，也不接受殖民地政府颁授的爵位，因为在他心目中自己永远是一个中国人。由于种种政治方面的原因，董浩云长年漂泊在外，一直未能回到家乡探望，但他对于故国充满憧憬和眷恋，而且还将个人的事业与国家的命运联系在一起，这些情感在他的日记中可以说是随处可见。

1950年6月25日朝鲜战争爆发，当天董浩云正在日本，听到这一消息后他即敏锐地指出："岂远东又作世界大战之导火线耶！"董浩云一生都渴望世界和平，对于战后形成的冷战局面感到忧虑，他在1958年元旦的日记中写道:"世界仍划成东西两阵垒,紧张如故。苏联发射人造卫星成功,希望科学竞赛能促进人类谅解,消除矛盾。"1958年8月金门危机爆发时,虽然董浩云正忙着筹建"东亚巨人",成日往返于日本和香港之间,但他还是非常关心两岸关系的发展和国际局势的变化,这段时期的日记中经常留下他的关注:"金门吃紧,远东局势与中国前途、东西双方之决斗与人类前途,均为之系念不已。"(9月9日)"金门紧张,但港地仍安。"(9月11日)"台湾问题形势严重,身为中国人,实感酸辣而无辞以答也,诚矛盾之至。"(9月20日)9月25日,董浩云应美国银行邀请,在纽约参加远东美国商业暨工业联谊会第十一届年会晚餐,在会上"国务卿杜勒斯发表台湾海峡紧张问题之政策性演词,以民族自尊立场,我颇为不安,忧愤也"。

1962年10月,中印边境发生战争,他即明确地在日记中写道:"英国态度不对,印度尤其不对,遗袭英人旧例,横占吾人土地,当欲寻事,诚令人愤慨也。"当他看过以义和团和八国联军为背景的美国好莱坞电影《北京五十五天》之后,对于西方人丑化中国人的手法极为不满,他以为电影歪曲了"故事之人物,插曲亦系曲解,对中国人言并不好"。1969年3月9日,中苏两国军队在黑龙江的珍宝岛发生武装冲突,董浩云忧心忡忡地在日记中写道:"中苏边境又起冲突,中华儿女何去何从?"同年10月19日,他在台北参加"中日经济策进会",日本前首相岸信介在演讲中气焰嚣张,屡次扬言日本已成为世界经济大国,并要求美国将冲绳交还日本,董浩云即察觉到岸信介的发言"咄咄逼人",并意识到战后"亚洲局势使日本复兴",因此"今后中日两国如何演变,殊为吾人课题,吾人不能不对中华民族子孙有交待"。1975年香港拍摄的电影《吾土吾民》荣获第12届金马奖最佳剧情与最佳编剧等多项大奖,这是一部中国民众反抗日本军事和文化侵略的影片,董浩云观看后"为之感极流泪,历次看电影,能激动出眼泪,此为第一次"。

董浩云投入社会之时正是国家动乱之际，看到外国船只在中国内河沿海耀武扬威，他的心中常被刺痛，他总幻想着有朝一日悬挂中国国旗的船队扬帆破浪，航行于世界的七大洲五大洋。虽然早年他的实力弱小，不可能达到这一愿望，但他从未放弃理想，一旦条件允许，他就将为国争光的理想付诸行动。

1958年年初，董浩云计划在日本建造一艘巨型油轮，这艘后来命名为"东亚巨人"号的油轮吨位之大不仅当时在亚洲、就是在世界上也是名列前茅。董浩云为建造油轮从四处筹款，到与日本船厂谈判，从安装龙骨，到正式下水，时间长达20个月，可以说倾注了他的满腔心血，因为在他心目中，建造油轮的一个重要原因就是为国争光。1959年8月31日"东亚巨人"举行下水礼，董浩云兴奋至极，因为该轮"一旦落成，国人之光，我亦以此自豪矣"。虽然为此"精力尽疲"，"心血用尽"，但当"眼见她诞生，为世界航业史添上一页，为中国人争了多少光荣；眼看这'巨人'乘风破浪，能不喜极下泪？愿这'巨人'康宁无疆！"因为他的目的"仅为中国人之航海能力之培植与表现，并发扬光大之。际此东西两大集团并存对立之时，舍此做法，尚有何途"？①

1967年新年伊始，董浩云在展望新的一年时踌躇满志，因为这一年中他将要建造四艘22万吨级的大油轮，而且策划已久的远东航线年内亦将开通。虽然"艰辛必多"，但"收获亦大"，因为他的目标是"愿为国人航运史开一纪元"！然而"国内正闹文化革命，愿我人在海阔天空、自由天地中，能发扬光大"。同年9月底，中国航运公司旗下的"如云"号客货轮作为新开辟欧洲定期航线的轮船首航抵达英国，董浩云在日记中记下了这个扬眉吐气的日子："中英不平等条约取消后，'如云'是第一艘中国船以定期航线姿态驶入泰晤士河畔，是诚值得大书特书。"1969年年初，

---

① 《董浩云日记》1959年8月31日、9月28日，上册，页288、289。

董浩云旗下的"东方丽华"轮完成了环游世界一周的航行，台湾和香港的报刊广为宣传和报导，甚至发表社评以示庆贺，只有香港的《大公报》未发消息，而《新晚报》则署文讥骂。当时正是两岸最为敌对的时刻，作为中共在香港的主要舆论阵地，《大公报》和《新晚报》的态度可想而知，文章虽然没有公开点董浩云及其公司的名，但董浩云认为他并没有错，因为"我是替中华民族作扬眉吐气事，问心无愧！"[①]

董浩云1949年离开大陆，此后30多年来一直未能重返故国，他在日记中曾寄托过对家乡无尽的思念。他经常与友人"谈大陆事，为之神往"，甚至他在睡梦中也常常晤及上海的老朋友。当他听说著名剧作家老舍在"文革"中的不幸遭遇后，即在日记中愤愤不平地写道："文化界知识分子竟如此遭劫？"在德国董浩云与一批来自上海的中国艺术代表团成员不期而遇，"虽不相识，其喜可知"。1972年7月，他的亲家金维贤夫人从大陆旅游归来，兴奋地谈到访问北京、杭州、上海、南京、无锡、苏州等地的见闻，董浩云听了，真是"心向往之久矣"，并从心底发出感叹："几时能重睹大陆新貌？"然而董浩云的航运业务与台湾政府及企业间存在着千丝万缕的关联，作为一个企业家，尤其是他还经历过当年被台湾当局扣留的遭遇，尽管他非常希望重返大陆，但在当时海峡两岸相互敌对的环境之下，自然不敢轻举妄动。

国际局势的变化

远洋航运的兴衰与国际间的局势变化具有极为密切的关系，因此董浩云在致力发展旗下船队的同时，十分关注全球的形势变幻；而作为一个中国人，他更加注意的是海峡两岸随时可能发生的微妙变化。

[①]《董浩云日记》1969年1月17日，中册，页716。

1971年前后，以中美关系转变为标志，世界局势发生了重大变化。先是4月中旬，美国乒乓球代表团应邀访问中国，"小球转动了大球"。董浩云对此事相当敏感。4月26日，他听说前"行政院"院长宋子文突然去世的消息，感到非常遗憾，因为宋子文曾长期致力于中美外交，而他的去世正是"死在华盛顿 / 北京打交道的当儿"。果然不出所料，没有多久美国国家安全事务顾问基辛格就从巴基斯坦秘密前往北京，和周恩来总理等中国领导人举行秘密会谈，中美两国并于7月15日同时发布公告，宣布尼克松总统将于次年访问中国。董浩云当时正在维也纳，他在广播中听到这一消息后，即敏锐地意识到这将是改变国际格局的重要大事，那就是"北京将被邀入联合国，台北处境尴尬，殊令人矛盾"。果然在当年10月召开的联合国大会上，中华人民共和国恢复了合法席位，"此诚历史上之转折点"（10月26日日记），从而引起了国际社会的强烈震动。这年的12月，董浩云被聘为美国斯坦福大学胡佛研究所的董事，在参加董事会的会议期间，他与基辛格首次相见，即详细询问北京之行以及联合国投票的种种内情。1972年2月21日，美国总统尼克松应邀访问中国，他在北京机场与中华人民共和国国务院总理周恩来握手的画面传遍全世界，董浩云在当天的日记中这样写道："这是历史性大事，影响中美两国人民大事，对海外华侨与航运贸易更具影响力。"

　　随着中美关系的解冻，董浩云开始重新考虑如何应对两岸关系未来可能出现的转变。1971年11月6日，董浩云应邀在纽约中国工程师学会上发表演讲，题为《当代航业与世界经济》。他在介绍欧美以及日本等国家的航运近况后，还以较大的篇幅提到中国大陆的航运事业。他认为中国要想在经济上与日本争雄，就必须进口大量的石油，而且需要兴建多个深水港口，因此日后必然要致力发展远洋航运。① 这是董浩云多年来第一次对中

---

① 董浩云：《当代航业与世界经济》，《董浩云的世界》，页130。

国的事务发表意见,说明他对未来的大陆远洋航运事业寄予关注之情。

还有一件事也可以看出董浩云此刻内心深处发生的变化。50年代初,董浩云曾亲力亲为创办了《航运》杂志,在华人航运业中产生重大影响。从第451期起(1972年2月29日出版),该杂志便悄悄地将原来的民国纪年改为公元纪年。这虽然看似一件小事,一般人或许不会注意其中的细微变化,但联系到此时的国际背景,譬如中华人民共和国恢复联合国的席位、尼克松总统访华等等大事,这样的修改就蕴含着深远的意味了。

1972年8月,报载日本首相田中角荣将正式访问北京,并拟与中国恢复邦交,董浩云看到此消息后即表示:"时代不容我人开倒车,今后与新加坡、美国关系更需增进。"9月底,田中首相在访问中国期间宣布与北京建交,并发表共同声明。董浩云虽然与台湾关系十分密切,但在国家统一的问题上却立场坚定,他曾在日记中写过:"台湾原是中国一部分,世局如斯。"此刻他的思乡之情更是油然而生,不禁在日记中写道:"几时得重睹大陆新貌?"10月1日是中华人民共和国成立23周年的国庆节,董浩云在当天的日记上写道:"北京已与日本建交,西德亦将与之建交……真是世界均成好友,今年国庆好不热闹呵!"这是他第一次在日记中提及新中国的国庆。10天之后的"双十节",他又在日记中说:"新的中国已成立二十三年,老的依旧,慨甚。"由此我们也可以看出此刻他内心的这种矛盾心理。

在中国近代历史中,蒋介石、周恩来和毛泽东是三位极为重要的人物,他们在一年多的时间内相继去世,董浩云在日记中对他们的去世分别有过记载。

1975年4月5日,蒋介石去世,董浩云在日记中是这样评价的:"一代伟人,以抗日战争始成为四强之人,功绩辉煌,不谈其他,令人哀悼。"4月15日,他还专程飞往台北,参加蒋介石的葬礼。此刻他又不禁回忆起当年在日月潭别墅晋见的情景,"往事如烟,功过盖棺定论,浪淘尽千古风流人物"。

1976年1月8日，正在法国的董浩云听到周恩来去世的消息后，当即在日记中写道："中国时代巨人周恩来先生今日在北京逝世，举世同悲。"

同年9月9日，当时董浩云正准备从台北返回香港，在"机场听到中共毛泽东主席今日零时逝世消息，这八亿人民主宰亦离开这世界了"。

1976年6月4日，正是大陆大批邓小平、"四人帮"权倾一时之际，董浩云曾与崔万秋夫妇聊天，"谈江青、唐纳旧事恩怨，即共产党人亦不免"。然而仅仅四个月之后，"四人帮"竟束手就擒，10月12日，董浩云在伦敦得知"江青、王洪文被捕消息"，他亦为之欣喜，因为肆虐中国的十年浩劫终于宣告结束了。过了10天，他又在日记中写道："时代变动如斯，华国锋已任中共主席，江青已遭淘汰，真是'曲中人不见，江上数峰青'。"

这些文字虽然十分简单，只有寥寥数字，却能看出董浩云对他们历史地位的真实观感，同时也反映了在两岸对立的情形下，一位移居香港的企业家对国家、对民族、对前途所坚持的立场。

笼络与防范

虽然国际形势开始发生变化，但海峡两岸的紧张局面却依然如旧，甚至更为严峻。董浩云有大量的生意在台湾，并具有广泛的人脉网络，因此自然要与台湾的政界和商界保持密切关系。蒋介石去世后，台湾政府要修建中正纪念堂，号召海外侨胞捐资，为此董浩云曾捐赠巨款。中正纪念堂落成后，蒋经国特向董浩云颁授"抒忠报国"的匾额，以表彰他的贡献。①

---

①《中央日报》，1980年4月4日，第3版。

更重要的是，台湾当局还寄望于利用董浩云广泛的国际关系，以拓展台湾此刻日益困窘的"国际活动空间"。

1975年5月，第九届世界石油会议在日本举行，这是促进石油科学与技术发展的一个国际性组织，每四年在各会员国召开一次大会。台湾自1963年参加在美国召开的第五届会议后就一直希望与该组织保持联系，但此时日本已与台湾中止外交关系，最后决定台湾方面出席者不得使用任何"中华民国"的标志，只能采用英文的缩写ROC来说明身份。董浩云担任代表团的副团长，董建华为团员，父子双双由美国直接赴日本出席会议。1978年7月30日，董浩云参加在美国国务院会议厅召开的国际教育大会，并于主席台就座，这一特殊的礼遇足使与会代表瞩目，"尤其是台北来的代表"。这些事例均可见董浩云此时在台湾政治与经济方面的地位是多么重要。

1978年12月15日，美国总统卡特宣布将于1979年1月与中华人民共和国正式建交，消息传出后立即在台湾岛内激起巨大震动。然而大势已定，政府上下只好为维持彼此间的关系进行最后的努力，由于董浩云在国际上享有崇高的地位，特别在美国的政界、商界拥有广泛的人脉，自然成为台湾政府争取的对象。12月30日，"交通部"部长林金生致函董浩云，信中称，为了台湾的前途着想，"今后最能影响美国政策者，厥唯美国参众两院议员"，而"吾兄与美国议会人士交往颇多，如能趁此时机予以争取，于国家前途当多帮助"，因而希望董浩云从中代为游说。①1979年1月4日，董浩云在纽约与前驻美大使顾维钧共进晚餐，在当天的日记中虽然只是简单地写了一句"谈中美历史"，但谈话内容一定涉及大陆、台湾和美国之间错综复杂的关系。同日，董浩云亦致函新任"行政院"院长的孙运璿，表明他愿意从中进行斡旋。孙运璿即于22日回函感谢，函中称

---

① 《林金生致董浩云函》(1978年12月30日)，董浩云资料室：B2—41。

"吾兄身在海外，心萦家邦，爱国赤诚，良深敬佩"。并表示"今后中美之经济、文化等实质关系，仍当努力加强维系，承兄在此方面多所致力，至为感荷"。2月7日，董浩云回信称，此次离美前曾与民主、共和两党政要及议员谈到今后如何维护台湾与美国之间的关系，1月份他曾收到共和党副总统候选人布什的来函，对卡特政府的决定不以为然，同时董浩云还认为，就民主党方面而言，台湾仍可获得波士顿地区有影响力的银行界和商界人士的支持。① 1980年11月，美国第40任总统大选，里根和布什分别当选正副总统，董浩云立即去函表示祝贺，并以美亚银行的名义向总统就职典礼筹备委员会捐赠了五万美元，以示支持。11月21日，董浩云分别致函"行政院"长孙运璿和"总统府"秘书长黄少谷，称他与布什及舒尔茨（他认为很有可能出任国务卿）关系熟稔，信中并附布什给他的多封亲笔信影印本予以证明，董浩云并表示愿为斡旋彼此之间的关系做出贡献。②

1981年，中国航运公司协助台湾政府推动台美之间经济与贸易合作，董浩云让其亲信任家诚（驻旧金山代表）出面，策动美国商业部举行台美贸易讲习会，会场就设在董氏集团旗下的"宇宙学府"上。5月19日，会议在位于旧金山海港的"宇宙学府"上召开，美国商业部副部长奥迈尔、美国在台协会主席丁戴维等担任主讲，与会的300余人均为台湾和美国从事工商或具有专业资格的高级人士。座谈会主要针对台湾与美国中断"外交关系"两年以来的情形进行全面的检讨，并对未来十年台湾的市场、美国对台湾的出口以及美国商业部关于对台湾市场的调查予以深入的分析。

尽管董浩云为了引进外资和扩大台湾的生存空间而四处活动，但台湾

---

① 董浩云与孙运璿往来信件均藏于董浩云数据室：B2—41。
② 董浩云资料室：C2—15。

当局对他的言行仍有不放心之处，一方面对他百般笼络，但同时亦对他的行动有所防范。1970年，美国决定放宽对中国大陆的禁运政策，这一举措立即引起台湾当局的高度紧张，为此"行政院"决定由"中央信托局"出面，联合政府机关和民营公司，在美国成立中国贸易公司，总部设在纽约，并在旧金山等地设立分公司，公司董事除了中央信托、国际贸易局的主要官员外，还包括台湾塑料大王王永庆、罐头大王顾士奇等民营公司大亨，而董浩云亦被推选为公司在美董事。① 另一方面，由于董氏船队常年在外航行，有关部门要求对其船员活动严加防范，主要是防范来自中共的统战，特别是提出要对金山轮船公司香港籍船员进行思想方面的统制，不允许中共的宣传势力存在。②

董浩云于1970年曾斥资购买当年最豪华的"伊丽莎白"号巨型邮轮，准备将其改装为"海上学府"，专门招收美国和东南亚各地的学生，以促进国际间学术和教育的交流。然而1972年1月9日，就在该轮在香港海面装修即将完工之际，一场无名大火竟将其完全焚毁。当时在国外的董浩云闻讯后"欲哭无泪"，因为这表示他"为香港、新加坡、台湾、海外民族基地与帮助中国大陆经济与和平共存阶梯，竟就此完了！"为了表达对这艘美轮美奂超级巨轮的怀念，同时也为了显示自己对于海上教育这一理想的追求，董浩云特别指示旗下的海星影业公司拍摄了一部电影《超级邮轮的传说》，真实地纪录了"伊丽莎白"号邮轮的诞生、经历以及董浩云希望将其重新发扬光大的心愿。董浩云对这部影片的拍摄工作非常重视，不仅亲自审阅影片的内容和画面，还对解说文字逐句推敲。影片经常被他带到各种招待会上予以播放，甚至还提名参赛，并于第七届亚特兰大国际

---

① 《中央信托局局长陈汉平致董浩云聘书》(1970年11月27日)、《中国贸易中心股份有限公司第一次筹备会会议记录》(1970年12月14日)，董浩云资料室：A3—24。
② 《中国航运公司六十年度第一次安全会议纪录》(1971年3月2日于台北)，董浩云资料室：A3—31。

电影节中荣获"最佳历史文献奖"。这部电影虽然讲述的是一艘邮轮的成长历史，但也包含当时国际间发生的大事，其中有一段介绍联合国的成立经过，有顾维钧代表中华民国政府在联合国宪章上签字的镜头，后排站立者有当时中国的代表张君劢、胡霖等，还有一位则是中共代表董必武。1974年5月21日董浩云在美国首都华盛顿举行招待会，将影片隆重推出，没想到却遭到台湾方面的猜忌和不满。台湾"驻美大使"沈剑虹对该影片"颇不以为然，认为不应对白中说出共产中国代理主席董必武"，而且台湾退出联合国亦并非"人谋不臧"。对此董浩云的态度是，历史就是历史，容不得修改。他在当天的日记中写道："仁者见仁，将来待历史公平批判"；然而基于现实，他自己也觉得今后必须小心谨慎，因为像沈剑虹这样的人物在台湾仍"代表一般顽固见解"。

中美关系解冻后，许多长年居住在美国的华人相继回大陆参观访问，其中有一人与董浩云相识已久，他就是著名的记者赵浩生。

早在50年代初，赵浩生作为《东南日报》驻日特派员时就与董浩云相识，后来赵浩生去了美国并于耶鲁大学任教，但与董浩云仍多有往来。1973年赵浩生离开大陆25年后第一次返回故国时先途经香港，受到董浩云的热情款待，并请他入住"香岛小筑"。多年后赵浩生回忆，董浩云与他谈到中美关系解冻时非常高兴，但也认为两国若完全恢复外交关系恐怕还需要一段时间。董浩云清楚地意识到，在中美关系正常化的过程中，台湾问题将是一个随时可能爆发的棘手问题。董浩云十分羡慕赵浩生能回国探访亲友，他虽然也很怀念故乡和亲人，但目前身不由己，无法回国，只能托他给亲友带信，报个平安。①

在这之后，赵浩生经常先经香港而后返回大陆，而他每次来港都会受到董浩云的热情接待。其间赵浩生不断在香港和海外报章发表文章，称赞

---

① 赵浩生：《八十年来家国：赵浩生回忆录》（天津：百花文艺出版社，2001年），页158。

新中国所取得的成就，成了海外华人学者中的"歌德派"，台湾方面对他的言行极为愤慨。由于董浩云与赵浩生相熟，并经常在香港接待他，因而也引起国民党的不满。为此事中央银行总裁俞国华在与董浩云属下洽谈借款时曾予以暗示，说台湾的情报部门对于董与赵的关系十分敏感，而且已开始注意到董浩云在香港的言行，所以特别嘱他转告董浩云，今后说话一定要"多加留意，勿贻人口实"。① 为了避免社会的注意和舆论的攻击，日后赵浩生来港后就不再入住"香岛小筑"，而且董赵两人见面都选择普通中国人光顾的饭店，而不去那些外国人常到的场所，如外国记者俱乐部，目的就是不要让外人发现。② 同时董浩云又让他的属下任家诚写信给国民党海外工作会主任陈裕清，一方面对于公司拍摄影片中涉及中共之镜头以及接待赵浩生之事加以解释，同时对于台湾方面的责难与不满表达立场，声称"吾人身处海外，虽立场一致，但处境容有不同，观点或有参差"，希望能予以谅解。③ 这也充分体现出董浩云在海峡两岸分裂状态中的为难与尴尬处境。

秘密接触

董浩云 1949 年离开大陆，此后 30 多年一直没有机会重返故国，尽管他长年漂泊在外，但内心中还是常常思念生他养他的家乡，国家的命运和前途常常萦绕于心中，对于中国大陆更是有一种不可抑制的憧憬和感情，在日记中曾多次寄托过对故国家乡无尽的思念。他经常与友人"谈大陆事，为之神往"，甚至在梦中也常常"晤及上海老友甚多"（1955 年 10 月 29 日）。当他与外商洽谈中国对外贸易前途时，更是希望自己能亲自去看

---

① 《吴长赋致董浩云函》（1975 年 11 月 26 日），董浩云资料室：B1—18。
② 赵浩生：《历历往事》，《董浩云的世界》，页 342。
③ 《任家诚致陈裕清函》（1975 年 12 月 17 日），董浩云资料室：B1—27。

一下（1972年5月4日）。1979年12月4日，长女董建平访问过大陆回到纽约，兴奋地向父亲说起回国的观感，董浩云为之怦然心动，但也只能在日记上写道："她甫自上海返来，曾造访福履理路福履新村故居"。由于董浩云的航运业务与台湾政府及企业间具有千丝万缕的关联，在当时海峡两岸相互敌对的环境之下，这种思念只能在日记中宣泄，在行动上则不敢有任何差错。

1973年6月董浩云在巴黎参加国际航空节，在"座位上曾见北京大使馆两代表"，虽然最后"无法接近"，但他却断言："将来中美关系改善，必能使我起作用。"其实北京政府也十分关心董浩云的言行，1974年7月，董浩云在巴黎遇见老朋友 Victor Audren，他是法国一家著名的造船厂经理，刚从北京参加一个造船的洽谈会回来。据他说，他在北京开会的时候，中国政府曾多次向他了解董浩云的情形。[①]1979年10月30日，中国国务院总理华国锋访问英国，香港另一位船王包玉刚应邀出席英国女皇举行的宴会，董浩云则没有露面。华国锋访英期间还参观了石油展览会，董浩云此时亦正在伦敦，他事先得知这一消息却没有前往，在日记中他说是"不便参加"。但是第二天，他却与陪同华国锋来访的外交部副部长章文晋通了电话，还赠送了两部新船下水的纪录片。因为章的父亲章以吴（著名书法家章梫之子，其妻系朱启钤之次女朱淇筠）是董浩云的故交。其后中国驻英大使柯华专门致函转达了章文晋的感激之意，并代表章向他问好。[②]1980年6月，中国驻联合国代表陈楚亲自具函邀请董浩云夫妇出席他在华盛顿举办的晚宴，董浩云接到邀请后考虑再三，犹豫不决，最终还是不敢赴约，他在请柬上亲自批写 declined，予以婉拒。这一切都说明刚刚打开国门、实施改革开放的中国政府正在加紧统战工作，迫切需要海外

---

① 《董浩云日记》（1974年7月1日），中册，页1050。
② 《柯华致董浩云函》（1979年11月6日），董浩云资料室：B3—32。

华人回国投资；同时也看出董浩云此时的矛盾心情，他既希望与中国大陆建立联系，但又惧怕因此而得罪台湾当局，从而影响他的生意。

1978年，经历了十年浩劫的中国大陆终于开始宣布实施改革开放的国策，而在改革开放所取得的巨大成绩中，香港的企业家发挥了极为重要作用。

在与大陆接触的问题上，香港的另一位船王包玉刚早已捷足先登。包玉刚与董浩云不同，他早就加入英国国籍，并被英女皇授予爵士的勋衔。更重要的是，包玉刚与台湾没有什么生意上的往来，相反却与中国大陆的关系相当密切。他太太的表兄卢绪章早年曾任具国民党官方背景的广大华行总经理，实际上则是中共的秘密党员，解放后卢绪章出任外贸部副部长、国家旅游局局长，仍与包玉刚保持联系。因此1978年大陆刚刚实施改革开放，包玉刚夫妇就率先飞到北京，其后在卢绪章的安排下，他们更是多次回国，并与官方进行交往。1980年，包玉刚与内地联合成立了国际联合航业投资公司，其中包玉刚的环球集团拥有55%的股份，公司成立后立即购买了8艘散装货轮，并相继在日本和欧洲定造10艘散装货轮，而且计划日后在中国的船厂建造船只。按包玉刚的说法，他是要帮助大陆尽快取得造船和远洋航运的经验，这应出自他的内心，当然，他也希望能从中国今后日益扩大的对外贸易中获得利益。

1980年3月包玉刚与邓小平见面，成为好朋友，以后包玉刚每次到北京，邓小平都会接见他，甚至一年数次，10年间共会面15次，这在香港和海外华人企业家中可是绝无仅有的。包玉刚拥护邓小平提出的"改革开放"、"一国两制"的国策，并在行动上予以大力支持，出资兴建酒店，捐款创立大学，他的形象经常出现在中央电视台的屏幕上，"船王"的名字早为国人所知；但对于与他齐名的董浩云，长久以来大陆新闻界却是十分陌生，国内的老百姓根本就不知道世界上还有这一位船王的存在。

董浩云对于中国改革开放的国策也是衷心拥护。作为一个中国人，他当然希望国家富裕强大；而从生意人的角度出发，这也是一个千载难逢的机会。然而鉴于他与台湾方面的密切关系以及当时两岸间的敌对状态，特别是50年代初的那段回忆，此时董浩云根本不可能亲自前往大陆，但是他又不愿意放弃这一难得的机会。于是他先请老朋友东方石油公司的董事长刘浩清替他了解内地的情形，其后不久，女婿金乐琦的大哥金联桢由上海移民美国，董浩云在美国与他相识交谈后，很是投机，便力邀金联桢来港，利用他熟悉国内情形的有利条件，出任自己的私人代表。其后金联桢便多次返回内地，与有关部门探讨彼此之间有无合作的可能。[1] 经过双方的努力，初步建立起合作的良好关系，董氏集团先后与中国船舶工业总公司合作建造三座自升式海洋钻井平台，与中国海洋石油总公司组织合营公司，在南中国海进行海上作业等等。同时，在董浩云的斡旋下，还促成了国际著名的凯旋钻探工程公司（KCA）与东方石油公司合作，共同开发中国大陆的石油生产；而且有文件显示，此时董浩云已有计划与国内进行合作，内容包括建造钻油台以及驳船。[2] 在董浩云资料室里，至今还保存着许多董浩云亲自收藏的有关中国政治经济方面的剪报，包括《大公报》和美国的《纽约时报》、《华盛顿邮报》等，其内容多涉及中美关系、台湾问题、外资对华投资以及中国实施改革开放等报导，在这些剪报中，还附有董浩云、任家诚等人的批语，这就说明董浩云十分关注内地的经济改革。

1980年4月5日，董浩云曾致信中国租船公司，信中除了寄去众多国际上造船及航运方面的资料，还提出双方可在中美航线上进行合作的建议。6月27日，中国租船公司总经理刘若明回函，明确表示"有兴趣同您具有丰富航运经验的老朋友合作"，并"愿与您或您指派的人员在双方认为方便的时间和地点进行一次面谈"。[3] 同年7—8月间，美国American

---

[1]《金联桢接受笔者访问记录》，2010年4月28日，香港。
[2] 董浩云资料室：B2—32。
[3]《刘若明致董浩云函》（1980年6月27日），董浩云资料室：B2—58。

World Line 主席 Conrad Everhard 在北京和上海等地访问,此行得到美国麻省州长 Edward J. King 的推荐,并获得中方有关部门的热情接待。Everhard 访华的目的有二,其一是希望将原美国"威尔逊总统"号客轮移至上海北京路外滩公园,在黄浦江上建立一个"海上旅馆",而这艘现在称"东方皇后"的客轮,她的船东正是董浩云。① 其二则是"商谈董氏集团与中国建立货柜轮航线的问题"。② 这两件事后来虽然都没有成功,但却可以证明,董浩云此时不仅在积极寻求与国内合作的机会,而且已付诸行动。

对于刚刚打开国门的中国政府来说,更是希望吸引海外及香港的企业家投资,因而采取各种形式,广泛联络海外侨胞,董浩云也是其中一个重要的统战对象,从这段时间董浩云的日记和书信中可以发现一些线索。

1980 年 12 月 30 日董浩云曾在他专门宴请贵宾的"香岛小筑"招待来港访问的中国交通部部长钱永昌等客人。尽管当天的日记中只简单记录了此事,并没有透露双方谈话的详情,但从这一时期前后日记的内容分析,探讨合作经营的可能性必定是谈话的主题之一。多年之后,钱永昌在被问及这段往事时曾深情地回忆说,晚宴前董浩云曾陪他在"香岛小筑"海边的参天大树下面散步,突然董浩云弯下腰在地上捡起几颗红色的相思果,并把它放在钱永昌的手中。③ "红豆生南国,此物最相思",此时无声胜有声,一切都在不言中了。

1981 年 2 月 18 日,董浩云在香港与刚到任不久的新华社社长王匡见面,香港大学校长黄丽松亦在场作陪。日记中虽然没有记载彼此间谈了些什么,但王匡作为中共在香港的首脑这可是众所周知的事实,董浩云敢于同他见面,这就已经说明了问题。

---

① 《美国世界航运公司备忘录》(1980 年 7 月),董浩云资料室:B2—58。
② 这段话是任家诚在美国麻省州长 Edward J. King 所写推荐信上所加的批语,原件见董浩云资料室:B2—41。
③ 《钱永昌回答笔者的提问》,2007 年 9 月 28 日,上海。

徐国懋是金城银行的老人，和董浩云曾是多年的同事，后长期居住在上海。80年代董浩云曾资助他赴美探亲。1981年2月间徐国懋赴美前曾在香港短期逗留，董浩云亦热情接待，并在"香岛小筑"设宴时，还特别邀请香港中国银行的方善桂、章骥等人作陪。而在徐国懋致董浩云的信件中就曾披露北京方面希望他动员董浩云回国投资的愿望。

"文革"后曾任上海市文联副秘书长的李伯龙30年代曾是活跃于上海的著名左翼文化人，他也是董浩云年轻时的朋友，关系十分密切。董浩云明知他负有统战的使命，但还是出面邀请他到香港来探亲，并负责他在港期间的所有费用。李伯龙来香港后，董浩云还多次和他见面，一起回忆往日时光，共同讨论彼此关心的问题。

对董浩云进行统战工作的还有一位重要人物，他就是被人称为"红色外贸专家"的舒自清。舒自清原名舒鸿源，他与董浩云的出身和经历都极为相似，不仅年龄相仿，祖籍也是浙江宁波，但却出生于上海，并且都是年轻时投身商场。他们两人不同的是，舒自清抗战爆发前后加入中共，后来一直在广大华行从事外贸工作，其间曾被派驻纽约的华尔街开展业务。广大华行表面上与国民党的中统关系密切，但实际上却是中共运输物资的秘密机关。解放后舒自清先后担任外贸部进出口局副局长、中调部美国研究所所长，由于他的特殊经历，"文革"中遭到造反派批斗，竟以"美国特务"的罪名而被关进秦城监狱。"文革"结束后舒自清又出任外贸部国际贸易研究所所长，在建立特区和引进外资方面作出了卓越的贡献。在董浩云数据室中就收藏有一些舒自清的信件，其中一封是写给上海市市长汪道涵的亲笔函，主要是为董浩云的"东方皇后"号客轮在上海建立海上旅馆事予以说明；[①] 另一封致董浩云的亲笔函，则是介绍国家商检总局副局长张明来港成立香港检验公司并出任董事长兼总经理，但由于"他是第

[①]《舒自清致汪道涵函》(1980年8月29日)，董浩云资料室：B2—41。

一次去港，人生地不熟"，因此希望董浩云"在开展业务方面务请大力支持"。① 这就说明，此时董浩云与大陆已有较密切的联系。

另一方面，董浩云还希望将他创办的海上大学教育扩展到中国大陆，为此他通过中国政府外交官员、时任联合国副秘书长的毕季龙从中斡旋。1981年12月29日，毕季龙在致董浩云的函中称，北京教育部同意选派两名交通大学的学生参加海上大学学习，为此杨蕴玉副部长还嘱其向董浩云表示感谢。在董浩云和中国政府的共同努力下，1982年2月27日，上海交通大学的两名学生金纬和严良瑜首获董氏基金会的奖学金，乘飞机抵达纽约，并登上"宇宙学府"参加海上大学的课程，为此上海的《解放日报》专门在3月26日的头版头条刊登了这一消息。②1982年，美国HOPE基金会决定捐赠给中国各地医学院一批图书，主要是最近三年出版的医学院课本及参考书，共计约五万册，价值约一百余万美元。董氏集团为此捐赠两只标准货柜箱，并免费代为运输至香港，将来再由各校前来领取。③

当董浩云旗下"海上巨人"油轮下水后，《人民日报》1981年3月7日曾破天荒地刊登了"世界最大的油轮在日本建成"这条新闻，并配以照片说明，其后《北京晚报》(1981年3月18日)、《舰船知识》(1981年第1期)等报刊也都先后刊登相关消息。尽管这些报导的内容十分简短，而且也没有提及船东的姓名，但却表明中国政府对待董浩云的态度已发生了重大的变化，双方不仅暗中时有接触，而且这种关系已开始趋于明朗化。

为两岸和平统一铺路

对于中国人来说，20世纪最不幸的事件应该就是抗战胜利后国共内战

---

① 《舒自清致董浩云函》(1982年2月17日)，董浩云资料室：B2—32。
② 董浩云资料室：C1—26。
③ 董浩云资料室藏：C1—26。

的爆发，最终导致国家分裂。董浩云作为一个企业家，面临国家处于两种命运、两种前途决战的关键时刻，选择前往香港定居，这对他的事业发展应该说是最明智的决定，但作为一个中国人，他认为有责任、有义务去帮助国家实现统一。他常说，"为两个中国前途计，至感任重道远"。（1977年6月20日日记）1981年董氏集团要在新造的一艘船上设计联合国常任理事国席位和国旗，为这事他的部下任家诚颇为担心，因为涉及1945年联合国成立时顾维钧签字的照片，董浩云即在信上批："当时大家知道（顾维钧）代表中华民国者"；当任家诚又提到照片上"中国"系指"中华人民共和国"，又恐引起台湾方面恼怒时，董浩云又加批："大家承认一个中国，应无问题"。[1]

海峡两岸长期分裂的局面令每一个中国人都感到痛心，这种感觉对于长年漂泊在海外的董浩云来说尤为强烈。追根溯源，他认为造成这一现状的原因完全是由于抗战胜利后国共两党的内战所造成的，"更使人想到Yalta协议与我国内战自己造成的局势"。（1972年9月18日）对于由此而产生的后果，他又不禁感慨万分："国共合作抗日，但战后竟不能继续合作，以享受应有战胜国之战果，惜哉，夫复何言？"（1972年9月30日）为了促进国家统一的大业，董浩云亦身体力行，愿为实现这一目标而贡献绵薄之力，他甚至还试图以个人的名义加以斡旋，促进和完成这一大业，这是他晚年生涯中的一个奋斗目标，在其日记中亦时有记载，而他多年来策划成立海上大学其实也包含了这一想法。1972年12月14日他在计划新的一年工作时记道："1973年我人继办'海上学府'，希望联合国参加，并成为东西桥梁，亦即两个中国合一之嚆矢欤？是则馨香以待。"他曾游历日本下关的春帆楼，那是当年签订马关条约的地方，睹景思情，不禁感慨万分："台湾已收回，但中国仍在统一中。"（1975年9月20日）

---

[1]《任家诚致董浩云函》（1981年3月9日），B2—32。

1980年8月，第27届国际教育年会在阿根廷举行，北京与台北出席会议代表又为国旗问题争执不休，作为会议的主持者，董浩云深为"两个中国，殊为不幸"，最后大会决定不挂国旗，董浩云认为"中国人闻之，殊为惨然"。1981年1月6日，董浩云在华盛顿出席胡佛研究所董事会听取美国国家安全事务顾问 Richard Allen 报告美国外交事务时，即刻起身发言，"提到 Ted Stevens 与陈香梅访问中国事以及解决两个中国问题之现实对策"，虽然他在日记中并没有说明具体内容，但显示出他对国家统一的关望之情。据美国前总统布什回忆，他在出任驻联合国大使时就与董浩云相熟，1974—1975年他在担任美国驻北京联络办公室主任的期间经常途经香港，曾多次受到董浩云的邀请，前往香岛小筑作客。后来他出任副总统，亦在白宫的办公室里接待过董浩云，并讨论有关中国统一的问题。尽管他已记不清当时谈话的具体内容，但有一点给他留下的印象特别深，那就是董浩云一直以自己是中国人为骄傲。①

董浩云在忙碌的生意之余还不忘为国共合作铺路搭桥。1973年4月28日，他通过演员沈敏丈夫李世华的介绍，邀请潘静安（潘曾任李世华所在的兴华公司董事）观看公司拍摄的"维量"轮下水和"伊丽莎白"轮历史的纪录片。潘静安即潘柱，人称"潘光头"，他公开的职务是香港中国银行的副总稽查，实际上却是中共在香港地区情报工作的负责人。关于潘静安的真实身份，董浩云应该是十分清楚的，因为董在当天的日记中透露，看完电影后他曾向潘"探问北京／台北解决歧见可能性"，但在当时的形势之下，他也以为希望"看来渺茫"。然而数月后潘静安却转告董浩云，说他制作的《演变中的世界》这部电影可以带到北京，又告诉他，章士钊在香港病逝，这对两岸的统一大业有所影响。这段时期董浩云异常忙碌，除了致力自身航业的发展外，他还关注如何改善两岸之间的紧张关

---

① 乔治·布什：《加入向 C. Y. 致敬的行列》，载《董浩云的世界》，页467—468。

系。5月3日，董浩云又匆匆飞回日本，他在日记中回顾最近这两个月的工作，其中最重要的一项就是"在远东近两个月，想为国共铺路谈和"。在此之前他甚至还设想以成立一个联邦的形式，从而解决国家长期分裂的局面。董浩云曾将这一想法拟成文字，并在种种重要场合向各界人士加以介绍。譬如1971年12月他与美国《时代》发行人鲁斯三世会晤时，就提出以汉联邦解决两个中国问题的设想。

关于成立联邦制的设想董浩云在他的日记中曾有多处记载，最早出现于1971年3月28日，当时"乒乓外交"尚未发生，董浩云即与友人"谈新加坡、香港、台湾合组联邦政府事"；当年的12月17日，基辛格第二次访问中国归来，董浩云在斯坦福大学胡佛研究所与他初次相遇，就向他"提出组织汉民联邦、再加入联合国问题"；1973年3月14日，董又与友人谈"联同香港问题，作为解决海外华人组成United States of Han为题"；同年10月4日，董浩云在新加坡出席会议时听到李光耀"以东南亚政治前途与经济发展为题"发表演讲，他即打算向李请教"中国联邦"的问题，但最终还是"未及发言为憾"；第二年的4月21日，董浩云又在日记中写道："我有泛亚Pan Asia飞机计划，或为台、港、新加坡合为大汉民国先奏欤？"甚至到了1976年的10月7日，当董浩云与美国前国务卿罗杰斯见面讨论台北与北京的问题时，还"情不自禁将我大汉联合民国意见提出"，而罗杰斯也说，"他与周恩来公报（上海[即1972年中美两国在上海签订的联合公报]）便有此意云云"。

值得注意的是，此时董浩云所提倡成立的联邦还只是包括台湾、香港和新加坡三地，并不包含中国大陆。其后，他的设想发生重大改变，其最终目的是要解决海峡两岸长期分裂的现实问题。在这中间董浩云致力推动的"海上大学"以及屡次建议成立联合国大学都包括这一含意。1979年10月9日，董浩云曾专程拜访美国前总统尼克松，彼此间"谈甚欢洽"，而交谈的内容则是"为两个中国觅一解决方式，组成大联邦"；1981年11

月 16 日，当美国国务卿海格访问中国时，董浩云亦在日记中写道："与马彬谈报载 Haig 主张联邦制解决二个中国问题，与吾人前谈者颇为相近。"

董浩云日记中提及的马彬，字汉岳，笔名南宫搏，毕业于浙江大学，1949 年移居香港，曾任中国时报社社长，主持过南天出版社。50 年代初开始写作，以历史小说见长，一生共出版小说集及其他著作 60 余部，日本人曾称誉他是"现代中国历史小说的第一人"。

马彬较董浩云年轻十多岁，两人虽然都是浙江人，但一个是闻名于世的船王，一个是从事写作的文人，似乎风马牛不相及，正像马彬自己所说，二人是素交之友，既无业务关系，亦无金钱往来，但他们之间却志同道合，相见恨晚，"泛论天下事，彼此都表现无遮的意气，却无现实上的毛发之想；细谈生活琐事，也会明知而说一些稚气话"。

两人相识于 60 年代末，缘于董浩云一直想拍摄一部郑和下西洋的电影，朋友介绍，马彬是一位著名的历史小说家，因此董浩云特地邀请他撰写剧本，虽然最终电影未能拍成，但二人由此相识，进而相知，更由此开始了两人之间非同寻常的友谊。

马彬曾多次对外公开发表所谓建立中华邦联的构想，但实际上这个想法最早却是董浩云提出来的。据马彬回忆说，早在尼克松访问中国大陆时董浩云就产生了这一想法，但他非常谨慎，从不公开表示。由于二人关系密切，可以说是无话不谈，董浩云最初提出这个设想时马彬并不以为然，但董浩云却坚持认为，如果不这么做就不可能真正维持现状。其后不久，马彬便逐渐接受和认同了这一主张，并同意以他个人的名义向外发表。[1]董浩云在日记中亦曾多次提及此事，但他也再三强调，发表此类文章时绝不能牵连到他（1981 年 8 月 6 日），说明他对此事尚存在相当大的顾虑。

---

[1] 马汉岳：《董浩云先生怀述》，《大成》第 104 期，1982 年 7 月 1 日，页 8—14。

尽管目前尚未发现董浩云所拟写的建议案全文，尽管他的这一建议并不完整、甚至不一定符合中国的历史传统和现实政治，但却反映出董浩云对于国家民族前途和命运的关心，对于解决海峡两岸危机困境的向往，虽语焉不详，却透露出他那颗渴望统一、情系祖国的赤子之心，这岂是一位普通的企业家所关心的事情，它完全具有一个政治家的胸怀和理想。

十四　航运发展与企业文化

融资与扩张

董浩云白手起家，艰苦创业，早年他还是天津航业公司一名普通的职员时，就具有开创航运业的理想。他事业一步步的发展，从租船、买船，到独资造船，终于将理想变为现实，成为举世闻名的船王。董浩云成功的原因固然很多，但与他善于利用资本市场有着密切的关系。

从事远洋航运是一项重大的投资，不要说是独资造船，就是租船或买船，所需要的资金数目也都非常可观，一般企业家很难独自承担。董浩云早就意识到这一问题，1936年他建议成立中国航运信托公司时，就提出要将金融与航运事业联系在一起。在这之后，他赤手空拳，独力创办中国航运公司，除了得到他岳父经济上的支持，最重要的还是通过新华银行出面，四处筹集资金方才实现的。抗战胜利后，董浩云之所以能够迅速恢复中国航运公司,并在短时间内赚取第一桶金,也与他灵活运用资金、大量购买或代理船只息息相关。50年代以后,董浩云将自己的事业转移到香港,重新开辟战场,在创业过程中遇到的最大困难仍旧是资金的问题。在香港,董浩云是第一个利用美国银行融资的船主。1955年,董浩云获得美国旧金山商业银行贷款,购买两艘各16000吨的货轮,然后将其交付给日本的造船厂改装为矿砂/石油多用途船,易名为"大西洋荣誉"和"大西洋优胜",并租赁给美国钢铁公司。这样,董浩云即以香港第一位船东的身份成功打入美国金融市场,同时也开创了美国银行界为航运业融资的先例。此举不但让他打开一条经营航运的新路,同时也向世人证明了他的信用和实力,并为以后与金融界合作奠定了良好的基础。

60年代初是董浩云航运事业突飞猛进的发展阶段,而这又是与他善于资本市场的运作密切相关。董浩云扩充船队的方式是,他先与造船厂洽谈建造大型油轮的计划,再设法将新船租予石油公司,并以石油公司的租约作抵押,向银行借款用于造船。这样,董浩云便不需要投入太多的资金便可建造新船,以至旗下船队的数目迅速增加。

在经营远洋航业的实践中,董浩云发现航运界与金融界之间存在一个误区,由此而产生了大胆的设想。他认为,如果船东能够将船只长期租出,租户每月按时缴纳租金,而他们又都是些有地位、有影响的大公司,这样由租户的银行出具信用证,客货双方银行都不会有疑问,而船东却可以凭借信用证,再以贴现的方式重新筹得资金。董浩云将他的设想付诸行动,并且取得成功。

董氏集团的航运业务主要向两线发展,一方面建造和购置大量船舶,自己揽货,经营远东至北美、欧洲的定期航线;另一方面,则订造大吨位的散装货轮和极大型油轮,以计时租赁的方式出租。因此董氏集团可以在保持旗下部分船队自营的同时,又将船只租给世界著名的钢铁公司和石油公司,收取价格不菲的租金,使企业能够正常地运营和发展。

董浩云的航运事业走向世界是从50年代开始的，而他事业得到迅速的发展则是与日本造船业的兴盛密切相关。换句话说，战后香港包括董浩云在内的航运业之所以能从一无所有到跃居全球前列，很大原因是得益于日本造船工业的发展；同样，日本的造船厂也因香港船东大量的订单而不断壮大，因为在日本建造的众多商船中，大部分是租给香港船东的。

战后日本经济很快得以恢复和发展，然而日本缺乏资源，对外贸易均仰赖航运，需求极大，但由于日本政府对于外汇的管制非常严格，日本的货主很难筹集外汇，因此多半都租赁外商的船只，而不愿意自己筹募资金购置或建造新船。与此同时，日本政府为了尽快恢复经济，特别注重推动造船业的发展，所以政府设立出口信用证制度，为世界各地的企业家敞开大门，而日本银行所提供的出口贷款利息亦要比提供给本国人要低得多，这一切都是为了鼓励外商到日本订造新船。而且日本的法规规定，凡是日本船公司的船队必须悬挂日本国旗，同时必须聘用本国船员。但日本船员的工资和福利要比亚洲其他国家高得多，因此这也成为董浩云等香港船东乐于在日本造船、并将船只租给日本货主的一个重要原因。

在世界油轮市场上，董浩云被认为是一位稳健的保守派人物，他主张采取长期租赁的经营方式，租期短则一两载，长则十多年。这种方式的特点是租金较低但收入可靠，相对来说比较保险。虽然这种经营形式往往被人们认为过于保守，但却使他安全避过了石油危机的打击。1973年的石油危机致使超级油轮丧失了它的优势，全球有3000多万吨油轮闲置，但董氏旗下75%的油轮却因持有长期租约非但不致停航，而且运营良好，同时他还利用这一机会有所扩张。正是由于以董浩云为代表的香港船东力主谨慎的租船政策，以致手中现金充足，银行信用良好，因而当1977—1979年欧洲船东因资金短缺不得不大举卖船时，香港船东却买进500多万吨现成的船舶。

在亚洲航运界，董氏是最早从事货柜运输业的先驱，早在1969年，他就创造性地将七艘旧款散装胜利型货轮改装为货柜轮。1970年，董氏又在香港注册成立东方海外货柜航运公司，开办全货柜航运业务，定期航行美国西海岸。其后不久，为了进一步扩大业务，筹募资金，董浩云又决定将"东方海外"在香港上市。上市筹募资金与公司负债借款具有不同的特点，公司上市的好处是募款的成本较低，集资的速度较快，但既然是上市公司，公司内部所有的经营管理、资本运作就都必须透明，对于将企业管理和商业秘密视为生命的船东来说，定期向公众发布经营信息自然是非常不利的。因此在董氏集团中只有"东方海外"是上市公司，其他如"中国航运"、"金山轮船"等公司都是私人公司，大都采取负债方式筹集资金。一方面，董浩云与国际金融界一直保持密切的关系，同时他的诚信与人脉，也让他在国际金融市场上游刃有余。

董浩云早年将造船的重心放在日本，但到了70年代中后期，由于造船成本大增以及日元的升值，使得日本的造船业面临诸多困难。董浩云当然早就注意到这一问题，决定今后不能仅依靠日本的造船业而成长，而应另辟蹊径，开始将造船的目标选择在韩国、巴西以及东欧那些发展中的国家，因而降低了大量的成本。

随着董氏集团实力的逐步强大，董浩云开始考虑通过收购和联营的方法，进一步扩大旗下的船队。他认为，只要价钱合适，收购现成的船公司，或者与其他公司联合经营，不仅可以迅速增强自身的实力，同时也可以利用该公司原先具有的有利条件，如客户、航线等资源，进一步扩大自己的影响。其间董氏集团先后收购或联营了许多世界著名的航运公司，包括1972年从美国总统轮船公司（American President Lines）手中购得"克利夫兰总统"号和"威尔逊总统"号两艘豪华客轮；1973年及1980年两次收购主要经营欧洲与北美东岸大西洋间货柜运输的欧洲大德货柜航业公司（Dart-Container Line）三分之二股份，从而成为公司的大股东；1974年收购美国（American Export Lines）旗下的"独立"号（S.

S. Independence）和"宪章"号（S. S. Constitution）两艘邮轮；1976年12月，董浩云旗下的海外远洋公司以3200万美元的价格收购了美国麦可纳矿砂公司（Marcona Corporation），完成收购后，董氏集团即可利用其优势，从南美运输矿砂到中东，再从中东将石油运往巴西；1980年，董氏集团又与英之杰集团附属的天祥洋行（Inchcape Subsidiary Dodwell）联合斥资1500万美元，向行将破产的美国海铁轮船公司（Seatrain Lines Pacific）收购其属下的海平货柜航业公司（Seapac Container Service），并于次年再从天祥洋行手中购得全部股份，至此，董氏集团便完全控制了海平公司。

对于董氏集团意义格处重大的，当属收购英国最大的轮船公司之一富纳斯·惠实公司（Furness Withy）的举措，这也是当年世界航运界中的一件大事。

富纳斯·惠实轮船公司创建于1891年，是英国的一家老牌航运公司，也是兼营航运、机械和保险的综合性集团，在英国航运业中名列第三。公司的业务包括定期船、石油开发以及工程、贸易、保险、酒店、证券等各种行业，其经营的班轮和货柜运输的远东航线与董氏集团的业务相同，但其南美线班轮业务却是董氏集团的缺门。为了完成这次收购计划，"东方海外"以每股420便士出价，共斥资11250万镑（合港币123500万元），最终收购成功。其后在一并购得经营北大西洋散装货物的曼彻斯特轮船公司（Manchester Liners）后，董浩云又将Eurocanadian在Manchester公司内的37%股份买了下来，从而大大增强了董氏集团在英国的业务，旗下之航线亦将深入中美洲及南美洲，同时对于公司今后参与极为复杂的海底采油事业具有深远意义。①

---

① 收购富纳斯·惠实公司的详情可参阅《航运》541期。

企业家精神

在很多场合中，人们通常将商人与企业家混为一谈，实际上这两个词汇之间还是存在诸多不同的含义。商人这个名称古已有之，汉语之所以将经营买卖的人称为"商人"，是因为中国古代的商业文明起始于商代，故将他们泛称为"商人"；英语的商人为businessperson，很多人亦将他们称为生意人，因为他们的职业是从供应方以较低的价格购入某种货物，再以较高的价格售与另一方，从中赚取利润。而企业家（entrepreneur）这个词汇源于法语，原意是指那些从事冒险事业的经营者和组织者，它也是随着近代化大生产的发生而出现的。18世纪30年代，法国经济学家理查德·坎蒂隆（Richard Cantillon）首先指出，企业家指的是那些能够将经济资源的效率由低转高的经营者，而企业家精神（entrepreneurship）则意味企业家所具有的某些特殊技能，这其中包括精神和技巧两个方面。换句话说，企业家精神是组织建立和经营管理企业的综合才能的表述方式，它是一种重要而特殊的无形生产要素。

著名的经济学家熊彼特（J. A. Schumpeter）早在20世纪30年代就指出，企业家指的是那些能够时刻求变、保持创新的人，企业家必须具有企业精神，那就是说，他们首先要具备创立自己企业王国的梦想与意愿；其次，要有征服的决心和战斗的本能；第三，要能从创造中得到喜悦及发挥能量。当代管理学大师彼得·德鲁克（Peter Drucker）继承了熊彼特的观点，1987年，他在《创新与企业家精神》（*Innovation and Entrepreneurship*）一书中对企业家所下的定义是："企业家是那些愿意把变革视为机遇，并努力开拓的人。"因此，一个真正的企业家，应该是业内公认的领袖，应该是那种不断创造奇迹，不断克服困难，勇于创新，从而不断实现自己的理想的人。从这个意义上来说，并不是每位经商、从商或有频繁商业行为的人都可以称为企业家的；而同样从这些概念出发，董浩云作为一个企业家则是当之无愧的。

董浩云是赫赫有名的世界船王，更是20世纪中国现代航运事业的先驱，董浩云与一般商人最大的区别在于，他是一个有理想、有抱负、有追求、有承担的事业家。正如董浩云自己所说，他"自幼就对海洋发生兴趣"，并将海洋视为他的第二生命，自从年轻时投身航运事业后，便将其当作终身为之追求和奋斗的目标，更为难能可贵的是，董浩云总是把个人的航运事业与国家的强盛联系在一起。董浩云常在日记中说，他购船或造船的目的不单单是为了个人或家族的荣耀，更重要的是要"为中国人之航海能力之培植与表现，并发扬光大之"，最终则是"愿为国人航运史开一纪元"。1980年他在悼念轮机专家唐秋源的纪念文章中曾这样表达他的理想："中国航海事业无论在吨位数字上或技术上，经共同努力，都已在世界上占得重要一席。不管是民营或国营，在国际均势重新划分中，中国国旗必将因船舶航迹所至，飘扬在世界任何一角。"董浩云不仅是这么说的，而且也是这么做的，正如美国时百利公司（Sperry Rand）总裁杰里·普罗斯特（Gerald Probst）所说的那样："董浩云的成就不仅仅在于那些有形的物质方面，更重要的成就在于精神方面。他是一位先驱者，是世界上第一批将巨型油轮引入商业的船东之一，也是第一位经营国际航客轮航线的中国船东，更是在亚洲开拓集装箱运输的第一人。"

董浩云虽然没有接受过正规的高等教育，但他求知的欲望和尊重知识的态度却是极为认真的，我们可以从他多年的亲友和部属的回忆中看到这点。

任家诚多年来一直担任董浩云的秘书，对他这种追求更是体会尤多。他曾回忆说，董浩云虽然年轻时没有接受过正规的高等教育，但他好学不倦，求知心切，他精湛的外语水平和专业的航运知识都是他平日忙里偷闲自学得来的。董浩云平时工作可以称得上是日理万机，但他经常还是手不释卷，不论是在飞机上、舟车中，或是就寝前，总是抓紧一切时间读书看报，英国权威航业杂志 Fairplay 和美国的《时代》周刊，是他数十年来每天必读的报刊，几乎从未中断。他不仅关心航业的发展趋势和技术进步，还十分留意国际间的形势变化，所以他能与时俱进，跟得上时代的发展。除此之外，他还非常重视收集资料，每当看到重要的材料，不是剪报，就是复印，或者干脆自己亲笔抄录。对一些重要的数据，他不但自己阅读，还会影印多份，寄给集团内各级负责人参考。董浩云的记忆力也极强，但凡看过的数据或数据大都能记在心上，事隔多年，他还能立刻从大批数据中找到。每每与人论事，他都是引经据典，条分缕析，令人折服。任家诚说，如果说现代许多航业巨子在事业的成就方面可能并不低于董浩云，但若要说起对航运专业的知识，不论是造船还是营运，不论是研究船壳设计还是讨论机械工程，在这一方面恐怕全世界没有哪位船东可以和他相比。[①]

蔡孟坚原本是国民党内的官僚，他的工作其实与董浩云并无关联，但由于他 50 年代曾长驻日本，双方才多有来往，进而相交颇深。晚年蔡孟坚曾将他对董浩云的评价归纳为三句话，那就是：其一，具天赋智慧，旺盛企图心；其二，爱才、力富、集权、好名；其三，生活俭朴，毫无私嗜。这几句评语虽然简单，倒也相当贴切。

中国航运公司总经理陈公亮曾这样形象地评价董浩云："一般人所容易满足的，他永不满足；而一般人最不容易满足的，他却随时可以满足。"即谓一般人很容易在学习上、工作上得到满足，但董对于知识的追求却永不疲倦，乐于学习，对于航运专业，甚至对国际政治、经济和法律方面的知识亦十分精通。至于一般人热衷追求的物质生活，他却相当淡薄，按理说像他这样的船王，生活奢华一点毫不足怪，但董浩云自奉勤俭，绝不浪费，不嗜烟酒，唯一爱好的恐怕就是喜欢收集些名人字画。

[①] 任家诚：《敬悼董浩云先生》，《中央日报》1982 年 6 月 2 日。

董浩云的好朋友马彬（即著名历史作家南宫搏）形容他有广博的知识，不断的求知欲，记性好，不怕烦，没有声色犬马之好，生活上也不讲究什么享受，衣着随便，但这并不表示他是一个古板或矫情的人。对于杰出人士，尽管可能是他业务上的竞争对手，譬如说同是航运界巨擘的包玉刚、张荣发等人，他会非常关注他们的事业发展，但决不会抹煞他们的成就。

推动航业文化

董浩云关注和推动航业文化的一大创举就是自1952年开始斥资创办《航运》杂志，以非卖品发行，坚持30余年，免费分赠给台湾、香港及其他地区的华人航商，这份刊物对于促进中国航海事业的发展发挥了积极的作用。

1952年9月，台湾航政当局和航运界联合组织日本航业考察团，由招商局董事长俞飞鹏任团长，董浩云当时在航运界已享有盛名，而且常驻日本经营业务，因而也被委任为成员之一，参与考察团的各项活动。

董浩云与俞飞鹏可以说是相知甚久，早在1936年他就向时任交通部次长的俞飞鹏呈交过一份整理全国航运的计划，虽然这一计划最终未能实施，但俞飞鹏却对这位年仅24岁的年轻人留下了深刻的印象，因此抗战胜利前夕曾召唤他秘密前往重庆，商讨战后复员大计；抗战刚刚胜利，又派他以接收大员的身份乘飞机前往上海，解决和处理战后上海航运交通等问题。因此当俞氏出任日本航业考察团团长之际，董浩云立刻被他吸收为团员。

在日本考察的过程中，考察团的团员们目睹了日本造船工业与远洋航运事业的现状，并常常在一起讨论有关航业发展的学术问题。董浩云认为，世界航运大国进步的重要原因是科学与信息的发达，就以日本来说，单单是关于航运业技术研究和报导的期刊就不下上百种,而相比之下,以中文出版的学术刊物却少之又少。对此董浩云深有感触,他认为,中国的航运要想赶上外国的先进水平,就必须了解世界航运政策和法规,以及航业的发展状况。他进而指出,即使目前我们没有能力独自去撰写或发表专门的科技文章,但至少可以采用翻译的方式,将日本和西方国家的先进经验译成中文,介绍给同业,同时也可以利用各国的电讯消息,编辑有关国际的航运信息,提供航运业同道参考。俞飞鹏对此建议十分感兴趣,支持他创办一份刊物,《航运》杂志就这样应运而生。[①]

起初这本叫《航运简讯》的杂志只是一本油印的打字本,由台湾各家华资船商出资并交由中国航业公司东京办事处承印,10天出一期,在日本印刷,篇幅不大,装帧简陋,内容亦相当简单,但在当时百废待兴、财政拮据的情形之下,能够坚持下来,实在是件不容易的事。

《航运简讯》发行后得到业内的一致好评,这也鼓励了董浩云继续办下去的决心。在朋友的推荐下,他聘请宋训伦出任杂志的主编,自此30多年一直未变,他们二人还成了无话不谈的莫逆之交。1954年3月董浩云决定将其正式改版为铅印本,刊名也改为《航运》半月刊(1971年以后又改为月刊),并由他属下的金山轮船公司在香港出版和发行,经费也由董浩云的公司独自承担,台湾的招商局等十多家航运公司则赞助部分印刷费。改版后的《航运》杂志不仅装帧正规,图文并茂,而且增加了篇幅,扩充了内容,成为远洋航运业中以中文出版的一份重要刊物。

董浩云创办杂志的宗旨就是"介绍世界最进步的航业技术,报导世界最翔实的航业消息",因此编辑人员随时将最近世界各地所发生的船务新闻、各国所执行的航业政策,以及轮机工程的发展、海商法律和保险问题、船价消长、能源产销、太空科技,并包括有关海洋的各方面科学知

[①]《航运》半月刊,第41期,1954年3月15日,页1。

识编译为中文，分门别类，开设各种专栏，并配以图片，提供给所有从事远洋运输行业的中国人阅读，业内口碑极佳。《航运》杂志中最受船东重视的专栏就是董浩云聘请专业人员，将英美等国家法庭中有关海事诉讼的案例有计划地加以摘译。由于海事诉讼曲折复杂，正是中文法律中极为缺乏的部分，所以后来台湾的司法部门在征得出版人的同意之后，将历年来《航运》杂志所编译涉及海事法的案例加以整理，编辑成两部专书，一部叫《英美海上货物运送法释义》，共收录了164篇译文；另一部名为《英美海事判例汇编》，皇皇四巨册，300万言。[①] 这两部有关国际海事法著作的出版，对于推动中国远洋航运事业的发展发挥了重要作用。

董浩云认为，衡量一个人的价值不应以其财富进行炫耀，而应基于他对社会及国家的贡献加以区别，因此他经营航业始终是以求取社会进步以及谋取大众利益为前提，是将航业当作一门科学来进行研究的。董浩云经常应邀在国内外各种场所发表演讲，介绍远洋航运事业日新月异的进步。1956年他在香港扶轮社的一篇讲演中即断言："运输成本越低，商务的扩张力越大，货物交流也越多并越低廉，对于社会人群就越为有利。"这就说明，他的奋斗是将求取人类福祉作为企业发展的基本精神。为了证明这一点，董浩云坚持科学研究的信心，力求增加船舶速度，加速装卸，使干货和石油的运输成本下降，间接减轻社会消费人群的负担。他首先在客货轮上使用半潜式船型，首创在油轮上装置GE公司最新的产品MST-14型再热锅炉蒸汽涡轮机，1967年他在墨西哥石油会议上发表的论文就反复强调这一点。种种事实说明，董浩云经营航业是以科学研究作为管理上的基础，而不是像某些人攻击他时说的事业的发达纯粹带有赌博的因素。

为了推动航运事业的发展，董浩云还经常在香港及世界各地发表演讲，介绍世界航海事业的现状，宣传远洋航运对于人类和平和经济发展所

[①] 沈业远：《回忆董浩云先生与我的交往》，载《董浩云的世界》，页281。

发挥的重要作用。①他曾在香港连续出版了四辑董氏航业丛书，内容涵盖各个方面，既有对中国航运事业历史的回忆，更有展望世界航运未来的文章；他曾在香港多次筹办学术会议，积极介绍先进的科学技术。当"东方皇后"号首先采用半潜型船体的设计之后，董浩云即于1966年5月假香港九龙海运大厦邀请本地及海外300余名航运业及科技界人士举行座谈会，聘请香港中文大学校长李卓敏博士、香港大学工学院院长麦开教授（Prof. S. Mackey）等著名科学家主持会议，董浩云还亲自在会上介绍这一革新设计的优越之处；②1982年4月，当56万吨的"海上巨人"这艘世界上最大的油轮建成下水后不久，董浩云又在香港理工学院组织专门的学术讨论会，并首先在讨论会上发表演讲。所有这一切，都对提高香港的学术地位有所贡献。

董浩云还利用一切机会推动远洋航运在全球经济发展中的地位，并不断扩大他个人以及中国船队在世界航运界中的影响，而积极参加世界博览会就是他的一个重要举措。

1967年，世界博览会（Expo'67）于加拿大的蒙特利尔举行，在董浩云的亲自部署下，中国航运公司首次参展。在这次展览中，台湾主办的中国馆内容并不突出，但中国航运公司的展品却能打动观众，不论是取材还是在陈列布展方面，在中国馆内都极具特色，这是因为他们抓住了这次展览所标示"人与世界"的主题，那就是全世界人类共同携手，相互协助。而且，在中国航运公司的展品中还备有简要的英文说明，这就使得外国游客便于理解，达到宣传与教育的双重效果。

---

① 仅在香港发表的演讲就包括《今天的世界航业》（1956年9月19日，香港国际扶轮社）；《世界海运现况》（1963年5月6日，香港新亚书院）；《世界经济与船舶需求》（1975年11月6日，香港会议展览中心）。
②《"东方皇后"轮在香港举行的盛会》，载《航运》半月刊第324期（1966年5月15日），页1—4。

中国航运公司的展览主要分为三个部分。在"历史的成就"部分中,郑和的巨幅画像、郑和七次航海路线图和郑和的"宝船"模型形象地介绍了中国航海的辉煌历史,这也是第一次将中国人的航海业绩展现在世人面前,因为以往西方人总是以为中国一直是个闭关锁国的封闭国家。"今日的努力"则展示出中国航运公司及其营运的"东方海外"遍布世界各大洋的定期航线和港口,它给人们所带来的印象是,无远弗届的航运业,在经济上能够调和需求,在感情上可以促进友谊。第三部分"未来的远景"陈列的是即将落成的高雄中国造船公司的宏伟图片,以及董浩云为此而建立的十万吨浮坞的计划,它表明中国的航运事业正在为实现理想而不断地前进。

10月16日,董浩云特地飞往加拿大,参观在蒙特利尔举办的世博会,在参观了苏联、捷克、英国、法国、美国等馆后,董浩云不由得深深赞叹世界科学技术的飞跃发展;然而当他看到中国馆后,却不胜感慨,因为中国馆"误解'Man and the World'之主题,竟以商品陈列所出",好在"我人中国航运公司所展之郑和、OOLine与新的船壳设计,差强人意"。[①]

董浩云酷爱艺术,年轻时就十分热衷于摄影,然而他与一般摄影爱好者不同的是,他不仅拍下了世界各地的迷人风景,更注重拍摄远洋航运的发展。董浩云曾不惜成本,要求属下将其建船造船的过程摄制成电影,从而为世界造船业的历史留下一份见证;他更将建造"东亚巨人"轮的整个过程拍摄成一部纪录片,取名为《东亚巨龙的诞生》,并于1966年6月于纽约首映,受到各界人士的一致好评;而另一部纪录片《超级邮轮的传说》则是由董氏旗下的海星影业公司制成,在回顾"伊丽莎白皇后"这艘巨轮不平凡的历史之后,还记录了他计划将其改装成"海上大学"的雄心壮志。董浩云经常携带这两部电影片四处放映,并相继荣获第七届亚特

---

① 《董浩云日记》(1967年10月16日),中册,页647。

兰大国际电影节"最佳历史文献奖"（1974年8月）和纽约电影节"银熊奖"（1974年11月），为推动航业文化做出了巨大的贡献。

培养人才

董浩云本人虽然没有受过高深的教育，但他在一生的实践中深深地体会到教育的作用，因而十分重视推动教育的发展。1949年前后，许多江浙人士移居香港，子女的教育就成为他们共同关心的问题。为此旅港苏浙同乡会不断与香港政府商洽，并四处募款，先后创办了苏浙小学和苏浙公学。作为苏浙同乡会的理事，董浩云不仅热心宣传，还慷慨捐资，1958年苏浙公学成立时，他被推选为首届校董。

董浩云本人好学不倦，他不仅在工作中自学成材，熟练地掌握多种语言，对于航运方面的专业及企业管理方面的知识可谓博大精深，更难得可贵的是，他还身体力行，极为关注和推动航业文化，并致力于提高航业人士的专业水平，他认为只有这样，方能提高整个国家航运事业的水平。

在香港，虽然从事航运业的水手和船员数量众多，但他们大都并未受过专业的训练。为了提高香港本地海员的素质，董浩云觉得有必要设立专门的机构进行培养。他听说香港的华联书院设有航海专业，便打算与该校进行合作，共同训练专业航运人才。但是航海是一项专门科学，所需设备、仪器和书籍均与一般专业不同，特别是学员必须经过相当时期的实习和训练，才能取得成效，因此董浩云最终还是决定自己单独筹办。经过一段时间的筹划，董氏集团以金山轮船公司的名义出资，在香港开设高级船员训练班。训练班租用了九龙佐敦道渡船街文苑楼24号三楼全层，并聘请航运专家郭懋来教授担任主任。训练班采取公开招生的办法，先在香港各大报章上刊登广告及招生简章，再经过笔试、口试及体格检查，于1964年年底录取了第一批20多名具高中文化水平的学员，其后每年都按照这样的标准和数量招收学员,学习时间一般为6—9个月,并安排一定时期的实习。训练班的所有课程均以英国 MOT 二副及利比亚二、三副船员证书考试的标准而设计,除了高等数学、英文和国文等基础科目之外,还包括航海学、引港学、国际航海规章等十多类专业课程,学习结束后学员被分别派遣到金山轮船公司属下的轮船上进行实习。经过严格的学习和考核,训练班毕业的同学大部分都能考获利比亚船员证书,然后再分配到董氏集团属下各船担任三副或四副。①

金山轮船公司高级船员训练班成立后成效显著,受到各界的支持。尽管开设学校费用庞大,但董浩云考虑到这是为扩大航海事业所必需的事业,因而一直坚持不懈。由于学校办学日益正规,毕业学员素质不断上升,所以金山轮船公司于1980年在船员训练班的基础上,向香港政府教育司立案,正式成立金山航海学校,在这之后入学的学员毕业后就不单单为董氏集团的公司服务,而且为香港培养出一批又一批具有良好素质的高级船员。

对于科学事业的推广和普及,董浩云也经常予以出资赞助。英国剑桥大学的李约瑟博士历时40余年,穷毕生精力,撰写出一部皇皇巨著《中国的科学与文明》,共800余万字。李约瑟的这部书主要介绍和探讨的是中国古代的科学与文明对于全人类的贡献,董浩云对他的志向极为尊重和赞赏,更有意将其翻译成中文,以便能够让更多的中国人了解自己国家和民族在历史中的地位。虽然翻译工作量极大,但意义深远,为此董浩云曾亲自到伦敦与李博士见面洽谈,并对这项工作予以财力和精神上的大力支持。

在董浩云的热心推动下,1969年9月在台湾专门成立了该书的编译委

---

① 《金山轮船公司—高级船员训练班概况》,载《航运》半月刊第346期(1967年4月30日),页2—5。

员会，由孙科、陈立夫、王云五等元老分别出任委员会的召集人、顾问和总编辑，董浩云亦名列七名委员之一。委员会计划聘请30余名翻译人员同时进行，四年内全部完成，董浩云则同意分五年捐资予以赞助。该书共十五卷，于1971年起陆续由台湾商务印书馆出版，该书中文版的翻译和发行，对于普及和推动中国科学文化的发展做出了贡献。

类似这样的事情还有很多，张君劢与张嘉璈兄弟俩一个是著名的哲学家，一个是著名的金融家，董浩云从事的行业与其毫不相干，但对他们的为人和学问都十分尊重。1969年张君劢去世，董浩云特别出面并出资成立张君劢奖学金，以为对他学术贡献的纪念，并鼓励年轻学生努力学习。后来美国斯坦福大学胡佛研究所为了纪念张嘉璈的学术贡献（张晚年一直担任胡佛研究所的高级研究员），提议成立以张嘉璈命名的中国研究基金，董浩云不仅大力赞助，还主动出面，发动台湾的金融界进行资助。此外，董浩云还曾捐资台湾中国文化学院，支持该校设立海洋学系，使得学系的师资力量有了明显的改进。为了答谢董浩云的慷慨捐输，中国文化学院的创办人、著名学者张其昀特地致函董浩云，宣布拟将该系实验室命名为"浩云室"。

在董浩云看来，他所做的这一切都是为了培养人才，造福后代，正如他1974年11月27日写给著名电影演员卢燕的信中所说："时代在进步，人生意义就是希望为下一代更幸福、更愉快、更康健。"他还说："人生意义是创造一个更完美、更康健社会，为下一代造福。我以一颗赤心来勉勖自己，想以平凡的人作些不平凡的事。"

董浩云支持教育的理想除了他创建海上大学之外，还表现在他积极响应成立联合国大学的筹办之事。

各国著名教育家早就有创设一所国际联合大学的想法，但因各国学制不同，语言和文字亦不统一，所以希望由联合国发起筹办，这可能是最理想的方案。当年董浩云购置"伊丽莎白"轮并宣布将其改造为海上大学，时任联合国秘书长的吴丹即由此产生成立国际联合大学的构想,他的宗旨是希望建设一所符合联合国宪章、为世界和平人类进步做出贡献的真正的国际性大学。吴丹的这一想法引起世界各国领袖的共鸣,并得到国际学界广泛的响应,加拿大、瑞士、澳大利亚等国都表示有兴趣,其中日本表现得最为积极,因为此时日本的经济飞速发展,已成为全球中极为重要的经济体。然而该计划在联合国内讨论多年,由于国际间外交政治纷歧,筹措经费更是困难,故长期以来只是纸上谈兵,直至1972年12月联合国方形成创立联合国大学的决议,并决定于次年3月先行成立创立委员会,开始筹备工作。按照专家的设想,联合国大学的性质不同于普通的大学,它没有一个固定的校址,亦不授予学位,而是集中各国优秀的学生和年轻学者,在世界各地分设各类研究所,其宗旨就是研究"整个人类现今所面临的迫切问题,诸如和平共存、发扬人权,以及科学与技术的发展,和因此而引起与全世界有关的各项问题"。董浩云认为这个目标与他推动海上教育的设想不谋而合,因此采用多种方式,积极予以配合。

1973年的2月3日正是中国传统的新年佳节,董浩云利用"宇宙学府"第四个学期开学之际,联合美国师范教育学院联合会,在风景宜人的迈阿密海湾召开海上国际教育讨论会,众多美国高等院校校长、教务长及国际关系主任共270余人应邀出席这一盛会,联合国秘书长的特别助理明石康亦作为联合国的代表出席了会议。董浩云本人亲自从香港飞抵迈阿密,并以船东的身份,举行隆重的酒会款待来宾,藉此机会与专家学者交换意见,商谈如何使海上大学发展成为一个国际性的学府。董浩云在酒会上提出,为了实现海上学府和联合国大学的合作,愿意为联合国经委会勘查海洋资料提供专业船只。

1973年11月7日,联合国大会第二次财经大会以98票赞同、8票弃权,通过建立联合国大学的决议,这也正是董浩云多年的夙愿。在此之前他已购置邮轮,创办"宇宙学府",与美国20多所大学合作,从事海上教育。董浩云还表示，他愿将旗下的"东方总统"或"东方女皇"轮提供给联合国大学，作为海上学术机构而用。董浩云说到做到，他率先将刚刚购置的德国生产的一艘海洋探测船（*Pollux*）改名为"海洋探测"号（*Seawise Research*），移交联合国亚洲远东经济委员会，用于探测该地区海洋蕴藏的石油及其他资源，日后也可以帮助联合国大学进行相关的实验工作。

董浩云对于成立联合国大学之事极为热情，他更希望藉此形成世界和平、两岸统一的契机。根据联合国大学的章程，各常任理事国都要选派代表出任大学的理事，而他认为，著名的物理学家、刚刚获选为美国最优秀科学家的吴健雄教授和她的先生袁家骝教授，或是诺贝尔物理学奖获得者杨振宁教授最适合担任这一职务，因为他们不仅是优秀的学者，同时也受到两岸政府的尊敬。为此董浩云不断给吴健雄去信游说，希望他们能够代表中国出任理事。1974年1月12日，吴健雄在致董浩云的信中说，她和她的先生袁家骝当天下午曾应中国驻联合国大使黄华之邀见面，黄大使表示，设立联合国大学得到第三世界国家的支持，中国政府也投票赞同，然而目前国内恐怕一时未能选派出适当的人员出任理事。黄华并表示，他已经向联合国秘书长表达了中国政府的立场，并完全同意董浩云先生的提议，即提名吴健雄等人参加联合国大学的理事会。吴健雄在信中说，她非常感谢各方面的信任和倚重，为此"既极感激而又惶恐"，然而"一因本身职务繁重，又对于外交、政治及行政事务毫无经验与常识"，最终还是婉言谢绝接受这一职务。但同时，她还是反复向黄华大使强调中国参加联合国大学理事会的重要与意义，希望他能向北京当局解释这一情形，尽快挑选出适当人选参加，因为只有这样，"庶可为中国表现其为世界发展国家增进科技发展之机会"。①

---

① 《吴健雄致董浩云函》（1974年1月12日），董浩云资料室：C1—31。

董浩云对于吴健雄的婉拒虽感失望，但他还是竭力游说，希望能由香港中文大学校长李卓敏教授担任联合国大学校长，因为他认为由李卓敏出任不会遭到北京政府的反对，所以他曾为此事多次居间斡旋。1974年10月9日，董浩云致函中国政府派出担任联合国副秘书长的唐明照，目的就是"希望有借助中国力量，予以促成之"。但唐明照的回信却对此事"避不作复"，最终无法成功。

在香港，董浩云亦不遗余力地支持和赞助本地的教学与科学研究。为发扬和扩大航海教育，他特别捐出港币400万元给香港理工学院（今香港理工大学）成立实验室，并命名为"智海试验室"（Seawise Hall），专门用于轮机动力学和热力学教学和试验。1982年4月2日，董浩云在香港理工学院主持"海上巨人"工程座谈会，邀请香港航运、造船各界专家出席，并由负责设计和建造该轮的工程师黄次法、石井正夫、芳村应男担任主讲。董浩云并邀请港督麦理浩亲自为"智海试验室"正式揭牌。董建华代表董氏基金会为智海堂勒石，并镌刻中英文以为纪念，其中文辞曰：

> 董浩云先生创立之香港董氏基金会捐赠理工学院轮机动力实验室及热力实验室，并陈列董氏航业集团所拥有世界最大船舶五六四、七六三载重吨"海上巨人"号油轮之各项杰出先进技术资料，用以启迪青年学子发挥创新之潜能，与厚植服务人群之意志。缘海洋蕴育无限资源，端赖运用智慧加以开发，造福人类，谨命名本堂为"智海试验室"，以期理工学院同学淬励奋发，智慧如海。

然而仅仅13天之后，董浩云猝发心脏病而去世，"智海试验室"的这段铭文便成为他献身航运、倡导海上教育的永远纪念。

当代郑和

董浩云是白手起家的航业大王,他自幼就对大海充满了兴趣,对他来讲,海洋和轮船就是他的第二生命,而中国历史上七次下西洋的郑和则一直是他心目中的英雄。当他的事业逐步发展,旗下船队遍及世界各大洋之际,就更是以郑和为楷模,以光耀民族为己任。董浩云曾将他经营航运事业取得成功的要诀总结为十个字:"郑和之雄心,忙碌之乐趣。"当人们走进纽约董浩云办公室,留下最深刻的印象就是,在室内最显眼的地方,摆放着一座中国古船的模型,就是仿照郑和当年下西洋乘坐的旗舰"郑和"号宝船。500多年前,郑和率领庞大的舰队先后七次下西洋,谱写了世界航海史中最光辉的篇章。作为20世纪中国远洋航运事业的先驱,闻名世界的船王,董浩云总是将郑和奉为楷模,并为此奋斗不已。令所有中国人感到骄傲的是,董浩云一生的所作所为,以及他对中国远洋航运事业所作出的贡献,都无愧于"当代郑和"这一伟大的称号。

董浩云毕生从事航运,他的理想与志向就是要为中国人争气,恢复中国人历史上称霸海洋的事业,因此他总以郑和为偶像,并经常撰写文章予以颂扬。

1954年,中国航运公司旗下的"唐山"轮自高雄运载5000吨蔗糖前往锡兰首都科伦坡,董浩云立即联想到,科伦坡博物院中藏有一块用汉文和梵文镌刻的石碑,这正是纪念当年郑和第三次下西洋时率舰队访问锡兰时所立。抚今追昔,董浩云以为这块石碑"迄今犹足供黄帝子孙徘徊凭吊,这明白象征着中华民族终有这么一天将会恢复它固有底海上权威"。[①]

1955年是航海家郑和首次下西洋550周年的日子,董浩云对郑和无上崇拜,他曾在这一年元旦的日记中强调,要将实现拍摄《三保太监下西

[①] 董浩云:《中国远洋航业与中国航运公司》,页24。

洋》的电影列为当年的计划。

同年7月，董浩云亲自撰写文章纪念伟大的航海家郑和。在文章中他回忆当年郑和远航大洋的壮举，再目睹今日国家航运之落后，不禁从心底发出感慨："江海如新，怅前徽之杳远；盛衰易势，慨世变之微茫。"然而董浩云并不气馁，他在文章的结尾中说："郑公往矣，其硕模远略，诚足发人思慕；然而承先启后，宏扬光大，所以纪念郑公以争取以今后民族生存之经济基础者。大道荡荡，惟有待于全国上下群策群力，黾勉赴之矣。"①

董浩云回忆郑和当年下西洋的丰功伟绩，更寄望能继往开来，他经常发表演讲，向听众讲述郑和的伟大成绩，更立志要将郑和所开创的航运事业发扬光大。他不止一次在演讲中向听众们介绍，不要以为远洋航运是西方人的专利，中国历史上郑和下西洋的壮举要比哥伦布发现新大陆、迪亚士看见好望角、达伽马进入印度港口都要早大约100年，"中国那时掌握海上霸权……船的建造设备都精巧异常，装有罗盘及中国人所发明的分壁舱"。董浩云每当回忆到此都不禁心潮澎湃，他自豪地说："这是一件光荣勇敢的冒险行为，是中国在十五世纪时的海上光荣历史。"以致到了今天，"我们仍具同样的信心和勇敢，为了人类的幸福，我们必能继续发扬光大这航海的事业"。②他进而呼吁道："我们的祖先在海洋上既有过这样的丰功伟绩，难道我们不是传统的海运国家吗？只要我们后起之人能发奋砥砺，继往开来，欲恢复光荣的海洋伟业，决非不可能之事！"③

为了纪念这位中国伟大的航海家，董浩云还计划拍摄故事片《郑和》，为此1954年他曾与杨管北、许宝骅和李志一等航运业同人共同发起，成

---

① 董浩云：《郑和先生航海550周年纪念词》，载《航运》半月刊第71、72期合刊（香港：1955年7月11日），封面内页。
② 董浩云：《今天的世界航业》（1956年9月19日在香港东区扶轮社发表的演讲）。
③ 董浩云：《世界海运现状》（1963年5月6日在香港新亚书院发表的演讲）。

立四海影业公司，计划筹募资本50万港币，专门用来拍摄这部影片。董浩云他们在募股缘起的文字中先是回顾当年郑和下西洋时"船队之壮丽，组织之完密，航迹之辽远，历时之长久，则更非西方二三子所敢望其项背"，而且，郑和所率领的船队"负文化外交之使命，视政治武装为余事，若非航海技术之高明，又焉能开今日护航队之先声乎"！然而，当谈到后来由于中国国势衰颓，航运事业远远落后于西方列强之时，董浩云他们又不胜感慨，他们说，吾等"幼读史书，壮遭离乱，海天羁旅，空怀报国之心，风雨经营未建成荫之树。窃念兹片之摄，不仅志前明之盛举，且使中华民族之海洋进退精神，愈见光大，心长意远，亟易提倡"，因而希望"各界有心人士群策群力，共同投资，庶几集腋成裘，聚砂为塔"，①从而实现这一理想。

董浩云为了拍摄这部影片，曾与著名作家姚克先生洽谈过创作剧本的构想。姚克原名莘农，早年毕业于苏州的东吴大学，他是一位著名的剧作家，特别擅长编撰古装戏，他创作的电影《清宫秘史》，当年公映时曾备受赞誉，而新中国成立后大陆对该戏所开展的大批判，反倒使得他的名气更盛。在董浩云的邀请下，姚克撰写了《三宝太监电影故事》，并全文刊载于《航运》杂志第189期（1960年6月30日出版），董浩云后来又邀请另一位著名的历史剧作家马彬（即南宫搏）编撰郑和的电影文学剧本，还请徐吁等知名作家提供意见。马彬将其多年前编撰的有关郑和的历史小说，改编为电影故事，他不仅掌握了翔实的历史资料，还以文学手法，穿插进一段哀艳动人的情节，目的很简单，就是希望能够增强艺术效果，引起世人对中国航海辉煌历史的注意。

与此同时，董浩云本人又注册成立了海星影业公司，计划投资影片的制作。董浩云先与香港的电影大王邵逸夫洽谈拍摄计划，准备聘请擅

---

① 《为募股摄制"三保太监"电影事缘起》（1954年），董浩云资料室：C1—11。

长拍古装戏的李翰祥出任导演，然而邵逸夫却认为这部电影的投资过大，对其收益并不看好，因而拍摄之事就被搁置下来。后来董浩云又将马彬撰写的剧本交给美国好莱坞著名制片人萨普斯，请他提提意见。萨普斯看过剧本的英文提要后，认为剧本的情节十分动人，但主题却迎合民间传说，说郑和下西洋的目的是为了探寻建文帝的下落，主角是建文帝，这就会削弱郑和远渡重洋、开辟航线的目的，到时观众关心的是建文帝的命运，从而去失去拍摄此片的意义。虽然郑和这部电影最终未能投入拍摄，董浩云创立的海星公司亦没有拍摄过什么故事片，主要的业务是为董氏集团的新船下水拍摄纪录片，但董浩云心目中却永远无法忘却对郑和的崇拜和尊敬，而他对中国远洋航运所作出的奉献，使他名副其实地荣膺"当代郑和"的称号。

中国航运公司旗下的"天行"号1949年9月25日抵达台湾基隆,装运甲午战争时日本从中国掠走的几门大炮

中国第一艘高速客货轮"如云"号1962年首次出现在纽约

"吉云"号是1970年横越太平洋的第一艘中国全集装箱运输船

建造于1979年的超巨型油轮"海上巨人"号

大型油轮"巴西宏愿"号

大型油轮"维生"号

大型油轮"维通"号

大型油轮"维运"号

"独立"号客轮

"宪章"号客轮

1971年9月19日港督戴麟趾参观"海上学府"（前"伊丽莎白"号），董浩云与之握手，右为董建华

1972年1月9日，"伊丽莎白皇后"号于装修期间在香港海面着火，最后沉没

十五 "四海一家"

人脉网络

董浩云在人生和创业的道路上深深地体会到人际关系和社交网络的重要,因而十分注重发展与各界之间的关系,广结善缘,朋友遍天下。他的好朋友赵浩生就认为,董浩云之所以事业能够取得成功,并将其发展到世界规模,除了个人的奋斗与经营外,还有一个重要的原因就是他具有广泛的社交网络。虽然常有人说"商业是商业,政治是政治",然而商业和政治实际上关系十分紧密,而现代航运业尤为如此。

早在天津时期,董浩云就深知人脉的重要。虽然起初他只是公司的一名普通办事员,但他却能认真钻研业务,深得公司高层的信任,不久便让他从事对外的业务联络,并代表公司参与创办天津轮船业公会的筹备活动,而他因在业内的卓越表现,又被轮船业公会选为常务理事,后更升任副会长。通过一系列的实践和历练,董浩云不仅与津、沪等地航运业的同行建立了广泛的联系,而且还同国内的政界及金融界人士保持密切的交往。他曾为统一全国航运事业上书交通部,深获官方的赏识;为了创办中国航运公司,他又周旋于上海的银行家之间,百般游说,最终赢得他们的支持。抗战胜利前夕,董浩云接到交通部的密令,不远万里来到重庆,协助政府处理战后复员工作,战后他首先被委派为接收大员,从重庆飞回上海,帮助政府解决海上交通及运输燃料等重大问题。与此同时,中国航运公司也在战后迅速复业,并在政府的支持下赚到了第一桶金。

1949年大陆政权易手,董浩云将中国航运公司迁往台湾,自己却将主要精力放在香港、日本等地,致力发展他的航运事业。虽然在长达10多年的时间董浩云未能踏足台湾,但他仍与台湾的政经界保持着密切的联系,并得到政府的贷款建造新船。1964年董浩云重返台湾,其后与政界的来往更是日益频繁,蒋介石曾多次单独与他相见,政府各部门长官及大型官办企业和金融部门的首脑更是他的常客。此刻董浩云的声望如日中天,台湾当局迫切需要得到他的协助打开国际市场,而董浩云也深知,在开辟新的航线、建造大型船只等方面,也在在需要政府的大力支持。

董浩云资料室中有一份1978年11月15日在台北圆山大饭店宴客的名单,列于这份名单上的人物可是非同一般,除了美国驻台北"大使"安克志L. Unger夫妇之外,几乎包括了台湾政、经界的所有高层人物,政界官员如"总统府"秘书长蒋彦士,"行政院"院长孙运璇,"政务院"委员费骅、李国鼎,"行政院"新闻局局长丁懋时,"行政院"国科会主任徐贤修,"行政院"经建会副主任郭婉蓉,"外交部"部长沈昌焕、次长钱复、杨西昆及司长王孟显,"财政部"部长张继正和钱币司司长李可渝,军方将领有"参谋总长"宋长志,"海军总司令"邹坚,金融界巨擘则有中央银行总裁俞国华及外汇局局长贾新葆、中国农民银行董事长金克和、中国国际商业银行董事长魏宗铎及总经理何显重、交通银行董事长陈勉修、中央信托局董事长刘师诚、台湾银行董事长马兆奎以及太平保险公司董事长吴幼林，实业界人士中包括中央信托公司总经理辜濂松、台元纺织公司董事长吴舜文、中华航空公司总经理张麟德、中国钢铁公司副总经理金懋晖、民航局局长毛瀛初、中国石油公司协理张慕林、复兴航业公司总经理赵璋，文化教育界的人士有台湾大学校长阎振兴、中国时报董事长余纪忠、联合报董事长王惕吾等，均为台湾党、政、军、经及文教各界重要的社会名流。① 董浩云能将这些炙手可热的人物邀请在一起，说明他与台湾方面具有多么重要的人脉关系。

远洋航运涉及国际间的经济和贸易往来，随着董浩云的事业走向世界，他的目光和社交网络也走向世界，从他的日记和往来书信中就可以看出他的网络是多么的宽泛。

董浩云广交各国政要，除了与曾任联合国秘书长的吴丹、瓦尔德海姆以及高级助理明石康等常有来往之外，他还通过各种方式，结识与拜会过美国总统尼克松、福特、里根，副总统布什以及国务卿罗杰斯、基辛格、财政部长舒尔茨等高级官员，而英国皇太后、巴西总统菲格瑞多、菲律宾总统马可斯、阿根廷总统庇隆、马来亚首相东姑阿都拉曼、新加坡总理李光耀、澳大利亚总理惠特兰姆等各国领袖亦都单独接见过董浩云，并与他合影留念。所有这一切，自然十分有助于董浩云进一步开拓国际交往、扩大远洋航运，同时也极大地提高了知名度，为他跻身世界船王打下基础。这里我们就举出董浩云与美国历届总统之间的交往事例，看看他在国际舞台上是如何表现的。

1972 年美国总统尼克松竞选连任，董浩云曾经给予大力支持，结

---

① 董浩云资料室：B2—12。

果取得胜利。1973年2月1日,尼克松亲自致函董浩云表示感谢,信中称"只有在你们的支持下,我才可以将我们的信念传达给亿万拥护者"。① 1980年11月,美国总统大选,里根和布什当选第40任正副总统,董浩云立即去函表示祝贺,并以美亚银行的名义向总统就职典礼筹备委员会捐赠了5万美元,以示支持。②

1981年1月6日,董浩云应邀参加美国胡佛研究所在华盛顿举行的董事会,在晚宴时他亲自向即将就任总统的里根表示祝贺,祝他七十大寿时荣任美国总统;里根总统也风趣地向董浩云致以同样的祝贺,祝他恰于70岁时建造并拥有世界上最大的"海上巨人"号油轮。③ 半个月后,他又应邀出席在白宫举行的美国总统就任酒会,并在酒会上与里根总统和布什副总统分别合影留念。布什后来被选为美国第41任总统,卸任后在接受董浩云长女董建平访问时曾说,他早在驻联合国大使任内时就与董浩云相熟,特别是当他出任美国驻北京联络办公室主任期间(1974—1975),每次途经香港,必定受到董浩云热情接待,在他印象中至少曾三次前往香岛小筑作客。后来他出任副总统,也曾在白宫的办公室接待过董浩云,他曾将亲自签名的照片赠送给董浩云。多年后他还郑重地表示,愿意加入向董浩云致敬的行列。④

鉴于董浩云在远洋航运方面作出的重大贡献,他先后被日本的佐世保、美国的洛杉矶、巴尔的摩以及得克萨斯州埃尔巴索等城市赠予该市荣誉市民的称号,当选为美国斯坦福大学胡佛研究所海外理事会成员暨斯坦福大学研究院院士,并获纽约、伦敦市长颁赠的金钥匙,法国政府颁发"荣誉军团骑士勋章"。1979年,他接受美国成就科学院颁授的本年

---

① 董浩云资料室:C2—15。
② 董浩云资料室:C2—15。
③《中央日报》1981年1月11日,第7版。
④《董浩云的世界》,页467—468。

度"金盘奖",而学院设立该奖的目的,就是要"表彰在伟大事业中成就非凡而激励人心的优秀人物",董浩云的所作所为不愧于这一称号。

朋友遍天下

董浩云生前有一句名言:"友谊(friendship)是最大的船。""宪章"号豪华客轮上有一块引人注目的横幅,上面写着"四海之内皆兄弟"七个大字,它也象征着董浩云一生喜交天下知己、朋友故人遍天下的宽阔情怀。

远洋航运是一项国际化的事业,因此董浩云创业以来就极为关注世界风云变幻,具有广阔的国际视野,同时他也在数十年的营运生涯中建立了十分广泛的国际商务与政治关系。譬如在航运界,董浩云不仅与希腊船王奥纳西斯、尼亚科斯,美国船王路德威克等世界船王时有交往,更多的则是结识日本、法国、西德、巴西、韩国等国家重要的轮船公司和造船厂巨擘;在金融界,国外及香港和台湾主要的银行和石油公司大亨都曾是董浩云的座上客。曾任汇丰银行主席的盖尔·沙雅(Guy Sayer)就曾称赞董浩云交游广阔,朋友遍天下,在他看来,"声誉往往是航海事业成功的关键,尤其是与油公司、船厂打交道时,声誉的好坏更是决定性的因素",而董浩云就是这样一位讲究诚信、充满信誉的船东。[1]

著名记者赵浩生回忆说:"董浩云的船队遍布世界各地,他的朋友从英国女王到白宫主人,历史上还没有一位中国人达到他这样的交友层次。他的事业能发展到全球规模,除了他的经营特长外,还由于他交游甚广。"[2]

---

[1]《董浩云的世界》,页390。
[2]《董浩云的世界》,页341。

创办于20世纪20年代的美国《读者文摘》号称是全世界读者最多的刊物,文字短小精干,温馨有趣,给人以努力向上、改变世界的力量,因此自创刊以来就不断被翻译成各种文字出版,畅销全球。1965年3月,《读者文摘》中文版在香港面世,著名作家林语堂的长女林太乙出任主笔。林语堂伉俪与董浩云关系甚笃,而且此时董浩云旗下的船只已在世界各大洋上航行,他的朋友更是遍布全球,林太乙觉得他是最合适的人选,因此便邀请他为新刊物撰文。一方面董浩云是盛情难却,但更重要的则是他想藉此机会抒发一下自己的感情,因此当年9月号的封面内页上便刊登了董浩云的文章,题目就叫《四海一家》。

董浩云在文章中以自己的亲身体会,诉说国际合作、人类和谐的重要,他强调,"要奠定中国航业的基础,必须致力于远洋航业",而他早年旗下"天龙"、"通平"轮先后横渡大洋,如今建成"东亚巨人"等巨轮,目的就是实现世界和平。董浩云祝贺《读者文摘》中文版的问世,并希望它的出版"将使孔子'四海一家'的崇高理想的实现,更进一步"。

正如董浩云在文章中所说,他的朋友可谓遍天下,除了前面提到的生意伙伴和各国政府首脑之外,还有很多人与他的事业发展其实并没有多大关系,譬如中国近代历史上的著名人物如政界前辈宋子文、张群、陈立夫、张君劢等,金融界元老张嘉璈、陈光甫、李铭、贝淞荪、宋子安等,外交耆宿顾维钧、魏道明、董显光等,至于科教界的名人就更多了,如赵元任、杨步伟伉俪、陈源、凌叔华伉俪、袁家骝、吴健雄伉俪、张嘉铸、张肖梅伉俪以及顾毓琇、何廉、贝聿铭、周榆瑞、姚克、李卓敏等等。董浩云和各界名人的友谊与交往,不仅可以让我们看到董浩云所具有的那种宽阔的人际网络,同时也有助于了解他所关心和追求的目标。

董浩云是一个性情中人,具有极丰富的情感,而香岛小筑的修建则完全体现出他念旧、好客和喜交朋友的这种风格。

香岛小筑位于香港南区的深水湾畔，始建于20世纪30年代，原本是香港著名实业家邓镜波的住宅，后几经转手，1956年2月，董浩云从英籍瑞典航海世家摩勒（Moller）家族手中购得这座风景秀丽、取名为"仙境"（Fairyland）、富有中国园林风格的别墅。其后，董浩云将其改建扩充，从台湾邀请原上海的著名建筑师杨卓成为其设计了八角亭阁、白玉拱桥、七级浮屠等标志性建筑，这位杨卓成就是后来台北中正纪念堂的总设计师。原来董浩云曾想将其易名为"云卢"，但最后还是定名为"香岛小筑"（Island Club）。香岛小筑依山傍海，林木参天，环境优美，堪称人间胜地。站在亭台四处远眺，只见天海一色，心旷神怡；走进厅堂客舍，一幅幅名人真迹即刻映入眼帘，这是董浩云生前最喜欢的休憩之处。他虽然不住在这里，但却经常在此设宴，香岛小筑自重修后，便成为他款待各国政要、富商乃至于故友亲朋的最好处所，布什、顾维钧、顾毓琇、赵元任、张大千、溥儒等尊贵的客人都曾于此下榻。我们在董浩云数据室中找到一份1958年3月20日香岛小筑举行游园会之邀请宾客名单，足有80余位，几乎包括当时香港航运、地产、贸易、金融、保险各界的精英，可见董浩云此时的交际与人脉关系已如此广泛。

常常引起宾客驻步关注的是园林一隅的那盏大钟，它原本悬挂在豪华邮轮"伊丽莎白女皇"的船舷上。该轮在改装成"海上学府"时发生火灾而沉没，后来邮轮的大钟被打捞出海，董浩云将其悬挂在园内，成为对"海上学府"的永久纪念。

1980年董浩云曾有意对香岛小筑进行维修并扩建，委托建筑师徐和德设计。按照董浩云的设想，要增建停车场、网球场等设施，但最重要的还是要维持七万呎的Club House，但后来大概是因为公务繁忙且航运业不景气的原因，这一计划并未如期进行。

董浩云自从建造第一艘货轮"东方之星"起，其后每当旗下的新船命名或下水时，他都要举行盛大的典礼予以庆祝。而且不论有多忙，董浩云都必定抽出时间出席主持，藉此机会邀请海内外各界人士前来参加，其中包括各国政治领袖、船业巨擘、金融大亨、石油大王，还有许多艺术界的大师，真可谓"朋友遍天下"。每当这一时刻，董浩云总是提前做好各种准备，尽可能将典礼布置得多姿多彩、别出心裁，安排接待更是体贴周到，巨细无遗，总让客人有一种宾至如归、耳目一新的感觉。董浩云还将每一次典礼的经过拍摄成影片永久保存，有时他自己还忙里偷闲，在典礼过程中摄影留念，充分说明他对航业事业的追求与热爱，同时也可以看出他热衷结交朋友的性格和能力。

知恩念旧

董浩云生于上海，原籍浙江定海。定海和鄞县、镇海、慈溪、奉化、象山六个县旧属宁波府，虽然今天的定海已改为舟山市的一个城区，不再隶属于宁波市，但其"宁波人"的印记早已深入人心。由于地处沿海，又因地少人多，所以宁波人很早就具有云游天下、四海通商的传统，同时他们又以精明、抱团、恪守信义而闻名于世，具有强烈的冒险和进取精神，"宁波帮"的称谓声名远扬。作为一个宁波人，董浩云不仅具有眼光敏锐、勇于开拓的精神，对于乡贤和业内前辈，他也总是拥有一种尊重与仰慕之心。

天津航业公司总经理叶绪耕（1884—1945）是一位宁波老乡（浙江慈溪人），他早年赴日本留学，先是从事采矿，后改经营航运，与周作民等共同出资创办天津航业公司，并任常务董事兼总经理。董浩云献身航运、最初在天津航业公司供职时就是得到叶绪耕的充分信任，放手让他经办各种事务，从而在实际工作中得到了锻炼，因此叶绪耕既是董浩云的老上司，也是赏识他、提拔他的伯乐。后来当董浩云创办中国航运公司之时，叶绪耕不仅投入资金，还将他的两艘海轮交给中国航运公司代理,①这对于一个航运公司的初创与经营无疑是种巨大的支持。虽然叶绪耕早在抗战胜利前即已去世,董浩云也于1950年移居香港,此后再也没有返回故国,但他却将对叶绪耕的怀念深深地藏在心中。

在董浩云创业的过程中,岳父顾昌瑞是他起家的重要支持者。顾宗瑞(1886—1972),浙江镇海人,幼年从家乡到上海,投身航运,成为业内元老。顾宗瑞30岁时即在上海创办泰昌祥报关行,后改名为泰昌祥轮船公司。1926年又创设永亨轮船公司和永安轮船公司,自置"永亨"、"永升"二轮,并代理其他同类型船舶,行驶于沪津航线。他曾联合招商局和三北等公司,与外商轮船公司分庭抗礼,不遗余力,争取航权,为航运业人士所称道。②

由于顾宗瑞经营上海天津间的航运,与天津航运公司多有生意往来,因此而结识了董浩云。当时的董浩云刚从上海到天津不久,只是一名普通的公司文员,但顾宗瑞从交往中发现了他的聪明才智,在同乡也是董浩云的上司王更三、张之奎的介绍下,最终同意将长女顾丽真许配给他。对于年轻的董浩云来说,顾宗瑞不仅是家乡的先贤,更是航运界的前辈,他的经验对于董浩云无疑是十分宝贵的。③ 婚后不久,顾宗瑞得知董浩云创业的理想后极为赞赏,并在资金上予以支持,这种精神上和经济上的鼓励,对于初初创业、手头拮据的董浩云就更加显得珍贵。从中国航运公司的原始资本来源得知,公司刚刚创立时,注册资本25万元,共5000股,其中董浩云只有200股,而顾丽真却拥有1185股。④ 很明显,这一切都是来自

---

① 天津航业公司总经理叶绪耕的遗孀聂婉30多年后曾致函董浩云,声称其夫在世时曾购置悬挂巴拿马旗的 Capella 和 Esse 两轮,后于太平洋战争爆发后被击沉。但该轮是购有保险的,因此请董浩云设法向保险公司索赔。见《聂婉致董浩云函》(1973年9月2日),董浩云资料室:A1—2。
②《顾宗瑞先生事略》(1972年),董浩云资料室:B1—27。
③ 顾宗瑞经常对外人说:"浩云之经商有道,则我所教者。"见陈存仁:《一代船王董浩云》,载《董浩云的世界》,页527。
④《中国航运信托公司股东名单》,董浩云资料室:B2—10。

岳父顾宗瑞的支持。

青出于蓝而胜于蓝。顾宗瑞对这位长婿十分满意，50年代后他也将泰昌祥公司迁移到香港，这时董浩云在航运界已占据相当重要的地位，因此顾宗瑞不仅在业务上时时与董浩云商讨，听取他的意见，而且还要求他的三个儿子处处向姐夫学习。翁婿之间感情深厚，无话不谈，董浩云对岳父亦非常尊重，1956年公司旗下第一艘海轮"东方之星"在法国建成，他即邀请岳父亲自出席隆重的下水典礼，并顺道在欧洲各国观光游览。

1972年5月，患病多年的顾宗瑞已年近90高龄，他自知时日不多，因此急嘱董浩云回港。董浩云在5月21日的日记中说："他老人家日夕盼我回来，为他处理遗产，立一新的遗嘱。"可见董浩云在顾宗瑞心目中的地位。果然，新的遗嘱刚刚立完，顾宗瑞就突患中风，血管破裂，虽然立刻送到养和医院抢救，但已不能说话，于5月28日晨与世长辞。董浩云当时因公务忙碌，未能在旁守护，因而一直感到"愧未能赶到"，但他心里明白，岳父"知我会照他意思看住他三位承继人，继续遗志的"。对于岳父顾宗瑞的去世，董浩云曾感慨地在日记中写道："一代英杰，亦得离尘土，悲夫！"

顾宗瑞去世后，董浩云曾亲自致送挽联，寄托他无尽的哀思：

公是航业先驱，七十年志略精勤，典范永为当世式
我荷慈云推爱，卅余载婿乡恋仰，伤心真看泰山颓

其后董浩云还与宋心冷二人合撰《顾宗瑞先生事略》，详述其一生事迹，并刊于他主办的《航运》杂志，以纪念这位一直支持与鼓励他创业的航运界前辈岳父大人。

董浩云十分念旧，特别是到了晚年，他的这种想法就更加强烈，对于当年的老朋友十分关怀，譬如金城银行的徐国懋、天津航业公司的周

汉楚都是他年轻时的好友,"文革"之后,香港与内地的联络恢复正常后,董浩云就常吩咐手下人给他们汇款;他更出面邀请原上海蚁社的老朋友李伯龙夫妇来香港探亲,下榻香岛小筑,在港期间一切费用均由他负责。而最能体现董浩云念旧报恩的事例,则是他对"三北公司"索款的支持。

"三北"事件

董浩云一向尊老敬长,在他心目中一直十分尊崇的另一位乡贤就是宁波帮的领袖虞洽卿。虞洽卿(1867—1945),名和德,以字行,浙江镇海人,少年时只身到上海闯天下,数十年间他从学徒到买办,从投资银行到创办实业,终于富甲一方,成为宁波旅沪同乡会会长、上海总商会会长,号称"海上第一人"。在虞洽卿所创办的实业中,特别是三北轮埠公司敢与外轮竞争,更长期执国内民营航运公司之牛耳。抗战前虞洽卿一直担任上海轮船业公会的会长。作为业内的后辈,董浩云对虞洽卿这位乡贤十分尊敬,并时刻将他作为自己学习的楷模,而虞洽卿也对这位好学的同乡时加提掖,董浩云后来曾多次在回忆文章中提及三北轮埠公司战前在民营航运业中的地位,并称赞虞洽卿在推动中国航运事业中所作出的贡献。

抗战初期,虞洽卿曾向挪威的华伦洋行(Wallem Co.)订购了三艘海轮,并以华伦洋行代理的名义,悬挂挪威国旗,行驶于上海-香港-东南亚航线,主要运载泰国等地的洋米进口,这样既有助于解决上海等地民众的粮荒问题,他本人也从中赚取了巨额利润。然而太平洋战争爆发后,这三艘海轮先后被日军的炮火炸沉,三北公司留在上海的所有财产和船只也被日本东亚海运株式会社接管,致使虞洽卿及三北公司蒙受巨大损失。1945年年初,虞洽卿曾对抗战期间三北公司所蒙受的损失有过一个详细的统计,总计共约美金2750万元,计划抗战胜利后向日方索赔。[①]然而未能等到抗战胜利,虞洽卿就因年老力衰,于重庆病逝。

虞洽卿的去世顿时使得公司失去了主心骨,加上子女之间为遗产的安排发生争执,自此三北轮埠公司便一蹶不起,它的辉煌历史成为往事。对于这样的结局董浩云一直深感惋惜,内心更充满同情,并有助其复兴之意。30多年后,这个机会终于出现,为此董浩云不遗余力地施以援手。

抗战期间三北公司曾有多艘轮船交由挪威的华伦洋行代理,因为挪威是中立国,所以这几艘轮船悬挂挪威国旗在东南亚与香港、上海等地之间行驶,然而太平洋战争爆发后,这几艘轮船相继在战火中被击沉。战后保险公司按规定将赔款交付给华伦洋行,依照合约华伦洋行本应将这笔赔款转交给三北公司,但因虞洽卿去世后公司内部发生人事争执,华伦洋行以继承权不明而没有及时交还;其后不久,上海解放,数年后三北公司又被公私合营,华伦洋行更以公司国营化无法找到原来的委托人为由,拒绝履行转让手续,而最终擅自将这笔赔款捐给当地政府,并兴建了一家音乐厅。这段时间因为中国大陆政治运动接踵不断,对于华伦公司的所为没有人有时间、更准确地说是没有人敢关注或过问此事。直到"文化大革命"结束后中国结束了政治动乱,国家开始实施改革开放的国策之后,为了吸引境外投资,当局同意部分有海外关系的人士与外界联系,这样居住在上海的虞洽卿后人便开始计划向华伦洋行索取赔款,但他们脱离航运业的时间实在太长,对于索赔事务可以说是一无所知,因此急需有人帮助,而董浩云此刻在国际航运界声名显赫,自然成为他们求助的首选。

董浩云对虞洽卿这位乡贤和业界前辈十分崇敬,对三北公司的历史更是了然于胸,1975年6月7日他在挪威访问华伦公司时,脑中立即想到

---

① 汪仁泽、姚伟琴著:《虞洽卿商旅传奇》(北京:团结出版社,2011年),页327。

的就是"'三北'产业多为吞去",因此"颇有抱不平之意"。当他得知虞洽卿后人希望向华伦公司争取赔款之事,便义不容辞,挺身相助。

董浩云先是为三北轮埠公司重新在香港登记注册,再安排虞洽卿三子虞顺慰亲自从上海来香港,帮他租赁办公室及聘请律师。董浩云曾动用他众多的人际关系,多次在港宴请挪威总领事及华伦公司驻港代表,并与律师商洽斡旋,采用种种办法,希望双方尽快达成解决方案,他甚至出资邀请华伦公司前经理亲自来香港予以作证。董浩云深知此事关乎国家利益,因此亲自致函中国驻挪威大使丁国钰,希望由国家出面予以协助。董浩云晚年的日记内容已经非常简单,但在他这段时期的日记中却常常出现他为三北公司找律师、托关系的记录,而在董浩云收藏的书信中有关"三北"诉讼一案的各种数据更是多达千页,这就更足以证明他对此事的关注程度。[①] 虞洽卿的儿子虞顺慰对董浩云的侠义表示感激,曾致函董浩云,称"吾哥为赔款事多方设法,促使顺利解决,此种不忘故旧的情谊何等宝贵,使弟终身[生]难忘也"。[②] 他还托原三北公司的老人曹子嘉致函董浩云,转达自己对其"仗义执言,大力协助,索华伦款,且多方关顾他之生活,拟复兴事业,策划购船,种种盛情厚谊,内心感激,无言可表"。[③]

尽管董浩云与三北轮埠公司实际上没有任何利益关系,尽管这场旷日持久的官司最终并未获胜,但董浩云争取三北公司合法的权益似乎已成为他晚年活动的一个重要内容,这说明董浩云是一个知恩图报的人,同时也充分表现出他对于争取中国民族航运企业权益的热情与关心。

[①] 冯筱才:《董浩云的"上海脉络"与"三北讼案"》,载郑会欣、金董建平主编:《董浩云:中国远洋航运先驱》(上海:交通大学出版社,2007年)。
[②]《虞顺慰致董浩云函》(1978年7月14日),董浩云资料室:B2—11。
[③]《曹子嘉致董浩云函》(1979年11月11日),董浩云资料室:B2—25。

与艺术大师的交往

董浩云的朋友遍天下,除了各国政要以及金融、商业各界的要人外,还有很多是中国著名的文化人。譬如艺术大师张大千、溥儒、赵无极、王济迁,作家徐訏、周榆瑞、南宫搏、姚克,歌唱家费曼尔、孙少茹、费明仪,指挥家董麟、郭美贞、石信之、林克昌,音乐家马思聪、傅聪、邓昌国、藤田梓,电影演员卢燕、李丽华、韦伟、萧芳芳,舞蹈家江青、王仁曼,电影导演李翰祥、胡金铨,建筑大师贝聿铭,雕塑家杨英风等著名艺术家,都是他的座上客。董浩云不仅与他们有密切的联系,而且还经常出资,对他们的艺术活动予以支持。我们仅以他与张大千、溥儒和徐訏三位大师的交往为例,说明董浩云对艺术的追求和对艺术家的尊重。

董浩云与张大千是故交。1938年6月张大千自北平逃脱日本人的拘禁,经天津乘"盛京"轮前往上海时,在船上与董浩云相遇,从此二人成为知己,开始了他们之间数十年的友谊。张大千是个美食家,对于吃十分讲究,他有位四川厨师叫娄海云,多年来专门为他烹饪,烧得一手好菜,时常得到张大千的夸奖。大约在1963年,一次董浩云赴张府家宴,席间自是对其厨艺赞不绝口,张大千随即便开了句玩笑说:"既是如此,那我就把大厨借给你一段时间好了。"说者无意,可是听者有心,不久董浩云真的就在纽约华尔街附近开了一家"四海餐馆",礼聘娄海云出任大厨。董浩云开这家饭店的目的并不是单纯为了赚钱,而是希望将中国传统饮食文化介绍到美国来。饭店开张后,果然生意兴隆,吃客络绎不绝,畅销的报刊为之宣传,名流影星亦纷纷前来捧场,很是红火。

董浩云对张大千先生十分尊重,他曾邀请张大千住在香岛小筑长达一个多月,他自己虽然要到世界各地处理航运业务,却交代下属一定要好好接待大千先生,但不可随意打扰,以便让他专心吟诗作画。董浩云更是嘱咐,每餐都要为大千先生安排不同的美味佳肴,一定要让这位美食家感到满意。大千先生有一块称作"梅丘"的巨石,曾经跟随他走遍天涯,而每次巨石的迁居,都是由董浩云安排集团的船只专门运载,不论是从巴西的"八德园"搬到美国西峰的卡美尔,还是由美国运往台北外双溪的摩耶精舍,莫不如此。张大千对于董浩云的盛情厚意自然十分感激,他也时常将自己的作品馈赠给董浩云,以作为永久的纪念。其中最具代表意义的,就是"峨嵋金顶图"那幅巨大的山水画。

董浩云自1969年开辟中南美洲及东南非洲航线后,先后将"东方丽华"、"东方友华"和"东方翠华"号客货轮投入航运,1970年再将新购入的"东方嘉华"号客轮重新装修后加入此线。

在此之前,董浩云曾专程到美国向张大千求画,张大千问他是喜欢山水、人物还是花卉。董浩云即表示,他要将这幅画挂在旗下的巨型客轮上,目的就是要让外国人领悟中国文化和中国画风,同时也要让外国人了解一个中国人的内心世界。张大千了解董浩云的用心,为此他特别绘制了一幅宽18呎、高7呎4吋的巨幅"峨嵋金顶图"赠送给董浩云。此图气魄宏伟,笔力雄厚,山岚云彩,美不胜收,不仅是张氏平生创作之极品,亦为世界艺术品中之瑰宝。此图悬挂在"东方嘉华"号上,云涛万里,光照四方,扬中国文化于海外。"白云游子意,落日故人情",这幅巨作后来一直置放于香港湾仔海港中心顶层"东方海外"的大厅,它不仅见证了张大千和董浩云之间的情谊,也象征了他们二人思念故国的那份情怀。

著名书画家溥儒,字心畲,他是清皇室爱新觉罗氏后裔,祖父就是晚清的恭亲王奕䜣。溥儒自幼在恭王府学文,培养出"琴棋书画诗酒花"的美学造诣。因其诗词、书画与张大千齐名,故后人将二人并称为"南张北溥"。溥儒与董浩云关系也十分密切,只要他前往东京或是香港,均由董浩云亲自招待,彼此之间心心相印,董氏"香岛小筑"的匾名即为溥儒所题。

据董浩云的老朋友宋训伦形容,溥儒赠送给董浩云的六条五言排律草书诗屏，是他聚精会神书写而就，诗虽是其旧作，字则"鸾舞蛇惊，鸿飞兽骇，圆润遒劲，妙造自然"，以致达到"心手双畅、翰不虚动"的境界，堪称溥氏生平最佳的行草作品，目前这幅珍贵的作品仍张挂在董氏"香岛小筑"里。溥儒书写这幅诗屏时宋训伦就在旁边，他目睹大师的创作，不禁称赞道，这是他见到的写得最好的字。溥儒笑着说："我打扰了主人这么长久的时日，岂能不表达我心中一点点谢忱。"①

徐訏，原名徐传琮，字伯訏，1908年生于浙江慈溪，年轻时在北京大学就学时就因发表作品而轰动文坛，后赴法国留学，抗战爆发后回到上海，创办报刊和杂志，是孤岛时期的著名作家。太平洋战争爆发后辗转来到重庆，执教中央大学，其作品《风萧萧》连续多月荣登大后方畅销书榜之首。1949年徐訏移居香港，先后在新加坡和香港等地的大学任教。董浩云对这位曾在中国现代文学史上红极一时却又被历史湮没尘封了近半个世纪的著名作家十分尊敬，经常予以照顾。譬如每当徐訏应邀出国参加国际会议时，董浩云都会主动为他支付往来路费。

1968年，徐訏创办一份文学半月刊，名为《笔端》，但经费甚为困难，因而亲自致函董浩云，信中称"先生功业盖全球，气壮邦国，弹指之力，当可奠定《笔端》半月刊之基础"，董浩云闻讯后立即捐款赞助。②然而在香港要想坚持创办这样一份纯文学的刊物是极为困难的，《笔端》的命运也是如此，它只发行了九期就再也办不下去了。

徐訏晚年的生计并不宽裕，需要在报纸上发表专栏文章以维持生活，后患病入院，董浩云得知这一消息后曾多次前往医院探访。此时董浩云记日记的内容已经很简单，但却多次提到徐訏：1980年9月16日"访徐訏病"；9月22日"为徐訏病，又与马彬、宋心冷商对策"。董浩云甚至

---

① 宋训伦：《旧王孙溥心畲》，载《大成》第二期[1960年6月15日]，页31—32。
② 董浩云资料室：A2—14。

想到一个他认为是两全的办法,他曾对马彬说,让徐訏到台湾或美国治疗,他将负担所有费用。同时决定等到徐訏病愈后委派他到美国斯坦福大学胡佛研究所专门整理张公权先生捐赠的资料,其经费全数由董氏教育基金会承担,这样既可以保存张公权的历史数据,又可以解决徐訏的生活费用。嗣后不久,董浩云便正式致函表达这一建议,函中称:"弟将重申前议,请兄在史丹福研究所整理张公权先生捐赠之一批文献及其他重要资料。"然而徐訏患的是肺癌,已经无法根治了。董浩云闻讯叹息道"太迟了!"10月,徐訏于香港病逝,董当时在纽约,得知这一消息后不胜哀伤,他在日记中写道:"徐訏死于港,施震病逝纽约,老友凋谢,至为震悼。"

董浩云念旧好客,朋友遍天下。如果说他结交政界和商界人物的目的主要是为了寻求航运事业的发展,那么他与这些艺术家的交往则完全同其业务无关,而是充分体现出他对艺术的热爱和追求。正如著名电影导演胡金铨所说:"董浩云对文化人,总怀有一份尊敬。"[①] 这句话言简意赅,却道出了董浩云内心的真实想法。

---

① 沈西城:《胡金铨谈董浩云》,《明报周刊》702 期,1982 年 4 月 25 日,页 13。

十六　家庭与事业

恪守孝悌

董浩云的父亲董瑞昌早年从定海老家来上海谋生,先是在一家石版印刷厂学徒,满师后东凑西借,盘了一间小作坊自己开业。后来他又改行经营五金玻璃,惨淡经营多年后,终于在上海的南市区大东门开了一家"源森玻璃五金店"。然而多年来操劳辛苦,1932年夏天突然身染重病,且病情急转而下,不幸于8月24日去世,终年51岁。当时正在天津工作的董浩云听到父亲身患重病的消息后忧心如焚,立即请假回沪,但最终也未能见到父亲最后一面,这也成为他心中的永久之痛,之后他就将全部的孝心寄托在母亲身上。

董浩云虽然排行第三,却是家中支柱,父亲去世后大部分时间母亲都与他一同生活。只要董浩云在家,每天早上第一件事就是向母亲请安,晚上则侍奉母亲就寝后方才休息。即使外出公干，他也十分挂念母亲的身体，这在他的日记中常有记载。

董浩云从事的是远洋航运，生意遍及全球，为了工作需要在世界各地奔波，但每年母亲生日前后，他都尽可能留在香港为母亲祝寿。董浩云早年记日记有个习惯，那就是每当出门在外时就坚持记，一旦返回香港就不写了。董母陶太夫人的生日是阴历四月十四日，按阳历计算，多在每年5月的中下旬，翻阅他的日记，这一段时间常常没有记录，这就说明他是特地留在香港为母亲祝寿的。有时外出实在无法返回，他也会在万里之遥为母亲送上祝福。譬如1951年5月19日，董浩云正忙着在美国处理公务，无暇返港，因此只好在日记上写下对母亲的思念："今日为母亲六十晋九大庆，只能在美遥祝。"

每到母亲晋十之年，董浩云更会隆重举行庆典。1962年5月17日是董母的八十大寿，董浩云隆重地在香岛小筑大开寿宴，虽"到者数百人"，但"均为至亲好友，外面概未惊动"。十年之后，到了董母陶太夫人的九秩寿辰，1972年5月26日，董浩云又大摆宴席，"宾客四百五十余人，设宴及寿堂于'香岛小筑'，外客未能惊动"，只是亲朋好友和航业界同人"均来祝贺"。

趁此机会，董浩云特地拍摄了一帧全家福，从这幅难得的照片中，可以看出董氏家族之间的关系。①

董家是个大家族，以董浩云这辈算起，兄妹五人，董浩云本人又有五名子女，孙辈则有十三人，这就应了中国一句古话：树大根深，花开叶茂。

大姐梅兰，姐夫乐秀章是位牙医，他们长期居住在上海。1957年在董浩云的邀请下，夫妇二人曾申请从上海来香港探亲，7月2日董浩云刚从

---

① 全家福照片及子孙姓名藏于董浩云资料室：C2—10。

日本飞回香港，即与他们相见，他在日记中说，见到大姐"惊喜不止，多年阔别，一旦重逢，殊感欣喜若狂"。

1962年5月大姐的女儿伟华在香港结婚，梅兰夫妇从上海赶来参加，同时亦为母亲祝寿。此后他们就在香港定居，没有返回上海，而他们留在上海的子女亦先后来到香港。

大哥兆丰早年亦从事航运，董浩云选择远洋航运这个职业，最初还是经过他介绍的。然而兆丰后来转向保险业发展，有段时期经济发生困难，董浩云曾接济过他的生活。1950年后董兆丰也移居香港，并开设海宁保险公司（Marine Union Agency），主要从事的还是船舶保险。

妹妹梅凤，妹夫乐秀发曾任德国洋行福来德经理，亦长期居住在上海。1962年6月，董浩云想方设法将他们经由澳门接来香港，并照顾他们的儿女升学就业。兄妹五人及全家自此全部在香港定居，看到家人得以团聚，董浩云在日记中亦不禁发出"其喜可知"的感叹。

幼弟兆裕生于1924年，早年肄业于上海沪江大学，后一直跟着二哥作生意，1949年奉浩云之命前往广州开设中国航运公司的分公司，广州解放前夕移居香港。60年代初董氏家集团成立东方海外航运公司，即"东方海外"的前身，董兆裕即主持公司的具体业务。后来董浩云觉得应该让他独自经营，曾于1971年给了他两条船，于是董兆裕便在新加坡成立一家公司，从事运输沥青等业务，成为独立船东。

1972年，由董浩云出面出资，联合兄妹五人共同设立"源森基金"，目的就是为了纪念父亲，使用的就是当年董瑞昌开设"源森五金号"的名字。1974年制定的《备忘录》中明确规定，"本基金会由董浩云先生组织创办，其目的在照顾创办人之兄弟姐妹"，该基金会共拥有和管理"大禹"、"源森"、"镇海"和"定海"四艘轮船。[1] 董兆裕后来回忆说，如果

---

[1]《源森基金会备忘录》(1974年)，董浩云数据室：B1—9。

没有浩云二哥的鼎力支持，就不可能有"源森基金"的成立，更谈不上日后的发展。①

1981年7月，董母先是感冒发烧，后又转为气管炎和肺炎。董浩云当时正在美国公干，闻讯后忧心忡忡，这段时期的日记中最多的内容，就是对母亲病情的担忧和关心。后经诊治病情虽有所好转，但终因老太太年迈体弱，病状时有反复。董太夫人自幼就笃信佛教，为此董浩云还请他的老朋友沈家桢专门介绍香港著名的洗尘、永惺两位大法师前来董宅做法事。最终董浩云与大哥商议，并征求了著名中医陈存仁的意见，将董太夫人送至养和医院治疗，董浩云本人也提前结束公务，于8月2日晚8时赶回香港。抵港后"自机场即到养和医院省视老母"，第二天他又不顾旅途劳困，连续去了三次医院探望，并默默在心中祝福母亲"早日痊愈"。

由于母亲病重，董浩云决定取消早就安排好的巴西之行。然而此次"海王星和谐"号是巴西船厂为董氏集团建造的第一艘新型货柜船，而且早已邀请巴西总统夫人主持下水典礼，董浩云作为船东，实在没有理由缺席。此时董太夫人病情稍有好转，医生决定采用保守疗法，8月9日，董浩云无奈之下，只好"感伤下泪"，从香港先抵旧金山，再于当天飞往纽约，接着转机飞抵巴西的里约热内卢。此时董浩云已年近七十，如此长途飞行真是疲惫不堪，但让他心中更为挂念的还是老母亲的病情。然而8月14日下水典礼那天，总统夫人竟称患病而未来主持，董浩云为之气闷，但又无可奈何。等到典礼结束后回到纽约，原想休息两天，但突然接到建华电话，称老太太病情恶化，已处弥留状态。董浩云不顾身体虚弱，决定立即启航回港，期盼能见到母亲最后一面。在他心中还存在一个幻想，"希望能有希望与奇迹，使她活过百岁"。然而他于18日抵达香港，正准

---

① 《董兆裕接受笔者访问记录》（2010年4月28日，香港）。

备乘车前往医院时，夫人顾丽真和长子建华告他，母亲已于当天凌晨三时去世，董浩云虽早有思想准备，但猛然听到这一噩耗后仍"为之震悼不已"。他强忍着悲痛，立即驱车前往香港殡仪馆，只见"母亲安详地睡在特别室，我泪流满面，不孝儿子回来了！"回到家后见到幼弟兆裕，两人又是抱头痛哭，彻夜未眠。董太夫人的去世对董浩云的打击非常大，他在日记中写道："母亲去世了，施他佛道二十七号住所好像是寂静得死去一般，我是心若茫然。"

董太夫人享寿接近百岁，但她的去世还是对董浩云的身心造成严重的打击，尽管家人和朋友百般安慰，他内心的创伤仍长时间不能平复。然而让大家都不曾意料的是，母亲去世还不到八个月，这位日理万机、四处奔波的船王竟会猝然发病，与世长辞。

伉俪情深

董浩云的夫人顾丽真祖籍也是宁波，父亲顾宗瑞年轻时即从镇海乡下到上海，赤手空拳打天下，历经多年的打拼，相继创立了泰昌祥报关行和泰昌祥轮船公司，在上海也算是位知名的船东。由于旗下船只经常在津沪线装运货物，与天津航运公司有着业务往来，经过王更三（天津航业公司经理）、张知焯（通成公司高级职员）等老朋友的介绍，顾宗瑞认识了董浩云，很快便对这位知书达礼、勤奋好学的小同乡留下了深刻的印象，最终决意将女儿许配给他。

顾丽真是顾家的长女，生于1915年，年轻时亦曾接受过一些新式学堂的教育，但传统观念还是很强的，特别在婚姻方面遵循的仍然是"父母之命、媒妁之言"。据顾宗瑞的门生陈益甫晚年回忆，起初董浩云还有点犹豫，因为毕竟两人没有见过面，只是互相交换过相片，但既是老上司介绍，而且双方家庭对这桩亲事都非常满意，一定错不了，便爽快地答应了。①果然，董浩云与顾丽真俩人一见钟情，很快就由相识发展到热恋。

1933年12月3日，上海复兴园酒店宴开数十席，热闹非凡，大堂正中高悬"董顾联姻"，一对新人拜天地、敬高堂，有情人终成眷属。蜜月之后，顾丽真便离开父母，随同董浩云北上，在天津福润里租了一套房子，过上了二人的小家庭生活。新婚燕尔，他们有说不完的情话，诉不尽的缠绵。他们经常在假日期间外出旅行，董浩云喜好摄影，西子湖畔，北戴河边，到处都留下这对年轻人的倩影。直到三年后顾丽真有了身孕，她才回到上海娘家居住。

虽然我们未能找到董顾二人的婚纱照，但他们却有一张艺术合影，生动温馨。照片的底版呈暗色，灯光打在脸上，两人紧紧依偎，董浩云的左手搭在顾丽真的左肩，右手则指向前方，二人目光亦盯着这个方向。董浩云还特意在照片的背面写下"一起朝向光辉的未来"九个字，说明两人休戚与共、对未来充满信心。另外一幅照片是董浩云亲自在天津家中拍摄的，画面上顾丽真眼睛微闭，轻轻地嗅着一朵黄色的菊花，董浩云在照片旁写下"人比黄花瘦"几个字，这也是他们最为珍爱的一帧照片。

董浩云与顾丽真婚后最初的三年是在天津度过的，在那里留下许多温馨的记忆，30多年过去，这些情景还留在董浩云的脑海中。1965年7月4日，董浩云与顾丽真泛舟巴黎 Bois Boulongne 湖畔，他还不禁想起当年的画面，并在当天的日记中写道："真摇船能手，不亚当年天津北宁公园时代。"

长期以来，董浩云因为忙于事业，经常奔波于世界各地，特别是移居香港后，夫妻聚少离多的日子更为普遍。顾丽真是一位传统的女性，她认为侍奉长辈、相夫教子、打理家务是她应尽的职责。由于工作的关系董浩

---

① 陈益甫：《成就来自志向和勇气》，载《董浩云的世界》，页271。

云长年在外，作为妻子的顾丽真很不放心，董浩云也十分挂念家庭，唯有经常通电话询问，寄托彼此间的关心，并将这种爱情倾注在日记中。

1949年6月21日董浩云飞往日本，"与珍妹又得小别，近来飞行时以安全为虑，虽亦天命，终亦盼稍安逊，免珍远念耳"。

8月3日董浩云又乘船赴日，"珍今晚临别，又竟泫然下泪，盖爱我之深，小别亦感难舍也"。

11月12日在台湾，董浩云"接读家书，知珍患病，至念，并感不安"。

在董浩云的日记中经常流露出对妻子的思念之情，譬如"阔别月余，又与真欢叙矣"（1951.3.14，1953.1.14）、"以慰妻远念"（1952.5.12）、"尚未与珍妻晤面，自难不归心如箭"（1952.6.13）、"旅途寂寞，病中愈感孤单，真想煞真妻矣"（1952.12.5）。由于经常在外地奔波，所以"真妻又不免神伤，相思何时了，愿早日能脱离羁旅生涯也"（1953.4.15），当飞机在空中颠簸时，脑海中的第一个感觉就是"时以真妹为念"（1953.6.18）。

1953年7月2日，董浩云在巴西公干时患病，"病中思真愈甚"。夜间在海边散步，"明月高悬，惊涛拍岸，正是'海上生明月，天涯共此时，情人怨遥夜，竟夕起愁思……'，我焉得不暗自流泪？"

1954年6月16日即阴历五月十六日，是顾丽真40岁生日，按照中国人的传统风俗，董浩云决定二人外出旅行避寿。5月29日深夜，夫妻两人即告别亲友和子女，登上"克利夫兰总统"号邮轮前往日本，直到7月6日才回到香港。在百忙中董浩云放下手上的工作，与妻子一起度过了这一难忘的"蜜月之旅"。

1958年是董浩云工作最忙的一年，为筹资建造大油轮，他四处奔波，不断游说，辛苦异常，就像他自己所说"不知白发又平添几许"。但12月3日是他与顾丽真的银婚纪念，董浩云早就应允必须与夫人团聚，一同庆贺,"共度蜜月"。虽然他整日飞来飞去,但却感受到爱的力量,正如他在日记中写的那样:"飞机在云层上疾进,云海浩瀚,光辉四射,给人多少新的活力与生命的意义。"

这年的11月底,董浩云与顾丽真分别从美国和香港飞到日本,二人为庆祝银婚纪念,特别选择在东京"作蜜月旅行,其喜可知!"董浩云回忆起往事,不胜感慨,"二十五年,饱经沧桑,幸子女成行,事业亦稍有成就,虽旅途艰辛,我人白发已平添几许矣!"

然而董浩云是一位有理想、有抱负的企业家,而顾丽真关心的是相夫教子,追求的是家庭和睦的生活,彼此理念可能不尽相同。顾丽真对董浩云那种为了事业不顾一切的追求和奋斗不一定都能理解,为此董浩云有时会感到苦恼,两人之间也会出现一些争执,但每次发生争执后董浩云立刻就表示后悔,这些在日记中都有记载。当然日记中更多的文字还是董浩云对妻子和家庭所表露出的思念之情。

1965年董浩云因身体不适,在美国居住了大约50天,"病中更想真,苦极!"(1965.2.27)但妻子来到身边后,两人又为一些小事而发生争执,"与真妻相骂,最使人悔憾!"(5.3)譬如两人为安排游览事,因董浩云临时改变计划,"真妻不悦,我又抱怨,以致不欢而散"。结果顾丽真自己去佛罗伦萨。(1965.6.5)董浩云也常在日记中透露,因工作忙碌"真妻抱怨,奈何。"(6.8)"真妻不耐"(6.9)等字句。

1974年初,随着中东战争的升级,席卷全世界的能源危机也随之爆发,这些突如其来的事件都对航运事业的前景产生极为重大的影响,董浩云为此更是忙得不可开交。而且他此时还有一个重要的追求目标,那就是希望由联合国出面,组建一所维护人类和平的联合国大学。然而妻子对他的追求却并不十分理解,这令他甚感苦恼。董浩云在1月31日的日记中这样写道:"真妹言辞间终不谅吾的忙碌生活,亦不愿我事业日盛,亦不欲有教育事业,我为之烦闷,奈何?"然而每次发生争执之后,董浩云又都在日记上加以检讨，常为自己脾气暴躁而感到不安。毕竟夫妻二人风雨同舟，不离不弃，长相厮守，共同走过了 50 年相濡以沫、一往情深的生活道路。

子女培养

董浩云年轻时因家境并不宽裕，他本人没有接受过大学的正规教育，年仅 16 岁就投身社会，但他的中英语言文字表达能力优异，航运专业知识渊博，经营管理理念先进，同时还具有相当程度的艺术修养。所有这一切都是他坚持自学的成果。董浩云从多年的经历中深深地体会到科学知识的重要，他本人就是终生学习、勤奋向上、自学成材的一个典范。因为他个人的成长经历，董浩云对子女的教育关心备至。

董浩云和顾丽真共有五名子女，长子建华，长女建平，次女小平，次子建成和幼女亦萍。他虽然由于工作关系长年在外，与家庭和子女团聚的时间并不多，但对他们的教育和成长却是非常关心，五个子女中学毕业后全都送到英美名校深造，接受最好的高等教育。董浩云既鼓励他们努力学习西方进步的思想和观念，培养独立思考的能力，但又不能因此而忘记中华民族的传统文化，要求他们必须熟练地掌握中文的听、读、书、写能力。长子建华曾回忆说，早年父亲经常外出公干，忙于创建他的船队，然而对他的学习却抓得很紧，要求他除了认真完成学业外，每天还必须阅读英文的《南华早报》和中文的《大公报》，并要对相关文章写下笔记，待他回家后检查。[①] 董建华十分感激父亲的严格要求，因为这样的锻炼不仅可以培养和提高语言能力，而且也让他更多地了解国内外的大事。

董浩云平时经常在国外奔波，与子女交流的时间并不多，孩子们小时

---

① 《董建华与笔者谈话记录》（2004 年 8 月 22 日，香港）。

候大部分时间都是跟随祖母和母亲度过的，然而他对子女的爱却是发自内心，并不形露于表面。沈家桢是董家的好朋友，两家时有走动，有一次长女建平曾对母亲说，沈家父母对子女才好呢，不管他们如何顽皮，他们从不干涉，言下之意就是责怪父亲的管教太严。董浩云听到妻子讲到这件事时并没有说什么，但他并不赞同沈氏的教子方法，认为对待子女的教育就是应该从小严格要求，为此他还特地在日记上写下："愿他日我妻与建平等儿女读此节后，有所讨论也。"① 直到董浩云去世后，子女们从他的日记中看到这段记载，才更加深刻地理解父亲的谆谆教诲和惓惓爱心。

在五个子女中，董浩云最重视的是对长子董建华的培养。

董建华1937年7月7日（农历丁丑年五月廿九日）出生于上海的克美医院。就是在这一天，日本华北驻屯军在北平附近的宛平县城发动了卢沟桥事变，开始了全面侵华战争，因此这一天也是中国人民永远也不能忘却的日子。

董建华出生的时候，董浩云并不在上海，而是在天津忙于工作未及赶回。当他听到长子出生的消息后非常兴奋，即在日记上写道："上帝给他一个新生命，希望他能发扬光大。"董浩云当年的日记目前已无法找寻，但他在以后的日记中，每当董建华外出留学、大学毕业、结婚以及生子的日子里，他都会情不自禁地在日记中重复这一句话。② 由此可见董浩云对长子寄托着无限的期望。根据董氏家谱"乃呈瑞兆，建立中华"的排行，董浩云将他第一个孩子取名"建华"，更是倾注了他对国家、对民族的一片深情。在另一张董建华两岁时满脸欢笑的照片上，董浩云又写下"笑迎着大时代来临"八个大字，这同样也是对长子、对未来充满信心的写照。

1948年年底，董浩云率全家移居香港，不足12岁的董建华刚刚考入

---

① 《董浩云日记》（1953年5月26日），上册，页108—109。
② 董浩云在1955年1月5日、1960年7月7日、1961年3月18日及12月16日等不同时间的日记中都写过这句话。

上海的南洋模范中学，也随父母来到香港，转到中华中学上学。董建华学习十分努力，不仅跳级，而且还荣获奖学金，1953年7月28日，正在英国公干的董浩云接到妻子的来信，得知这一消息，自然感到十分高兴。（"知建华得跳升一级，且得奖学金，至慰。"）

这一年的8月18日，建华兄妹五人从日本飞回香港，董浩云与他们分别已有四个月，见到"华儿等均已长高，尤以华儿视之已似成人矣"，自然是打心眼儿里高兴。

1954年7月31日，刚满17岁的董建华乘船前往英国留学，舅父顾国敏要去新加坡公干，可以同船照顾一程。长子初次离家外出，做父亲的当然为之挂念，但他却没有将这种担心表现出来，只是在日记中写道："建华儿初次出门，远涉重洋，前往求学，希望勿如一般'少爷出洋'（《大公报》讽刺一班出洋学生语）而不求上进也"。此时董浩云撰写的《中国远洋航业与中国航运公司》以及《二十五年来中国航运事业之回顾》二书刚刚出版，他即将其赠送给爱儿，并在书的卷首写下几句勉励的话，希望他"从父亲的回忆里能给你多少新的启示"。在他留学的日子里，董浩云还经常抽空给他去信，一方面是关心他的生活，更重要的还是关注他的学习，并嘱咐他不要忘记中文的写作，有时还"以长函指出其错误，当有以慰之"。①

1954—1955年期间董浩云为建造新船常到法国，工作十分忙碌，新年之际特地让在英国读书的长子建华来巴黎相聚，父子同住一房。1月5日与建华返回伦敦，虽然连日旅游，疲惫不堪，但"分离在即，夜半醒来，抚稚子脸，不胜依依。回忆建华出生时，在我天津所写之日记簿中曾云：'上帝赐予这一新生命，希望他发扬光大。'不觉对他寄予无限期望"。分别后"仍以建华为念，半月来父子同居，临别不免神伤，亦天性也"。

---

① 《董浩云日记》（1958年1月3日），上册，页240。

11月4日到利物浦，建华来接，"十个月未见，高大了许多，父子聚首，其喜可知"。12月4日，与建华午餐后分手，但一直没有打通电话，直至"十时半建华始来电话，知火车为雾晚点。父盼儿归，其忆绪有如斯者，今方亲身体验到"。

1956年11月17日，"东方之星"下水典礼即将在法国举行。虽然董浩云明白让建华参加下水典礼势必耽误他的功课，但这是董氏集团新建的第一艘船只下水，意义非比寻常，所以母亲和他还是坚持叫建华从英国赶来参加。建华最初还没有理解父亲这番苦心，为之"踌躇再四"，还特地写信到香港，征询妹妹建平的意见，直到建平告诉他此乃"祖母之意：如此大事应参加，故渠来法"。

1957年8月建华自英国回到香港探亲，"渠离家三年，得与家人团圆，其喜可知，尤以渠祖母老颜必常开，欣慰不止"，而"父子共叙天伦，其乐可知"。

董浩云对其他子女也都非常关心。次子建成就读并住宿位于赤柱的圣士提反学校，1958年元旦，董浩云亲自送建成到校，因他即将离港，"故又将分别匝月，不胜依依"。

1959年夏天，建平、小平、建成等均相继离开香港前往国外升学，作为父亲，一方面为他们前往海外留学感到高兴，但同时也因子女们远离家庭而挂念。1960年4月25日董浩云飞抵伦敦，想到即将与儿子见面，心中自然十分高兴，因为"建成已有八个月未见，初次在英国见面，其喜可知"。

建平、小平在香港就读于天主教的Maryknoll书院，因而上学时信奉天主教，对此事董浩云却丝毫不知。1960年6月30日董浩云与女儿在罗马相见，无意中得知小平早已受洗，并取名Henrietta，董浩云听到这个消息后极为震动，"父女思想之不一致，我的两女竟背时代，造成此违反时代之两女，不知尚有改造之一法否。我则始终在矛盾中生活着"。作为一个传统的中国人，董浩云信奉的是儒家的学说，皈依佛教的道义，自然不会认同女儿的信仰；但他又生活在20世纪，对于西方的文明精神亦不乏了解，虽然他在内心中并不同意女儿的选择，但在行动上却也没有执意干预子女们的精神追求，实际上这也正是董浩云这代具有现代化思想的传统中国人经常所要面对着的困惑和选择。

传统与现代

应该说董浩云是一个传统的中国人，但他同时又是一个从事远洋航运的现代企业家，所以在他身上常常交织着传统与现代两种不同的思想，而表现在企业的经营方面，也同样具有传统与现代不尽相同的管理观念。

我们知道，家族企业的特点往往是利用家族的血缘与忠诚，以此来维系企业的经营和运作。同样，又在这种亲情关系的基础之上，建立起与此相对应的人脉网络。这样的结果是可以在一个比较短的时期内形成企业的凝聚力，扩大经营范围。特别是在创业之初，家族成员多能团结一致，不大计较个人的利益，从而较快地占领市场，形成一种竞争局面。当然，家族型企业也同样具有明显的弊病。由于这些企业奉行的是家长式统治，高度集权，缺乏监督，企业的领导人我行我素，投资政策趋于保守，尤其是企业经营到了一定规模之后，家族成员间的矛盾更加冲突，所谓"富不过三代"这一魔咒，就是对家族式企业生存轨迹的一个生动形容。

与家族企业相比较，现代企业管理的概念可以说始于美国的泰罗科学管理学派，其后法国的法约尔从职能管理的角度，将管理分解为计划、组织、协调和控制等几个环节。其中以人为本的现代管理理念与家族式企业的文化基因是相融的，因为家族企业的内部管理控制更加注重感情纽带、心理纽带和文化纽带之间的沟通与协调，而不仅仅依靠刚性的指标考核和制度约束。当然，如果家族企业的管理缺乏刚性的制度元素，过度泛滥的血缘、亲缘元素的弱点，又会抑制家族企业的长久发展。

一般来说，经济学家和社会舆论对于家族企业的认识大都趋于负面，他们普遍认为家族企业就是任人唯亲，不思进取，强调的是个人特别是大家长的作用，导致管理混乱，与现代化的管理模式背道而驰。然而事实并不完全如此，以华人的家族为例，他们往往注重的是中国传统文化中的忠孝伦理观念，强调的是那种亲情与传承，他们注重承诺，讲求信誉，依重人脉网络，并非一无是处，依然有其发展成功的因素。

董浩云认为他是世界上最大的独立船东，这也就是说，董氏集团属下除了"东方海外"是一上市公司外，集团下的其他公司如中国航运公司、金山轮船公司等都属于家族企业，董浩云及其家族则是公司最大的股东。这里我们仅以董氏集团的几个主要公司的股份为例予以说明。

中国航运公司。中国航运公司是董浩云最早创立的公司，1950年总公司迁往台北，尽管此后多年董浩云未能踏足台湾，但他仍掌控着公司的运营。当年公司的资本仅有新台币200万元，1964年董浩云重返台湾后不久，即将其资本分两次增资，增加到新台币6500万元，其中董氏家族在公司占有一半以上的股份，从而掌握公司的控股权。①

金山轮船公司。1940年于美国特拉华州注册，50年代初分别在香港和东京成立公司。据1978年形成的一份文件显示，该公司董事为董浩云、董建华、龚耀显和乐嘉年等共四人，总计2500股中董浩云占1750，董建华为100，其余650股为龚耀显所有。②

寿康轮船公司。寿康轮船公司原是战前在上海成立的一家船公司，注册资本18万元，因于抗战初期受到严重损失，董浩云后以低价收购了公司的股权。1964年董浩云重返台湾后即重新设立公司，并通过增资改

---

① 董浩云资料室：A2—5。
② 董浩云资料室：B2—10。

组，董氏家族掌握了公司的绝对控制权，在公司6000万新台币的资本中，董氏夫妇及建华兄弟所拥有的资本为5560万元，占公司股份的92.7%。①

华侨航业公司。1967年，董浩云为经营中欧航线，特申请在台湾投资成立华侨航业公司，并获"经济部"批准。该公司奉准输入的唯一生产设备即为"东方皇后"号客货轮，该轮价值为美金425万元，其中中国银行同意保证分期付款之美金约290万美元外，公司股东实际投资为135万美元。1979年，董浩云决定将该公司所衍生未曾结汇之净利及孳息提拨新台币13960000元转投资购买寿康与中航之股票。②董本人包括其夫人及二子共有股票120000股，合新台币48000000元。

海外航业工程公司。这是董浩云购买浮动船坞后准备在台湾成立造船厂而特地设立的公司，股份共5000股，董浩云一人即拥有3600股，连同顾丽真及二子各100股，是公司最大的股东。③

在董浩云资料室保存一份1972年包括董氏集团公司 Foundations Overseas Agencies INC（FOA）投资拥有所有船舶公司名称以及董氏集团属下的各部门结构图，如 C. Y. Tung & Company（Asia）S. A. Group、C. Y. Tung & Co.,（Liberia）INC、Maritime Investment Corporation Panama、Orient Overseas Holdings Inc. Group、Chinese Maritime Engineering Company Group、C. Y. Tung Finance（Holding）Inc 等，④从中可以大致了解董氏家族企业的布局。

根据1980年1月14日编辑的资料，可知当时董氏集团在台湾航运投

---

① 董浩云资料室：A2—15。
② 《华侨航业公司致经济部投资审议委员会函（1979年11月23日），董浩云资料室：A2—15。
③ 董浩云资料室：A2—15。
④ "C. Y. Tung Group Affiliates Structures（1972）"，董浩云资料室：A3—10。

资分布的情形：由华侨航业公司（资本新台币 77000000 元）转投资：一、寿康：1750000 元，合计资本新台币 48000000 元；二、中航：12210000 元，合计资本新台币 120000000 元。另外，董氏集团各单位投资复兴航业公司的股份情形为：寿康（30590 股），利平（13600 股），义安（7940 股），大振（19670 股），董浩云（8780 股），合计 80610 股，按每股美金 5 元计，共计为美金 403050 元。①

传统的家族企业由于受到内部人际关系的掣肘，缺乏吸纳人才的视野，较难形成创新的氛围，但现代的家族企业通过正常的循序渐进的制度建设，通过引进和完善经理人制度，其实也可以形成包容与鼓励创新的氛围和机制。传统的观念认为，所谓"富不过三代"是说，第一代创业，筚路蓝缕，惨淡经营，第二代接受良好的教育，追求社会地位，从政，即先富后贵，到了第三代，既富且贵，已经没有什么可以追求的了，失去了创业的动力和冒险的精神，享受前人创下来的财富，花天酒地。然而董氏家族企业的发展却打破了这一魔咒，子承后业，不但力挽狂澜，将家族事业转危为安，而且还能进一步发扬光大。

董氏企业能够发扬光大的原因很多，其中很重要的因素是注重以身为教。以董浩云、董建华父子为例，他们时时事事都能以身作则，团结下属，在家族和企业内具有高度的凝聚力，对航运事业充满热情，所以董氏企业方能与时俱进，不断创新。

我们从董浩云的班底的构成来说，在他创业之初，曾得到虞洽卿、钱新之、叶绪芳、顾宗瑞、杨管北等众多业界前辈与同乡先贤的支持，公司的最高领导层皆是与董浩云相识多年，如董汉槎、陈公亮、卓牟来、龚耀显、陈士金、程云庆、俞丹骝等管理经验丰富、社会关系极强的老朋友。而他的部属包括任家诚、黄次法、邵曾华、宋心冷、沈骅、阮乔坤、吴长

---

① 《龚健声致董浩云函》（1980 年 1 月），董浩云资料室：A2—15。

赋、宣伟、陈景岩、吴天养等，都是跟随他多年一起创业，忠心耿耿、责任心强的得力干将；还有一些人则是他的亲戚，如朱世庆、张翊栋（连襟）、乐嘉年（外甥）、陈启祥、许琦（外甥女婿）、梁敏行、宣钏（侄女婿）。当然，他的两个儿子则是最重要的继承人。

与中国传统的商人一样，董浩云也十分注意子女的联姻，因为他本人就是得到岳父顾宗瑞的支持才在事业上突飞猛进，对于这点他是深有体会的。

在董浩云的姻亲中除了长子董建华的岳父赵卓如长期在香港从事建筑及地产外，其他几家可都是中国近代史上颇具地位的人物。次子董建成，媳温子华（祖父温应星，美国西点军校毕业，曾任清华大学校长、财政部税警总团中将团长。父温陵雄，留美博士，曾任美国多家公司工程师。叔父温哈雄曾任国军联勤总司令，陆军上将。温子华也是孔祥熙长女孔令仪的干女儿）；长女董建平，婿金乐琦（父金维贤，曾任职于美国中国银行，后从事保险业，祖父金润泉、外祖父史久鳌均为中国银行的元老）；次女董小平，婿彭荫刚（父彭孟缉，国军高级将领，二级上将，蒋介石的心腹，曾任陆军总司令、参谋总长及驻外大使）；幼女董亦平，婿刘广斌（父刘攻芸，新加坡华侨，曾任大陆时期国民政府中央银行总裁、财政部部长）。尽管董氏子女的婚姻大多自由恋爱，并非均由上辈做主，但事实却说明，家族联姻及由此产生的人脉关系对于董氏企业日后的发展的确发挥了极为重要的作用。

事业传承

每一个企业家当他事业取得一定规模之后，都会遇到同样的问题，那就是如何面对竞争和挑战，不断发展，不断进步；如何选择和培养接班人，顺利交接，并将其事业发扬光大。作为一个中国的企业家，特别是第一代的创业者，董浩云自然十分重视这一问题。

董浩云是第一代创业者，他一生崇尚节俭，甚至外出公干时，还自己洗衣袜，日记中有时也会记载这些内容。1948年3月董浩云奉命乘船前往美国购船，"昨晚曾洗衣七件，今感手甚酸。俭以养德，但愿儿辈能了解与奉行也"。后来虽然他富可敌国，但平日的生活却十分勤俭，乘飞机有时还乘经济舱。他不喝酒，不抽烟，平日饮食非常简单，外出用膳亦极为节省。据他的好朋友、著名中医师陈守仁回忆，有一次在九龙一家饭店用餐，正好遇见董浩云夫妇也在那里吃饭，陈守仁客气，一定要代他们结账，结果他们夫妻二人的账单还不到三块钱，而这家饭店的一碗三丝面就要三块半。陈守仁大惑不解，这时侍应告诉他，他们两人每人只是各点了一份最便宜的面片儿，每碗只需一元二角。还有一次陈守仁在剧院看电影，他买的是票是每位二元四角的楼上佳座，而他看到董浩云却坐在前排普通的位子上，票价只有一元一角。

董浩云一生足迹遍于世界五大洲四大洋，他与时俱进，具有现代化的国际意识。早年董浩云的企业与大多数中国传统企业一样，脱离不了家族色彩。50年代中期，一位欧洲驻港银行的专家向他建议，要想让企业取得更有效的增长，必须改变家族经营的管理模式。董浩云认为有道理，立即付诸实施。于是他支持其兄兆丰另外投资经营保险公司，并且负责旗下船只的保险业务；又鼓励其弟兆裕独立经营仓库公司，但同时仍负责集团的仓储业务。与此同时，董浩云四处网罗专业人才，目的就是要让公司朝着专业化、知识化和多元化的方向发展。

但董浩云毕竟还是个中国人，并且深受中国传统思想的影响，儒家的忠义孝悌等思想在他心底留下深刻的烙印，他的骨子里仍然信仰的是血浓于水的道理，这在他挑选家族企业继承人的问题上表现格外突出，那就是传子不传女，尤其是对于长子的培养更是寄托着无限的信任和希望。

董建华1960年7月于英国的利物浦大学毕业，董浩云夫妻特地参加毕业典礼,见到"建华亦御学士袍,我与真妻目睹建华学成,颇感庆慰兴奋"。大学毕业后,董建华便遵照父亲的意愿,在父亲老朋友、著名的银行家李馥荪的介绍之下,前往纽约的美国通用电气公司工作。1961年3月,董建华在纽约结婚,妻子很快就怀孕,5月21日董浩云得知这一喜讯,兴奋良久,他在日记中写道:"晨与建华谈甚多,渠将为父亲,我则为祖父矣,岁月催人,为之抚然。"

经过两年在大型跨国企业的磨练,董建华方被父亲召回,董浩云派他到董氏集团的纽约分公司任职,先从基层做起,一步步积累经验。1963年5月,董建华作为董氏集团的代表首次前往台湾公干(当时董浩云还没有机会重返台湾),随后又相继前往韩国和日本视察业务,这也是董浩云为他安排的一次重大考验,其表现让父亲很是满意。1969年董浩云将董建华调回香港总公司工作,7月29日,中国航运公司召开董事会,董建华被推选为公司副总经理,主要负责公司的财政,从此走上董氏集团最高领导层。

1969年6月24日,"维量"号在佐世保船厂下水,董建华代表船东发表演说。董浩云目睹儿子的迅速成长,心中自然十分高兴,他在当天的日记中写道:"建华演词尤为出众,芳嫂笑谓青出于蓝。"1971年7月23日,董氏集团与石油公司洽谈出售油轮事,"建华代我主持,已显成熟"。十多年之后,刚过不惑之年的董建华便正式接替父亲的重任,坐镇香港,统筹全球庞大的货物营运,成为董氏航业集团的负责人。1981年,英国的《泰晤士报》曾褒奖董建华为香港最显要的商人之一。

次子建成,在英国大学毕业后即赴美国麻省理工学院攻读硕士,1965年11月毕业后也先被送到美国通用电气公司工作,待到积累一定经验后,再回到董氏集团的航运公司任职,主要从事北美和南美洲的业务。董建华1969年调回香港总部之后,建成就全权负责纽约公司的业务,责任重大。董浩云的老朋友俞丹骝曾向董浩云建议,不要让他们兄弟二人成天困于日常事务，而是要将眼光放大，必须考虑其他领域的重要政策，譬如国际货币的动荡与时局变化间的关系，譬如如何应对目前运价下降的趋势，再有就是以往出租船只因无保护条款所引起之损失是否有交涉余地，而目前保险费价格日益上涨，是否可以重新考虑保险内容等等。[①]董浩云认为这个建议很有道理，必须要让他们扩大视野，不断吸收新的知识。董浩云不仅言传身教，而且还在工作中随时对他们加以指导，对于建华兄弟所取得的进步，虽然他很少当面嘉奖，但在日记中却常常表露出对儿子成长的喜悦之情。

　　1977年夏，董浩云突然在纽约公开宣布，他已从事航运40多年，打算最近将集团的管理大权交给两个儿子负责。这一消息传出后，立即引起业内和舆论的极大关注，虽然董浩云已经65岁，早已超过一般行政人员的退休年龄，可是作为一名企业家、特别是享誉全球的世界船王，他怎么可能舍得放下亲手创建的事业而轻易言休呢？就连他的儿子和熟识的亲友听到这番话也都回以微笑，在他们看来，董浩云还会继续指挥这一庞大的海上王国，朝着既定的目标前进。[②]事实也是这样，表面上他的两个儿子建华、建成接替了公司的主要管理职务，长子建华主要坐镇香港，管理东方海外的货物运输，次子建成则长驻纽约，负责北美和南美的作业，然而集团所有重大的决策和方针，还是必须由董浩云亲自决定。董浩云自己也承认，目前他的精力主要集中在投资决策、财务安排以及和石油公司谈判的工作上。

　　早在1970年1月中旬，董氏伉俪就在香港分别拟定了遗嘱。其后几年，董氏集团发展的速度很快，董浩云又想起重新订立遗嘱之事。1977年10月15日，他曾与俞丹骊、乐嘉年、金宝善"谈我遗嘱问题及银行股事"。

[①]《俞丹骊致董浩云函》(1971年6月10日)，董浩云资料室：A3—33。
[②] Christopher Haymen, "The Cheerful Mr. Tung", *The New York Time*, 22July, 1977.

1979年4月，金宝善根据董浩云的旨意，聘请律师Vine对于董氏伉俪旧遗嘱的事宜予以处置。在这些文件中有董浩云亲笔书写的具体安排以及对股份分配的意见，其中董浩云建议将香港的多家公司都转到董建华名下。①

1981年，也许是董浩云觉得自己年事已高，应对后事有所交待，因此当年他主持草拟了两份相关文件，对于家族的产业作了具体的分配。1982年1月，这两份文件由董建华亲自带往日本，并由许之琦存在东海银行的保管箱中。②

按照董浩云的设想，他将家族的资产大体上分为航业集团及非航业集团（主要是房地产）两大部分，并分别制定了保管总则。③其中"航业集团信托保管总则"强调，"本航业集团经营航运业务已达五十余年，目前拥有各种类型之船只已逾百余艘，合总吨位千余万吨，为世界著名之私有船东组织"。为了保持其成就并进一步扩展这一航业王国，决定成立信托保管委员会，"委请董浩云、董顾丽真及董建华三人为委员，负责保管、经营本集团，希冀成为永久机构"。为此"总则"规定集团内所有机构之流动与固定资产以及对外联合投资，均由保管委员会全权保管，并委托经理人根据保管委员会之指示经营发展；委员会成员及经理人不得私自将本集团资产分拆、出让或移转；保管委员会成员若有出缺，应先由董建成递补，若再有出缺，则由董建华、建成会商补选；并委派董建华为经理，董建成为副经理，全面负责集团的日常经营和运作。

除了航业资产外，董氏集团还在香港、新加坡、美国等地投资，拥有不少房地产，价值不菲。因此董浩云决定将该部分资产予以合并，最高层

---

① 《金宝善致董浩云函》（1979年4月30日）及其附件。董浩云资料室：A3—11。
② 《金宝善致董浩云函》（1982年1月13日）。董浩云资料室：B3—10。
③ 《董氏航业集团信托保管总则》和《董氏房地产投资集团管理总则》均收藏于董浩云数据室：B3—10。

组织为 Tung's Universal Development Holdings INC，简称 TUDHI，所有资产平均分为八份，除董浩云占两份外，夫人及五个子女各占一份，可由本人持有或转赠子女，亦可以市价出售给上述股东，但不得转让与本集团以外之人士；集团经营及行政管理由董建华全权负责，董建成于旁襄助，其余股东不得干预。与此同时，董浩云又制定了一个收购其三个女儿股份的办法，即由董氏航业集团各年度盈余项下每年提取 600 万美元，暂以五年为期，最初三年 1800 万美元，作为收购三个女儿名下房地产投资集团的股权价款，其后二年 1200 万美元则作为发展房地产投资集团的营运基金；所收购三个女儿名下的股权，则由董顾丽真、董建华和董建成三人各受一份，新股东享有房地产投资集团所规定之权利。

根据 1981 年底董氏集团的资产统计，净资产约为 2.61 亿美元。

	Assets	Loans	Net Equity
Shipping Group	US$858.7M	US$641.0M	US$217.7M
Agents Group	75.6M	11.6M	64.0M
HK & NY Real Estate & Other	101.5M	83.6M	17.9M
Maritime Union Assurance (Holdings) –100% investment of US$5,000 –net equity	12.4M	——	12.4M
Other Bank Loan & bank Overdraft Facilities	——	91.8M	(91.8M)
	US$1,048.2M	US$828.0M	US$220.2M
Cash and Bank Balance			41.0M
Total Equity			US$261.2M

数据源：董浩云资料室：B3-10。

然而就在这个时候，一场巨大的风暴，正在向董氏集团慢慢逼近，董浩云父子即将接受这场新的考验。

创业与守业

俗话说创业难,守业更难,从董氏家族事业的发展历程中或许也能更加深刻地领会这句话的含义。

我们可以从董氏父子的经历、作风、生活习惯等方面作一比较。

董浩云曾在一篇回忆文章中说:"我本人自幼即对海洋发生兴趣,以船为第二生命。"[①]而且他一直以当年郑和七次下西洋的壮举作为追求的目标。明清两朝的闭关锁国、故步自封,使得原本领先于世界的中国航运事业停滞不前,以致"当世界各国如英、美、法、日、德、义以及北欧挪威、瑞典、丹麦随其经济与军事上需要,建立世界性航海事业,艨艟万里,扬威海外,并已自数百吨机帆船而进入八万余吨伊莉萨白号邮船时代,我国所有轮船仍停留在弱小而又古老的落后阵容中,在国际海运事业上,简直无法插足"。[②]因此他很早就将其个人的事业与国家的前途结合在一起。他曾在一篇文章中这样写道,经过多年的奋斗,如今"中国航海事业无论在吨位上或技术上,经共同努力,都已在世界占得重要的一席。不管是民营或国营,在国际均势重行划分中,中国国旗必将因船舶航迹所至,飘扬在世界任何的一角"。这就是一位世界船王毕生的追求和理想。

董浩云是白手起家的第一代创业者,他没有接受过正规的高等教育,所有知识(专业与语言)都是在工作实践中刻苦学习而取得的,而他的事业发展,更是胼手胝足、历经磨难而亲手开创出来的。与父亲不同的是,董建华、建成兄弟都生活在一个富裕的家庭中,自幼就接受良好的教育,并都毕业于国外的名校。他们的成长经历基本一样,都是大学毕业后先在美国通用公司工作,积累经验,然后再调回家族公司,逐步掌管企业的重要部门。相对来说,他们所经历的道路是十分顺畅的。

---

① 董浩云:《历尽沧桑话航运》,载《中国远洋航业与中国航运公司》,页60。
② 董浩云:《中国远洋航业》,载《中国远洋航业与中国航运公司》,页2。

董浩云自幼即热爱大海，自踏足社会后即从事航运，50多年从未改变理想，他是将远洋航运事业视为生命的重要部分，尽管他亦曾进行过地产开发、银行投资等行业的经营和尝试，但却是自始至终将远洋航运事业视为毕生追求与奉献的目标；由于建华、建成兄弟自幼就受到父亲这种思想的影响，因此他们对于航运事业也同样充满了感情，他们投入社会的主要工作就是经营家族的远洋航运，并终身为之奋斗不已。

从性格上来分析，董浩云乐于交际，擅于结交新知旧友，特别是喜欢排场，讲究热闹，他争强好胜，遇事往往在乎争第一；相较而言，董建华兄弟在这方面就显得比较低调，为人脚踏实地，不事张扬。从个人的生活方式上来看，董浩云十分简朴。譬如他一年之中有多半时间周游各国，但他乘飞机却常常不坐头等或商务舱，住旅馆或者是平时用餐也都相当随便，甚至出门在外还自己洗袜子，这对于一个亿万富翁来说，简直是匪夷所思。在这一点上，建华兄弟与他父亲倒是十分相像，为人好客，待己节俭，不事铺张奢侈。

董浩云认为自己身负重任，常将其个人的事业与国家民族的复兴联系在一起。他有理想，有抱负，然而他性格冲动，有时会感情用事。譬如收购"伊丽沙白"号邮轮改建"海上学府"之事，他的亲属和部下都认为这是件赔本的生意，劝他不要去做，但董浩云却执意不悔；再以建造"海上巨人"为例，原本董浩云在日本购置的这艘巨型油轮载重量为41万多吨，但因其吨位尚未达到世界第一，因此董浩云又在原厂将其分割，在中间加长的部分予以连接，新船总重量达56万多吨，成为世界之最。然而这艘全球最大的油轮下水后一直都没有满载，因此从经济意义上来考虑，这又是得不偿失的。70年代末，世界航运业出现空前的灾难，一方面是大量的船只无货可载，但同时一大批新船又源源不断地下水，特别是那些厂家为了推销新船，往往提出极为优厚的条件。面对着这场危机，有的船主选择弃船上岸，然而董浩云却认为这只不过是一个短暂的过程，而自己则正好可以利用这一时机扩充旗下的船队。相对来说，建华兄弟就要冷静得多，在这关键时刻建议收缩投资，不应盲目扩张。在这个问题上董浩云表现得相当固执，为此事他曾不止一次地在日记中流露出对建华兄弟保守思想的不满。

两代人在经营理念上发生的分歧，或许就是感情与理智上出现的碰撞。董氏父子两代人因为成长的环境相异，经受的历练不同，因而有为人处事方面的高调与低调、经营理念方面的进取与保守的差异。在董浩云看来，儿子们可能是没有能充分理解他愿为中国远洋航运事业奋斗终生的良苦用心，但大量的事实说明，董浩云父子两代人对国家与民族的感情是相同的，对于航运事业的理想和追求更是一致的。

1982年4月15日董浩云猝然去世，而此时董氏集团其实已经潜伏着一场严重的危机。董建华全面接班后不久，董氏集团就因负债沉重而面临破产的危机。在公司经营遇到严峻考验的关键时刻，董建华兄弟临危不乱，想方设法，四处游说，最后在各方的支持下重组债务，终于转危为安。董建华兄弟不仅继承了父亲亲手创办的航运事业，并且不断将其发扬光大，"东方海外"依然屹立在香港，并在世界航运界中占据重要的地位。

董浩云摄于1929年,时年17岁 　　　董浩云的岳父顾宗瑞

董浩云伉俪结婚周年时的合照

1942年在上海法藏寺董太夫人六秩寿庆合影。右五为董浩云，左五董浩云夫人

董浩云与哥哥董兆丰（右）
合照于上海

1971年董浩云五兄妹在香港美国俱乐部合影。后排左起：
兄兆丰、董浩云；前排左起：妹梅凤、弟兆裕、姊梅兰

1946年的董浩云"全家福"

1956年11月20日,董浩云伉俪出席董氏集团第一艘新造货轮"东方之星"的命名礼。图为前往法国FCM船厂时在巴黎火车站包厢车前留影

董浩云夫人1956年主持"东方之星"在法国里昂举行的掷香槟下水仪式

20世纪50年代董浩云儿女在香港九龙塘寓所门前

董建华(右)与董建成1961年摄于英国 Windermere Lake

董浩云伉俪庆祝结婚纪念日

十七　魂归大海

积劳成疾

董浩云年轻的时候就体弱多病，因而未能完成学业。20岁那年父亲突然病逝，当时董浩云在天津航业公司工作，等到他闻讯匆匆赶回上海时，竟没有能见到父亲最后一面。

父亲的去世对他打击很大，因悲伤过度，原本身体就比较虚弱的董浩云心脏病复发，不得不向公司请假，由天津回到家乡宁波休养。当年冬天，他在宁波玉皇寺练习坐禅，历时三个月，竟大为好转。从此董浩云坚持每天早上打坐，当心脏发生不适时，亦以打坐静息，调适休息。

然而董浩云的心脏病并未因此根治，随着年龄的增长，他经常感到身体不适，在日记中亦常记载他看医生的情形。譬如1951年7月8日他访问巴西时，就曾在里约热内卢的医生处全面检查过身体，包括验血、验尿及照 X 光，检查的结果是心脏肥大，需再次诊视。他的心情很是不好，"抑郁异常，心脏又感不舒"。第二天他又在巴西的卫生署量血压，80/140，于是放心很多，但是到了晚上"病大作，吐，又受寒，心脏愈受压迫"。在这之后，心脏不适亦时断时续，特别是过了 50 岁之后，心脏不适的感觉愈发频繁。他在 1965 年 3 月 5 日的日记中写道，自从 1964 年 12 月 6 日 "发生心跳以来，情绪欠佳，完全为心理作用，希望到美彻底检查，作身心疗养，发愤自强"。一个星期之后，董浩云在美国 Dr. Bruenn 处诊治，"重做心房跳电流图、验血等检查，结果认为一切甚好，仅系过劳而神经失其正常"。但他还是不放心，3 月 31 日又经介绍找到宋子文的私人医生 Dr. Vicale，"据告检查结果良好，Organ 决无病"，因此"衷心为之大慰"。然而到了这年的 9 月 10 日，他又感到自己的身体愈来愈坏，"时感头眩"。回到香港后遵从陈存仁和张覃启两位医生的建议，休养了两个多星期，并聘请了一名看护，夜间负责照料。9 月 27 日再飞往纽约，亦到 Dr. Vicale 和俞自强医生处检查，医生仍对他说没有什么问题，只是神经紧张而已。

据著名男低音歌唱斯义桂的夫人、钢琴演奏家李蕙芳回忆，大约在 70 年代，董浩云曾请她将其心脏的 X 光片交给一位专为宋美龄看病的著名医生诊断。这位医生仔细观察了片子之后，得出的结论是董浩云的心脏病很严重，寿命恐怕不会太长。但她并没将实情告诉董浩云，只是希望他精神要开朗，不要有什么思想负担。① 董浩云亦曾在 1975 年 7 月的日记中提及，斯义桂夫人致电劝他今后要多休息，少做事，因为她说医生曾看过他的心脏报告。他在 7 月 15 日的日记中还写道，医生曾亲自向他解释，数年前在台北所做的心电图已发现有血管阻塞的病状，目前虽然没有出现恶化的征兆，"但今后宜小心，减少工作负担，少顾虑，少有野心"。

---

① 董建平访问斯义桂夫人，2001 年，旧金山。

话虽然这么说，但他是一个热爱海洋、热爱工作的人，整日奔波，常常忘了自己的健康。为了集团航运事业的发展，董浩云一年中几乎有大半年时间是在国外度过的。以1974年为例，根据他日记上的记录统计，这一年光是乘坐飞机就多达96次，这还不算其他乘搭汽车、火车和轮船的记录。他的行程遍及亚洲、大洋洲、非洲、美洲、欧洲五大洲，三十几个国家，有的地方只是停留一两天就走，平均四天就要乘搭一次飞机，经常是时差还没有调整过来，就赶着再出发了。这样频密的飞行，不要说是一位年过六旬的老人，就是一个年轻力壮的小伙子身体也吃不消。

造成他精神紧张的另一个重要原因也和他的事业有关。远洋航运的兴衰存在一个周期性的波动，以往董浩云果断决策，经常是从"危"寻找"机"，以致他的船队能够在一个不太长的时间内迅速发展。70年代末席卷全球的能源危机导致航运业萧条，董浩云原想再利用这一机会扩大旗下的船队，但没想到此次危机周期之长超乎预料，导致集团内的资金链出现问题，事业受阻，压力太大。由于对前景过于乐观，董浩云的决策出现失误，购船、造船过多，因此大环境尚未好转，集团内危机已经出现，对此董浩云嘴上虽然不说，但心中有数，以致脾气不好，经常为一点小事就发火，在他晚年的日记中就常有这方面的记载。譬如1981年12月8日，"办公室又发脾气"；1982年2月12日，"家餐，又闹脾气，入晚又感心跳加快"；就在去世的一个多月前，他还为公司的人事安排"怒责"多年的部下，以致第二天在日记中写道："昨、今又为银行分行执照被拒发事大动肝火。"4月4日，就因为妻子不愿到"香岛小筑"午餐这么一点小事"又发脾气"，事后又感到"真是愧对真妹"。

他的子女们也早就注意到这一情况，因此非常担心父亲的身体。1981年9月12日，长女建平在向父亲贺寿的信中就多次提到希望他"心静气平，永远健康"，因为她"眼见爹爹常常满肚不高兴、紧张的样子，心里难过得很，不知道怎么样帮您解除那种忧愁"。

据他的好友宋心冷回忆，董浩云晚年时肝火过于旺盛，常常出现脾气焦急暴躁的情况。事后想起来，这已经是内脏出现疾病的一个显著征象。著名中医师陈存仁也意识到这点，他曾将其撰写并由张大千抄录的一首《乐天长寿辞》赠给董浩云，就是希望他心态保持宁静，遇事不要激怒。辞曰：

心理卫生，近代渐盛；养性修身，早垂古训。人生疾病，外因易防；七情六欲，内贼难当。愤怒烦恼，抑郁悲哀；神明内疚，百病之阶。健康要道，端在正心：喜怒不萦于胸襟，荣辱不扰乎方寸；纵遇不治之疾，自有回天之功。毋虑毋忧，即是长生圣药；常开笑口，便是却病良方。养生只此真诠，长寿无他奥秘。昔时七十已称稀，今后百龄不足奇。随遇而安，无往不乐；优哉悠哉，同登寿域。

董浩云收到这张条幅后极为珍视，特地将其装裱后悬之座右。他当然明白朋友的好意，曾对陈存仁说："此辞所写虽皆药石之言，亦不啻专为针对余之良言，深表感谢。"然而江山易改，本性难移，一旦遇到急事，董浩云着急上火仍然如旧。按理说，他身边应该有一位心脏专科医生经常诊视，平时更要有经验丰富的护士出入相随才是，但他平日却过于自信，没有将身体出现的异常状况当回事。此时董浩云已近古稀之年，已将事业交给建华、建成两个儿子打理，本应安心休息、颐养天年，但他总是不放心，特别是当时国际航运危机并未解除，他的内心仍放不下他多年打拼、辛勤创下如此巨大的航运王国。

这一时期家人及亲友的相继去世也对他的心理造成巨大的刺激，如亲家温陵雄（1979年10月15日）、老朋友张公权（1979年10月13日）以及严俊、徐吁、施震等人都先后离开人世，对他的打击很大。他曾在1980年10月6日日记中写道："老友凋谢，至为震悼。"同年11月23日董浩云到纽约后,曾特地去医院看望老朋友贝淞荪,然而此时贝已人事不清,董浩云不禁慨叹:"人生到此阶段亦云解脱矣,我如何?"

特别是1981年1月和8月,大姐和母亲的病逝,对他的打击极大。1月9日,当他听到大姊去世的噩耗,"姊弟情深,悲痛毋既,接电话不禁泪下"。而8月18日,当董浩云匆匆从纽约赶回香港时,母亲已于当日凌晨病逝,他闻讯后强忍悲痛,立即从机场赶往殡仪馆,当他看见母亲的遗体时,才放声大哭:"泪流满面,不孝儿子回来了!"

1982年3月7日,董浩云收到赵如兰的来信,说她的父亲、著名的语言学家赵元任先生已于2月24日去世。董浩云与赵元任夫妇结交多年,当年"东亚巨人"下水时的赞歌还是赵元任亲自谱的曲,此情此景,恍如眼前。董浩云接到来信后,心中"悲悼莫名",更是为之"感喟良久"。他强忍悲痛,并在回信中安慰赵如兰,称赞赵先生"替人类、社会做了最重大工作与名贵的贡献,亦可告无憾了"。没想到一个多月之后,董浩云也告别了世界,而这句话也同样可以告慰他的在天之灵。

临终征兆

自1977年开始,可能是年龄大了,董浩云日记的内容记得非常简单,平时只是记些每天的大事,很少再记载过去那些关于人生感悟的文字。但值得注意的是,此时的日记常常出现他感到身体不适的记载。

1979年10月25日,董浩云自东京出发,先后到访旧金山、纽约、伦敦、巴西等地,直至12月13日才回到东京,时间长达50余天。旅途中身体不适,睡眠欠佳,特别是经常感到胸痛,因此这段时间的日记多是这方面的记载。

11月1日,从伦敦乘飞机飞往纽约,抵埠后感到非常疲惫,"今后宜多珍摄"。6日日记:"今晨二时又感不舒,望今后善自珍摄,午夜尤宜安定，而不可彷徨无主。"

11月8日他到Lisio医生处看病，并照X光及进行验血、心电图等全面检查。其结果"一切尚称良好，使我增进信心"。

11月25日，"上船未能勇敢地爬梯，今不如昔。今晚又感欠妥"。

11月28日，"又感不舒"。

12月14日董浩云长途跋涉后终于回到香港，他在日记中写道，此次旅行"历经种种虚惊，今后宜自珍摄"，并以"天行健，君子当自强不息"来勉励自己。

1980年2月25日，董浩云应邀前往达特茅斯学院演讲，然而"今晚竟不能入睡，胃不舒服，影响睡眠"；翌日"七时动身时发现有微热，静坐后脉搏竟达百跳"。

6月13日，自纽约回旧金山，"今晨三时又感不舒，今后宜彻底加意珍摄，至要"。

7月25日，由洛杉矶飞旧金山，"今晚又感不舒，担心心脏不流血，其实还是吃力之故，今后宜改"。

8月21日，从巴西飞返纽约，"晚一夕数惊，颇以康健为虑"。

9月14日，在香港请著名中医陈存仁为其诊治，陈"认为心脏良好"。

9月28日，由东京飞往旧金山，"又感不舒"，以致未能按原计划参加活动。

11月20日在纽约家中晚餐时，突然感到心脏不舒。第二天，顾丽真陪同下到Lisio医生处检查身体，"心电图如五年前，昨实由过分辛劳所致，今后宜改"。然而几天之后"又感不适"。

12月9日在伦敦，竟"全夜不能入眠，今晨并有微热。踌躇再四，仍动身飞巴黎"。当晚又返回英国。

12月13日晨一人飞回纽约，"过去两周，一夕数惊，今后宜求安定"。同时又对自己提出："一切革新，一切革新，必须努力，摆脱一切，修养身体。"到纽约的当天即与俞医生见面，俞嘱其晚间睡眠，身旁一定要有看护照顾。

12月17日，从纽约飞东京，"因长途飞行十四小时，颇感不适，全夜不能入眠"。第二天请张国联医生为其看病，"亦说无病，但一夕数惊"。次日"六时醒来，遍体乏力"，但是方东美介绍来的女医生诊治后"仍说无病"。

12月21日回到香港，请陈存仁医生诊治，之后数天都在香港休养。

1981年1月11日在纽约，上午休息还好，不料下午"又感不舒"。13日下午去医院，"放在身上一录音机，收听心脏动作，以作参考"。15日，到Lisio医生处，"心脏记录结果甚好，但医生说有事，嘱我照X-ray，胸有流汁，嘱服lasix"。第二天医生来电话，"X-ray Check无恙，大慰"。19日，自己也感到"身体有进步，希望持之以恒，静养静养"。而且"觉渐渐体力恢复"。

1月31日在香港，午餐时"又感不适，今后宜自强"。

此时董浩云似乎已经感到健康欠佳，于是吩咐金宝善代其整理事业发展计划及财产分配方案。3月18日，"下午宝善兄将我事业之大计划与各项分配办法写好"，"一份留港，一份带美"。6月8日，"我将全部船产事业交'信托'Trust，此事为百年大计"。

6月22日在纽约，"今晚竟不舒"，以致第二天即在日记上写道："近来精力衰退，宜好好清心。"然而27日，夜间又"惊梦不舒"。次日又告诫自己，"今后宜加紧静心寡欲"。

6月29日，"今晨又感软弱，及后稍愈。"下午到Lisio医生处看病，"血压、心脏正常，始告放心"。

8月12日，在巴西的里约热内卢"又感不舒，且脉跳九十"，看了医生之后仍"整晚不舒"。

9月8日由东京飞香港，"上机前又感不适"，虽"离家时无热度，但脉搏加快"。9月12日,"昨晚失眠,又感不舒"。于是请中医陈存仁治疗,"食中药"。

10月24日在纽约,"又使我失眠而感不舒"。晚上与妻通话,"真亦说不舒,为之两地相思"。

因母亲去世而受打击,"四月来情绪欠安及忧伤,且担心自己身体",因此10月27日又去看医生,告之一切良好,结果忧虑"一扫而光"。然告诫自己"今后希振作精神,善自摄养"。

12月11日在香港,"常感头晕,宜如何珍重?"

12月16日,"昨晚深夜三时半惊起,又闹不舒,脉搏突快,四时始正常。日来常疲倦,今后尤宜少做事,多休息。"次日"又感不舒,独先返家",第二天再看医生,结果"血压、心脏,一切正常"。

1982年2月7日在伦敦,"晚又感不舒,入睡后渐入佳境"。

2月17日在纽约,"昨未睡好,又怕血压高,因而迟至十时半起床"。下午去看Lisio医生,"诊视结果,初步甚佳,血压正常,显为过劳引起,今后宜改,早返早睡"。

在董浩云保存的资料中有几份他的医生写给他的信,附有相关的化验报告,其中1979年11月和1980年12月,美国纽约市的Lisio医生分别为董浩云作了两次全面的体检,所有的检查,包括血常规、尿液等指标一切都正常,X光和心电图也与两年前一样,并未出现变化。

为了慎重起见,鉴于董浩云曾有过心脏病史,1981年1月13日,Lisio医生还介绍他到另一位专科医生Delman那里作了24小时心脏调试,其结论是,除了发现心脏有些早搏的现象之外,其他一切亦都正常。然而就是这样,在没有什么先兆的情况下,董浩云却猝然去世,而且从发病到去世,整个过程仅仅只有几个小时。

去世经过

应该说董浩云的猝然去世有多种因素,但最终激起他病发的却是一件小事。

按照董浩云的习惯,董氏集团每一艘新船建成下水,他都要举行隆重盛大的典礼,并邀请世界上的著名政要或财团大亨的夫人担当命名人。1982年4月18日原定在台湾为刚刚翻修的"宪章号"客轮举行下水典礼,特别邀请到摩纳哥王子雷尼尔(Rainier)和王妃葛丽丝·凯莉(Grace Kelly)前来主礼。这在当时是一件轰动舆论的大事,尤其是曾主演电影《希茜公主》的凯莉,当年这位事业辉煌的好莱坞巨星突然决定下嫁摩纳哥王储,从此退出影圈,留给世人许多谜团和遗憾,因此众人都期待着目睹这位息影多年的王妃的倩影。

董浩云是摩纳哥王国驻香港的荣誉领事,邀请王子和王妃前来剪彩自然是天经地义之事;但旁人不知道其中有更深的一层涵意:25年前的4月18日正是这位著名的好莱坞影星下嫁王子的日子,而王妃及贵宾横渡大西洋、由美国前往欧洲,搭乘的也正是这艘"宪章"轮。为了表彰董浩云一生献身航运、致力于"四海一家"的功绩,1981年4月,摩纳哥王国指派他为驻香港的荣誉领事,董浩云为此曾在儿媳温子华的陪同下,亲自前往摩纳哥予以答谢。途中董浩云向温子华谈起摩纳哥王妃当年的爱情故事,说到这里,一个想法突然出现在脑中:旗下"宪章"号客轮正计划装修,而凯丽丝王妃当年就是乘搭这艘邮轮前往摩纳哥,从而与雷尼尔三世结下这段美满的姻缘。若再能邀请王妃为"宪章"新轮重新命名,岂不又将成为一段佳话?经过董浩云的热情邀请,摩纳哥元首欣然同意。然而这个本来完美的计划,却被一件突如其来的意外彻底破坏。

按照既定计划,雷尼尔伉俪将乘搭法航班机于4月14日先行抵达香港,逗留数日后再去台湾。为了表示对客人的尊敬,董浩云决定亲自前往机场的停机坪迎迓贵宾，但是停机坪是禁区，必须事先得到香港政府礼宾处处长的同意方能进入。最初公司只登记了一个人进入，但董浩云觉得摩纳哥王子雷尼尔夫妇两人，他一个人去不太好，就要二儿媳温子华同去迎接。到了机场后，机场管理人员以只有一人登记为由，不让二人一起进入停机坪。董浩云非常生气，当时就与管理人员发生争执，但是英国人办事一板一眼，登记一人就是一人，最后没有办法，只能让温子华一人前去献花。董浩云起初在贵宾室内等候，但因飞机晚点，启德机场离九龙塘施他佛道住宅很近，同行属下发现他因刚刚发生的争执而气愤难平，便劝他先回家休息。据陪同他去机场的司机后来回忆，当车开到九龙塘家门口时，董浩云还高声笑了几声，并说了两句："到家了，到家了。"下车后他一路慢慢步行，经过花园时，还停下脚步看了看周围的花草和树木，到了大门前，又回过头来深情地注视着花园。司机当时觉得似乎并没有什么异常，事后回想却感到确实有些奇怪，其实此时董浩云的身体已出现心悸等征状了。

当天晚上，董浩云还是强撑着病体主持了欢迎王储伉俪的晚宴，但他回到家后不久，心脏病便突然发作，家人急忙请医生前来诊治，先是注射针剂，病况并无好转，反而加剧，家人立即将他送到位于港岛的养和医院，这也是香港最高级的私家医院。晚上10时半，董夫人顾丽真女士打电话通知著名的中医陈存仁，说董浩云患病已送到养和医院抢救，请他赶紧到医院来。陈存仁虽然早已宣称夜间概不出诊，但他和董浩云是多年好友，亦常为其诊治，所以立即动身，待他乘出租车赶到医院时，董浩云已气息全无，六脉俱停，他带去的人参等补药也根本无法进食。此刻医生和护士不断为他进行心脏按摩和人工呼吸，但都回天乏术。1982年4月15日凌晨1时30分，一代船王董浩云与世长辞，弥留之际，他的夫人和儿女都随侍身旁。

备极哀荣

1982年4月17日,董浩云大殓礼于香港殡仪馆隆重举行,香港各界人士参加葬礼,香港总督麦礼浩爵士亲自前来致祭。灵堂内外摆满了花篮,高悬着数十幅挽联和祭帐,寄托了香港各界人士对这位船王的尊敬与悼念;灵堂正中央是夫人顾丽真女士的挽联,道出了对这位相依相爱数十载伴侣的追思与怀念:

五十年甘苦同尝虑竭思殚绰有成功遗宇内
一刹那音容遽渺鸳分镜破怆无词组在弥留

建华、建成二子的挽联写的是:

慈辉悲罔极惭不肖无状长负无期勖大业
爱日去难追恸深恩未报矢凭素志竟全功

灵堂两旁还有两幅挽联是这样写的:

卅余年共历艰辛辟草莱以树楼基晚岁观成公忽去
一夕间遽传噩报失斗山而摧心肺星驰谒奠我何堪

坚船遍大海有航业尊王摧折栋梁悲一夕
信友隔天人期宪章定国承平俎豆享千秋

董浩云生前友好众多,单是扶灵人选的确定就费了许多心思,最终出殡时有12人扶灵,他们是摩纳哥王子雷尼尔、香港布政司夏鼎基、财政司彭礼治、恒生银行董事长何善衡、邵氏公司董事长邵逸夫、香港大学校长黄丽松、汇丰银行董事长沈弼、怡和集团董事长纽壁坚、华光船务地产集团董事长赵从衍、贸易发展局主席简悦强、南丰纱厂董事长陈廷骅和冯氏集团董事长冯秉芬，此乃一时之盛。香港的官绅名流到场致祭者多达三千人，其规格之高，礼仪之盛，亦可看出董浩云的地位和人望是如何重要的了。

当天亲自前往灵堂致唁的还包括巴西、比利时、西班牙、巴拿马、法国和日本等多国驻港领事，日本佐世保市副市长井上亦特地从日本飞往香港，向董浩云这位荣誉市民致以最后的敬意。

董浩云的丧礼采用佛教仪式，由释洗尘法师率六名高僧诵经，超度神灵；祭文则由卓牟来和安子介分别以中英文宣读。中午12时，董浩云的遗体出殡，就在这一时刻，董氏旗下航行于世界各地的所有船只当天都下半旗，共同鸣响汽笛，场面极为壮观。

世界各地著名报刊纷纷发表文章悼念，港台两地几乎所有报纸更是连续多日报导这一消息，香港《明报》为此特别发表社论，称赞董浩云"在发展航运事业之余，热心提倡国际性的高等教育"，"以世界性的远大眼光，认为各族人民应当互相合作，互相了解"，因此他的"这种高贵的品格，是许多有地位、有成就之人所不能企及的"。

台湾的报刊更是都在头条版面刊发消息，仅从标题的文字就可以看出董浩云在台湾舆论中的重要影响：

《中国时报》："海上雄风依旧在，国人悼念船大王"

《中华日报》："董浩云奔腾七海建立航运王国，半世纪经营航业蜚声国际"

《自立日报》："七海振雄风，建航运王国：董浩云溘逝留哀思"

《大华日报》："可钦可佩的船王董浩云"

《新生日报》："纵横四海五洋，船王遽赴天上"

《联合报》:"艨艟千万吨,雄霸五洋七海;浩气果凌云,超越欧纳西斯"

董浩云的去世在世界上也引起广泛的注意,美国总统里根特地发来唁电,英国雅丽珊郡主亦亲笔书写唁函,台湾的蒋经国则在唁电中表示:"浩云先生毕生致力发展航业,坚贞不二,贡献滋多。惊闻溘逝,弥深良悼,特电致唁。"

在董浩云去世一个多月之后,为了表彰董浩云对促进中国现代航运事业发展所作出的贡献,5月24日,台湾的蒋经国和"行政院长"孙运璇特别发布褒奖令,赞扬董浩云的传奇一生。令文曰:"定海董浩云,骋壮怀于海外,致力远洋航业,长才自振,成就宏伟,复热心文教交流,创设海上学府,声扬国际,久而益彰。其善承我中华民族固有精神,遭时多难,而坚贞不贰,克勤于事,克俭于身,始终不渝,尤足嘉尚。兹闻溘逝,悼惜良深,特予明令褒扬,以表遗徽,俾资矜式。"[1]褒奖令还列举十项具体事实,对董浩云的一生予以充分赞扬。

对于董浩云的突然离世,香港的航运界反应最为强烈。香港本是船东聚集的地方,彼此之间竞争激烈,虽然说不上是形同敌国,但也绝称不上是亲同家人。然而董浩云的去世,却使同业之间倍感悲痛,众船东们一致认为,董浩云的逝世使香港的航运业失去了一位"领航人",这绝对是发自他们内心的声音,包玉刚、赵世彭等船东都发表了感人至深的悼念文章,对董浩云在航运事业上所作出的贡献给予高度评价。

美国东部地区的航运业和学术界于6月1日在纽约举行集思会,深切悼念董浩云这位为人类航运事业做出杰出贡献的世界船王;台湾中国航运协会、全国船联会、海外航务联营总处等各界人士亦于6月3日在国军英雄馆联合举行盛大的追悼会,纪念这位卓越的航运巨子。"前总统"严家

---

[1] 台湾国史馆馆藏个人档案:00001418。

淦先生亲临主持，以表达对他的崇敬。董浩云的老朋友和老部下任家诚在追悼他的文章中最后这样总结董浩云的一生："自奉俭约，律己谨严，待人宽厚，识见宏远，才思敏捷，处事果断，气魄雄伟，不畏艰巨，因此操奇计赢，无往而不利，诚为旷代奇才！"[1]

由于陆港之间长期的隔阂，董浩云逝世的消息当时国内并没有什么报道。然而随着局势的缓和，1985年8月11日，《人民日报》海外版刊登了一篇题为《世界航运巨子董浩云》的署名文章，这篇文章虽然文字不多，但却第一次较为全面客观地介绍了董浩云一生的创业历史及其在远洋航运事业中所取得的成就。

董浩云去世后，家人在香岛小筑建了一座灵堂，名曰"浩云堂"，以为纪念。为了纪念家父，董建华兄妹恳请张大千为其题字。张大千知道后没有二话，立即同意，他还说："论董先生与我的交情，这是义不容辞的事。"他特地选用了一张旧的乾隆纸，书写完毕后即让夫人钤印，并嘱托说："这可是人家的正事，不要用'大千居士'的图章，要用'张爰''大千'两方，才显得郑重。"据说自那以后，张大千先生再也没有写过正式的书件，因此这幅"浩云堂"的匾额便成为张大千先生最后的遗墨。

5月8日，董浩云的遗体在香港歌连臣角政府火葬场火化，骨灰除了由家属保藏一部分葬于香岛小筑灵堂外，其余部分则分别投落在印满他毕生足迹的太平洋、印度洋和大西洋浩瀚的大海中。一代海洋巨人，毕生以航运为其事业，最后他的一部分身体洒向海洋，魂归大海，成就了他一生的梦想。

---

[1] 任家诚：《敬悼董浩云先生》，《中央日报》1982年6月2日。

发扬光大

董浩云白手起家，将他的一生奉献给大海，是中国远洋航运事业当之无愧的先驱和领袖。同样，他的奋斗也为他争得了无数的荣誉：法国政府为他颁授骑士荣誉勋章，比利时国王授给他国家勋章，摩纳哥王国任命他为驻香港荣誉领事，美国斯坦福大学胡佛研究所聘请他出任理事，日本佐世保、美国得克萨斯州巴苏等城市相继授予他荣誉市民的称号，美国长堤港向他颁授了最高荣誉的"领航员金章"。

董浩云年仅16岁就献身航运，从此便与航运结下不解之缘，并为之奋斗终生。尽管后来他亦曾投资地产，在美国、日本、新加坡、澳洲等地购置房产、建筑大型写字楼，在美国创办美亚银行与环球银行等金融机构，在香港筹建欧亚船厂等等，但他工作的重心依然是远洋航运事业。特别是50年代以来，董浩云以香港为基地，以世界为舞台，旗下船只遍布全球，在香港、台北、东京、纽约、伦敦、新加坡、洛杉矶、旧金山等地设有分公司或办事处，而在巴黎、里约热内卢和其他城市则设有代理。他是世界上最大的独立船东，事业巅峰时，旗下船只数目高达150余艘，总吨位超过1100万吨，是一位名副其实的世界船王。

远洋航运的兴盛与衰落是有周期性的，对于这种起伏董浩云十分清楚，他曾经利用这一兴衰的周期，趁市道低落时大量购进船只，从而能在短时间里急剧扩张。70年代末世界航运又发生危机，他原本计划再次抓紧时机，扩充船队，然而没有想到的是，此次航运危机持续的时间如此之长，波及的范围如此之大。由于旗下船队扩张过度，所以当他在世时，集团的危机已经出现，其实他本人也早已清楚地意识到这个问题。

董浩云扩充船队的计划并未得到董建华和建成兄弟的支持，他们认为此时过多地将资金投入购船风险实在太大，应该慎重考虑。董浩云曾在日记中多次感叹，认为儿子们的反对是因为无法真正了解他的理想。虽然此时董浩云名义上已经退居二线，但集团真正的话事人还是他，因此大批造船、购船，加速扩充旗下船队的决策仍然继续实施。

为了挽救危机，董浩云四处活动，筹集资金以缓解困难，周旋于各国金融、造船和石油公司的巨擘之间；同时他也考虑改用小型油轮，从事短途运输，甚至有计划将以后经营的重点改为电子计算器和飞机空运等领域。因此，他的猝然病逝很可能也与此时心情紧张有关。

一代船王，魂归大海。董浩云去世后，世界航运业持续多年的危机不但没有好转，反倒不断恶化，许多国际大航运公司相继宣告破产，各大造船厂的订单更是大幅下降，董氏集团的危机亦日益严重。由于扩张速度过快，而航运世道长期衰落，因此作为抵押品的船只大幅贬值。1984年，"东方海外"的负债为90.25亿港元，负债率更高达82%！正在这时，董氏集团在日本造船厂订造的24艘新船又相继建成，需要现金结账，1985年9月，董氏集团财务危机终于全面爆发，"东方海外"的股票在香港证券交易所宣布停牌。公司发言人在宣布这一消息时将之归结为航运市道的衰落，这当然有一定的关系；但决策失误则应视为最重要的原因。其实明眼人都明白这个道理，然而他们对充满传奇色彩的董浩云怀有深厚的感情和崇高的敬意，并不愿因此去责怪这位为了中国航运事业做出巨大贡献的船王。

作为董氏家族第二代的领军人物、身兼董氏航运集团及"东方海外"主席的董建华，在公司面临危难之时被迫出售旗下船只，由最高峰时的150多艘船减持到60余艘，同时董建华四处奔波，不辞辛苦地与各个债主打交道，商洽如何进行资产重组。这是董氏集团最为艰苦的时代，危机四伏，仅拖欠的债务就高达26.8亿美元。视船为生命的董浩云生前没有看到他一生为之奋斗的事业面临破产，这恐怕也是上天对他的一种眷顾。

董建华临危受命，他继承了父亲不屈不挠的精神，克勤克俭，奋斗不已。为了完成公司的资产重组，董建华多次前往日本，与各家造船厂和相关银行进行时间长达一年半的马拉松式的谈判。这些重组方案谈判，关键是债务与债权双方能否达成共识。由于董氏集团以往在业内的声望，特别是董浩云、董建华父子的诚信更是为人所赞赏，众多债权人终于接受了方案，造船厂先是同意减少赔偿数额，后来又同意将原有的订单取消一半。在这之后董建华又得到多家银行的贷款以及各方的支持，特别是霍英东出面注资，方使整个公司的资产重组得以实施。这时由于董氏资本早已资不抵债，董氏家族亦失去了对公司的控制权，但基于债权人对他的信任，董建华依然负责公司的运营，只不过他已由昔日的亿万富翁变为如今的高级"打工仔"。在这段最困难的岁月中，董建华和他的家人及同事卧薪尝胆，从头来过，凭着他坚定的毅力和信念，加上卓越的管理方法，历经八年的艰苦奋斗，重组资产终告成功，在世界企业发展史上创下了一个奇迹。自1993年起，公司业绩不断上升。董氏家族又重新获得对"东方海外"的控制权。董建华化险为夷，终于让公司摆脱了困境，他赢得了同业的信任，"东方海外"发扬光大，至今依然在世界航运业中享有崇高的地位。

董建华在挽救公司命运中的表现引起世人的注意，也就是从这个时候起，他开始走向政坛。就在董建华致力挽救公司命运的同时，中英两国关于香港前途的谈判也正在紧锣密鼓地进行。1984年12月19日，中英两国政府领导人最终签订了联合声明，也就是从这个时候起，香港开始进入了回归祖国前的过渡时期。1985年，董建华出任香港特别行政区基本法咨询委员会委员；1992年3月，中国政府委任他为第一批港事顾问；同年10月，他被新上任的港督彭定康任命为香港行政局议员；1993年3月，董建华又当选全国政协委员；1995年12月，出任香港特别行政区筹备委员会副主任；1996年8月，董建华正式宣布参加香港首届特首的推选，并于同年12月高票当选。

1997年7月1日，董建华就任中华人民共和国香港特别行政区行政长官,他在就职仪式上宣读誓词:"这是一个崇高而庄严的时刻:1997年7月1日,香港,经历了156年的漫漫长路,终于重新跨进祖国温暖的家门。我们在这里用自己的语言向全世界宣告:香港进入历史的新纪元。"

董浩云去世那年,中英关于香港问题的谈判刚刚开始,就在他去世的两个多月前,他曾前往伦敦会晤刚刚卸任香港布政司的姬达,彼此间"谈港英关系与前途"。两天之后,他又亲自拜望即将出任香港总督的尤德爵士,两人更是"晤谈为欢"。虽然董浩云没有透露他们两人的谈话内容,但其中一定会涉及香港未来的前途和命运。此刻董浩云当然不可能预料他最钟爱的长子15年后会出任特首,然而这些举动却说明他对香港的前途十分关心。我曾当面问过董建华先生一个问题:"如果香港回归时您父亲还在世,他会支持您出任特首吗?"董建华坚定地回答:"一定会的,家父一直希望国家统一,他常说,他所做的一切都是为中国人争光,香港回归祖国更是他梦寐以求的理想。因此他一定会支持我为国家、为香港站出来服务的。"[①]多年后董建华捧读父亲的日记,"心潮起伏,久久不能平静",他说,"这时我才更能真切地认识父亲,更清楚地看到家父对理想、对事业的追求与奉献,对国家、对民族的挚爱与忠诚,对长辈、对友朋的尊重与体恤,对家庭、对子女的关爱与呵护"。因此,从这点上来看,董浩云未能亲眼见证香港回归、未能目睹长子出任回归祖国后第一任香港特别行政区首届行政长官,又真是太遗憾了。

---

① 《董建华接受笔者访问记录》(2004年9月28日,香港)。

后　记

英国历史学家汤恩比曾经这样说过：撰写历史，不能只描述出一连串的历史事件，而是应该刻画出形成这些历史事件的潜在因素；而其中最重要的，应该是活动在那些历史事件中的人。因此阅读一部优秀的人物传记，对于我们深入了解历史往往具有极为重要的意义。

然而对我来说，撰写人物传记，特别是撰写董浩云的传记，却完全是一件意料之外的事。我过去的研究方向主要侧重于分析民国政府财政金融政策的内容与影响，从无撰写人物传记的计划，特别是对于远洋航运的知识几乎一无所知，对董浩云的生平经历也只限于表面的了解；我以往的研究主要集中于二战前、战时及战后这段时期的历史，然而董浩云的发迹是在20世纪50年代之后，主要活动的地点是香港、台湾以及海外，而我对这个时段、这些地区的历史和现状却知之甚少，可以说根本就不具备任何写作基础。而我日后进入董浩云研究这个学术领域，完全是由一个意想不到的机缘所造成的。

2001年，董氏家人在整理董浩云先生遗物时，发现了他长达30多年的日记，经董建华兄妹们商议，最后决定交由中文大学出版社出版。受中文大学的指派和董氏家族的委托，由我负责编注这部上百万字的日记，从而给了我一个全面认识和熟悉董浩云传奇一生以及他所从事的远洋航运事业的机会。

编注日记需要查阅各种相关数据，在这过程中，我对远洋航运的知识慢慢地有所了解，对于董浩云的认识也逐渐从模糊到清晰，这又促使我再进一步扩大收集资料的范围，最终引起我对董浩云的生平与志向进行深入研究的兴趣。2004年11月，《董浩云日记》（繁体版）在香港正式出版，就在那时我做出了一个决定，要为董浩云先生撰写一部传记，这也就为我开辟了一个新的学术领域。

我之所以做出这个决定是经过认真考虑的。

首先，董浩云是一位非常值得研究的历史人物。他白手起家，与时俱进，特别是自20世纪50年代后，他以香港为基地，抓住航运业几次发展的机遇，旗下船队的数量迅速扩张，本人更跻身世界船王，具有一个成功企业家的特点与个性。而他对事业的追求、为国家争光的理想、对艺术的热爱以及对推动海上教育的热诚，一般企业家更是难以企及；在航运界和海外华人世界中，他因为创业的传奇以及为航运事业作出的贡献，可谓声名显赫，而董浩云在国际交往及两岸关系上的作用，亦非他人所能比拟。

其次，董浩云的生平不仅值得研究，而且有必要研究。过去内地与外界封闭，对于董浩云的事迹几乎无人知晓；改革开放后，由于董浩云长期以来与台湾政经各界具有密切的交往，在当时两岸敌对的状态之下，他不可能回大陆投资探亲。而且他去世的时间也比较早，因此内地民众只知道香港有个船王叫包玉刚，直到董建华出任香港特别行政区首任行政长官时，人们才知道他的父亲也是一位世界船王，但对董浩云的生平和历史地位仍知之甚少。以往坊间只有一部董浩云的传记，那是香港回归前董建华已确定为特首时，有作者抢工写作的，但其内容多为道听途说，既未采访调查，更未查阅相关资料，存在许多错误，与一部真实可信的人物传记尚存在很大的距离。

第三，对董浩云的生平目前业已具备研究的条件。多年来在编注日记的过程中，我对董浩云的一生已经有了初步的认识。更重要的是，在编注日记的同时，我已开始注意收集各方面的数据，并与传主亲属建立了良好的关系，彼此之间相互信任，他们不仅同意接受我的采访，而且还将董浩云生前收集的全部资料对我开放，这对我日后的研究具有关键性的作用。

我是一名历史学者，长期从事档案的编辑和研究工作，在进行任何一项研究之前，首先注重的就是史料的收集。因此在决定撰写董浩云生平之前，我即开始进行各种数据的收集。这些年我在收集民国史档案的同时，也注意收集与董浩云相关的史料，先后从中国第二历史档案馆以及董浩云曾经活动过的地区如上海和天津的档案馆中收集到一些他早年工作的资料，另外，台湾"中央研究院"近代史研究所档案馆以及"国史馆"，还有美国斯坦福大学胡佛研究所等机构，也保存部分相关资料，我都尽可能加以收集。

我还注意查阅相关的报刊，特别是董浩云亲自创办的《航运》杂志共500多期，它详细地记录了20世纪50—80年代中国和世界远洋航运事业的成长和发展；此外，董浩云先后斥资出版了四辑董氏航运丛书，他平时还经常撰写文章或发表演讲，接受报刊的采访，中外许多报刊亦热衷对他加以报导，这些都是了解董浩云生平以及他的航运事业发展的重要数据。

在收集文字数据的同时，我还对董浩云的亲友及部属进行有计划的采访，事先准备好采访要点，有备而来，收获很大。这里需要特别提出的是，董浩云的长女董建平多年前已经开始进行这方面的工作，先后访问了数十位董浩云的故旧，从而抢救出大批史料，对我的撰写极具帮助。

在撰写本书的过程中，我还阅读相关著作，特别需要补充有关远洋航运方面的知识，同时还要了解战后国际关系的发展与演变，特别是对于航运影响重大的事件，如朝鲜战争、越南战争、苏伊士运河危机、中东战争以及能源危机等，因为这些都与董浩云生活的时代以及事业的发展密切相关。

日记是作者记录自己一生最生动、最可靠的数据，然而最初在编注董浩云日记的过程时，由于我对传主不太熟悉，对他身处的环境以及周围的人物也不大了解，而日记的文字十分简单，内容又相当隐晦，因此对许多事情的原委感到模糊不清，似懂非懂。随着史料的不断发掘和占有，在写作过程中我再多次重新认真阅读日记，就对传主一生的活动及其志向产生了一种全新的认识。

对我来说，撰写董浩云的传记最重要的收获是能够亲自查阅董浩云的文件，包括公司及个人的各种数据。董浩云生前特别重视各种资料的收集和保管，这些数据报括各个时期的公司报告、来往文件，会议记录以及私人书信和各类剪报等等，并经过初步整理。虽然目前还比较散乱，但却为研究董浩云的生平奠定了重要的基础，更重要的是，这些资料董氏家族对我全部开放，使我对董浩云的生平活动以及旗下事业的发展历史有了一个全面而直观的认识。

因为我还有其他研究课题和教学任务，收集史料经历了一个漫长的时间，但这是撰写传记的基础。在数据大致收集后，便开始进行整理、分析、爬梳和比较，并在此基础上作些写作前的准备，譬如先行编撰董浩云年表，配合出版《董浩云日记》与《董浩云的世界》（繁体，2004年11月，香港中文大学出版社；简体，2007年7月，北京三联书店），相继在香港和北京举办新书发布会，产生一定影响。2007年9月于董浩云诞辰95周年之际，上海交通大学召开会议予以纪念，我受董氏家属的委托，事先邀请各界专家撰写论文，并于会议开幕的同时出版专书《董浩云：中国现代航运先驱》，引起社会各界对董浩云研究的兴趣。与此同时，我还建议天津档案馆编辑出版《董浩云在天津》档案数据汇编，这样就为研究董浩云早年在天津的活动提供了大量史料。

在此期间，我曾根据董浩云一生中所经历的重大事件，先后撰写了十余篇学术论文，提交学术会议，争取得到学界的批评和意见，以便写作中不断修改。这些论文已经先后出版，并成为本书的基本架构。

2015年6月，拙著《董浩云与中国远洋航运》由香港中华书局出版，该书50余万字，对董浩云的生平和航运事业的发展进行了全面的介绍，得到学界的认可。其后又承蒙北京新星出版社同意出版该书的简体版，这是对我最大的鼓励和支持。根据出版社的要求，我对原作进行了较大幅度的删减，并将书名定为《何时回首谢红尘：董浩云传》，"何时回首谢红尘"是1947年11月董浩云在病榻上听到旗下"天龙"轮横渡大洋的喜讯，兴奋至极而写下的四首七绝诗中的一句，也是现存董浩云日记最初的文字。我想以此诗作为书名，可以充分表现出他对国家民族的那份感情眷恋、对航运事业的那种执着追求。

董浩云成长于大陆，成功于香港，事业发展于全球，旗下船队遍于全世界，是一位享誉世界的船王，然而董浩云又不是一个单纯以追求利润为目的的商人，他具有远大的理想和宏伟的目标。董浩云虽然长期生活在海外，但他始终没有忘记他是一个中国人，总是将他事业的发展与国家的强盛联系在一起，而且他一直都在为实现这一目标而奋斗。董浩云在1967年元旦的日记中回顾一年中所取得的成绩之后，曾自豪地说："艰辛必多，收获亦大，愿为国人航运史开一纪元。"因此本书必须反映出他的这种志气与抱负，不能只是将他简单地视为一个成功的商人，也不应仅就其个人的生平予以论述，而是应将他与整个国家的强大、现代远洋航运事业的发展联系在一起，希望通过叙述董浩云传奇的一生，让读者了解中国近代航运业如何从无到有、从小到大的发展过程，了解董浩云等这一批老一辈企业家为了达到这一目的所作出的奋斗和努力。

董浩云从事的远洋航运事业与20世纪下半叶世界政治冲突、经济发展具有密切联系，因此本书必须具有国际视野。同时董浩云后半生生活在复杂的冷战国际背景以及两岸对立的大环境中，身为一个商人，他自然要考虑如何发展自身的事业；但作为一个中国人，他又时时刻刻关注着国家和民族的尊严，并为实现两岸统一而做出贡献。因此我们又可以将董浩云作为个案，探讨和分析两岸分裂期间身处夹缝中的香港企业家那种无奈与彷徨，挣扎与奋斗。

撰写历史人物传记必须追求真实，全书中不会出现人物间的对话（因为你根本不在现场），所有重要的事件、统计数字以及人物交往均应有史实为依据，本书严格依照学术规范，提供相关的注释与说明。同时，书中还常常引用一些董浩云在日记、书信或演讲中的记录，也就是说，用他自己的语言来记录他的活动是最真实、最可靠的，就像董浩云在1968年1月1日的日记中所说的那样，他之所以坚持写日记，就是要"写我的希望，还是说我要说的，写我愿做的"。

撰写历史人物传记既要有别于纪实文学作品，但也不应将其完全等同于专门的学术论著，因此在文字上尽可能追求通俗易懂，在叙述过程中亦应注意时间的顺序与情节的发展。然而必须遵循的一个原则是，当二者之间出现矛盾时，真实与客观永远是第一位的。

正如前文所说，本书得以完成并出版，得益于种种机缘。10多年前，我获得董氏家族的委托，负责编注董浩云长达30余年的日记，从而对董浩云的生平和事迹有了全面的认识。感谢董氏家族对我工作的理解和支持，向我开放董浩云生前收集的全部资料。特别是董建平女士与我联系最多，之前她已经采访了众多亲友和部属，并作了口述记录，抢救出大批史料，其后经她推荐和介绍，我又有机会对董氏家族亲友和部属进行采访。本书出版之际，董氏集团提供大量珍贵的照片，有助于读者生动形象地了解传主的生平和经历。香港中文大学和中国文化研究所的历任领导对我充分信任,全力支持我撰写董浩云传记的计划,使我能在极为自由的环境下专心进行研究。各地档案部门和相关学术刊物提供方便,让我得以收集相关资料,并有机会先行刊发论文,听取学者的意见。香港中华书局和北京新星出版社慨允出版繁体与简体两个版本,可以让拙著能有更多的中文读者。所有这一切,都是我要深深感激的。

总而言之,从编注董浩云的日记到收集资料、撰写传记,前后已有10多年的时间,它也成为我近年来新开辟的一个重要学术课题。这是一本历史人物的传记,不是文艺作品或纪实文学,因而在文字和细节上不会加以艺术夸张,也没有妙笔生花的神来之笔;它所叙述的情节虽然不能保证绝对正确,但力求做到每件事都事出有据,绝不凭空猜测。我希望能尽个人微薄之力,完成一部具生命力的、真实可信的人物传记,"虽不能至,心向往之"。至于能否达到这个目标,则有待读者诸君的评判了。

郑会欣

2016年6月写于美国休斯顿

图书在版编目（CIP）数据

何时回首谢红尘：董浩云传 / 郑会欣著. --北京：新星出版社，2017.8
ISBN 978-7-5133-2692-6

Ⅰ.①何… Ⅱ.①郑… Ⅲ.①董浩云（1912-1982）-传记 Ⅳ.①K825.38

中国版本图书馆 CIP 数据核字（2017）第 158771 号

传记文库

何时回首谢红尘：董浩云传

郑会欣　著

责任编辑：冯文丹
责任印制：李姗姗
装帧设计：冷暖儿

出版发行：新星出版社
出 版 人：谢　刚
社　　址：北京市西城区车公庄大街丙3号楼　　100044
网　　址：www.newstarpress.com
电　　话：010-88310888
传　　真：010-65270449
法律顾问：北京市大成律师事务所

读者服务：010-88310811　　service@newstarpress.com
邮购地址：北京市西城区车公庄大街丙3号楼　　100044

印　　刷：北京汇瑞嘉合文化发展有限公司
开　　本：660mm×970mm　1/16
印　　张：25.75
字　　数：249千字
版　　次：2017年8月第一版　2017年8月第一次印刷
书　　号：ISBN 978-7-5133-2692-6
定　　价：69.00元

版权专有，侵权必究；如有质量问题，请与印刷厂联系调换。